普通高等教育“十三五”规划教材

财务报表分析

魏永宏　编著

机械工业出版社

本书从财务与管理的角度出发，借鉴国外先进的财务管理理念与分析方法，结合我国财务会计报告体系以及实际工作中的难点与热点问题，使学生能够综合运用会计学专业各课程的基础知识，熟悉财务报表和财务报表分析的基本原理，掌握财务报表分析的基本技巧，培养学生分析问题和解决问题的能力，使学生既能充分利用财务报表所揭示的信息，对企业的盈利成长性和投资价值等各项财务能力进行分析、判断和评价，又能具有识别虚假会计信息的能力，以协助财务报表使用者做出最佳决策，充分发挥会计参与企业经营管理的职能。

“财务报表分析”既是一门实践性、技巧性很强的专业课程，又是投资人不可缺少的投资工具，也是企业经营者诊断企业经营状况、提高管理水平的必要手段。本书可作为高等院校会计学专业、财务管理专业、金融学专业、工商管理专业及证券投资等专业的研究生、本科生的教学用书，也可作为企业管理人员、财务人员及证券投资者等财务报表使用者的学习与参考用书。

图书在版编目（CIP）数据

财务报表分析／魏永宏编著. —北京：机械工业出版社，2017.8

普通高等教育“十三五”规划教材

ISBN 978-7-111-57195-7

Ⅰ.①财… Ⅱ.①魏… Ⅲ.①会计报表-会计分析-高等学校-教材 Ⅳ.①F231.5

中国版本图书馆CIP数据核字（2017）第146497号

机械工业出版社（北京市百万庄大街22号　邮政编码100037）

策划编辑：裴　泱　　责任编辑：裴　泱　李欣遥　商红云

责任校对：郭明磊　　封面设计：张　静

责任印制：李　昂

北京宝昌彩色印刷有限公司印刷

2017年8月第1版·第1次印刷

184mm×260mm·13印张·286千字

标准书号：ISBN 978-7-111-57195-7

定价：29.80

凡购本书，如有缺页、倒页、脱页，由本社发行部调换

电话服务

服务咨询热线：010-88379833

读者购书热线：010-88379649

网络服务

机 工 官 网：www.cmpbook.com

机 工 官 博：weibo.com/cmp1952

教育服务网：www.cmpedu.com

金 书 网：www.golden-book.com

前　言

随着中国证券市场的逐步发展和成熟，财务分析越来越成为投资者、债权人、经营者等财务报表使用者的“黄金法则”，财务分析的基础是财务报表分析。财务报表犹如经营的记分牌，它以一种国际通用的商业语言，提供企业经营过程中各个环节运行状况的重要“信号”。财务报表是反映商业活动的透视镜，财务报表分析则通过对透视镜的校准使商业活动汇聚于焦点。财务报表上的瑕疵会使透视镜蒙尘，导致画面扭曲。因此，财务报表分析的目的就是去除瑕疵以调整聚焦。读懂读透财务报表，掌握财务报表分析的基本技巧，是经营理财的基础。财务报表分析那令人兴奋不已而又极具生机的实际操作，无论在企业界、经济界还是在资本市场上，都具有极大的需求，并得到了广泛的应用。

“财务报表分析”是会计学专业，同时也是经济管理类各专业的一门重要的专业必修课。财务报表是会计核算的“最终产品”，财务报表分析是会计核算和财务报表编制工作的延伸和深化。

为了帮助学生能够综合运用会计学专业各课程的基础知识，熟悉财务报表和财务报表分析的基本原理，掌握财务报表分析的基本技巧，培养学生分析问题和解决问题的能力，使学生既能充分利用财务报表所揭示的信息，对企业的盈利成长性和投资价值等各项财务能力进行分析、判断和评价，又能具有识别虚假会计信息的能力，以协助财务报表使用者做出最佳决策，充分发挥会计参与企业经营管理的职能，并满足高等院校会计学专业教学的需要，笔者编著了本书。

在本书的编著过程中，笔者拜读了国内外许多专家和学者的专著和论文，并借鉴了其中的部分内容，在此谨向他们表示深深的谢意！

教师以教书育人为己任，总希望能把终身积累的知识传承下去，而传承知识最好的载体之一就是教材。由于编著者的水平有限，书中难免有错误和不妥之处，希望广大读者批评指正。

魏永宏

目　录

第一章 财务报表的基本理论

20 世纪 30～40 年代，注册会计师审计经历了一个典型的发展阶段。为了保护投资者和债权人的利益，美国在 1933 年颁布了《证券法》。该法规定，在证券交易所上市的所有企业的财务报表都必须接受注册会计师审计，由其出具审计报告。这一时期，审计对象为以资产负债表和利润表为中心的全部财务报表及相关财务资料；审计的主要目的是对财务报表发表审计意见，以确定财务报表的可信程度。会计学学者也转而重视审计报告规定的内容，以规范的方式来指导现行的会计实务。财务报表成为反映企业财务状况和经营成果的“共同语言”，并越来越受财务报表使用者的重视。

第一节　财务报表概述

一、财务报表的意义

财务会计作为企业的对外报告会计，是向外界传递会计信息的主要手段。其重要职能之一，就是通过财务报表，向企业现在和潜在的投资者、债权人以及其他使用者提供能使他们做出正确决策的财务信息，帮助他们对企业的财务状况和经营成果进行合理的评价。

根据美国财务会计准则委员会发布的第 4 号公报，财务报表是采用系统的会计处理程序与方法，将企业的各种财务信息应不同使用者的一般需要予以汇总编制而成，并能够及时地向这些使用者提供真实公正的信息报道。从日常会计核算来看，企业的会计人员应对企业所发生的各项经济业务按照系统的会计处理程序与方法，在有关账簿中进行全面、连续、分类、汇总的记录和计算，以报道一个企业在某一特定日的财务状况以及在某一会计期间的经营成果。为此，就有必要定期地对有用的财务信息进行加工和处理，并按照一定的格式编制财务报表，向企业以外各方面传递关于企业经营成果与财务状况的有关信息。例如，可以通过资产负债表描述企业的资产负债状况或财务状况，通过利润表描述企业的盈亏状况或经营业绩，通过财务报表的附注或辅助信息形式及其他方法向财务报表使用者提供有用的信息。

二、财务报表的目的

编制财务报表本身并不是目的，目的是提供对经济决策有用的信息。美国财务会计准则委员会于 1978 年 11 月发布了财务会计概念第一辑《企业编制财务会计报告的目的》，认为财务报表是财务会计报告编制的中心部分。常见的财务会计报告不仅包括财务报表，也包括其他财务信息和非财务信息，如公司的年度报告、招股说明书、管理方面的预测或计划及前景说明书等。因此，编制财务会计报告的目的和财务报表基本相同，可以分为以下几项内容。

1. 为投资和信贷决策提供有用的信息

财务报表应能为现在和潜在的投资者、信贷者以及其他用户提供有用的信息，以便做出合理的投资、信贷和类似的决策。其中，投资者主要是指权益证券和债务证券的持有者；信贷者主要是指给企业以卖方信贷的货物和劳务的供应人，对企业有求偿权的客户和职工、贷款机构、个别的贷款者以及持有债务证券的人。此外，投资者和信贷者还可以理解为包括证券分析人员和顾问、经纪人、律师、主管机构，以及其他投资者和信贷者的顾问或利益代表人，或其他关注投资者和信贷者处境的人员。

由于个别投资者、债权人或其他潜在使用者，基于自身能力以及对企业及其经济环境、企业活动、证券市场以及有关事项的了解程度各有不同，所以对财务信息的理解、使用的方法以及对财务信息的依赖程度可能就有很大差异。因此，企业的会计人员在编制财务报表时，应当在考虑成本效益的情况下，尽可能地提高财务信息的可理解性，以满足一般使用者的信息需求。

2. 为预测现金流量提供有用的信息

人们从事投资、信贷和类似的活动，主要是为了谋求增加其现金资源。衡量这些活动的成败，关键是看回收的现金大于或小于投入现金的程度。一个经营成功的企业，不仅可以回收它的投资，还可以获得一笔令人满意的投资所得。因此财务报表所提供的信息，应该有助于投资者、信贷者及其他使用者评估有关企业未来净现金流量的金额、时间和不确定性，例如，有关企业来自股利或利息的未来现金收入，来自出售或赎买证券所得的金额、时间以及不确定性的信息等。

3. 关于企业资源、对资源的请求权及两者变动情况的信息

财务报表应提供有关企业的经济资源，对资源的请求权以及因交易、事项和环境的影响而造成资源及对资源请求权发生变动的各种信息。

针对这一目的，可以从以下五个方面加以说明：

（1）经济资源、债务和业主权益财务报表应提供关于企业经济资源、债务和业主权益的信息，以协助财务报表使用者认清企业财务状况及其弱点，并评估其变现能力和偿债能力。同时，这类信息也可以作为评估企业在某一时期内经营业绩的基础。

（2）收益和企业的业绩。编制财务报表的首要目的是通过对收益及其组成内容的计量，提供关于企业业绩的信息。所以财务报表应提供企业在某一期间内经营业绩的信息，以协助财务报表的使用者评估企业的未来前景。

（3）变现能力、偿债能力和资金流量。企业的变现能力、偿债能力往往是投资者和债权人关注的首要问题。因此，从财务报表的编制要求来看，财务报表应提供关于企业如何

筹措与使用资金、借款与偿还、资本交易以及其他可能影响变现能力和偿债能力因素的各种信息。

（4）管理方面的责任和业绩。财务报表应提供企业管理当局如何运用其受托使用的资源，如何向业主或股东尽其监管责任的信息。

（5）管理当局的说明和解释。财务报表应提供各种说明和解释，以帮助财务报表的使用者理解所提供的财务信息。管理当局通常比企业的外部人士更了解企业的经营活动，所以管理当局做出某些必要的说明和解释，将会增强财务报表使用者对财务信息的理解。

三、财务报表的种类

企业的财务报表可以按照不同的标准进行分类。

（1）按照财务报表的使用者，可将报表分为对内财务报表和对外财务报表。对内财务报表是指向企业内部管理部门提供的财务报表。对外财务报表是指向企业外部有关方面提供的财务报表。这些信息一般都是通过同一个会计程序和方法加以搜集和处理的，只是对内财务报表提供信息的详细程度，往往高于对外财务报表。

（2）按照财务报表所反映的经济内容，我国现行的主要财务报表包括资产负债表、利润表、现金流量表、所有者权益变动表及若干附表。而美国的财务报表包括财务状况表（资产负债表）、利润表、业主权益变动表和现金流量表。

1）资产负债表是指提供某一企业在某一时点上所有的资产、负债、权益以及它们之间相互关系的报表。

2）利润表是指提供某一企业在某一会计期间内经营成果的报表。

3）所有者权益变动表是指反映企业所有者权益的各组成部分当期的增减变动情况的报表。

4）现金流量表是指提供某一企业在某一会计期间内因营业、投资及筹资活动所引起现金流量变化情况的报表。

（3）按照财务报表的编报时间，可以将报表分为月度报表、季度报表和年度报表。月度报表如利润表和资产负债表，每月月末编制一次；年度报表如现金流量表，每年年末编制一次。

（4）按照财务报表是否反映某会计主体的分支机构或子公司的情况，可以将财务报表分为个别财务报表和合并财务报表。个别财务报表是只反映会计主体自身经营成果和财务状况的报表；合并财务报表是将某会计主体所属的子公司或分支机构的财务报表与母公司的财务报表予以合并，以反映包括子公司在内的整个企业的财务状况和经营成果的报表。

（5）按照财务报表的报送单位，可以将财务报表分为基层单位财务报表和汇总财务报表。这种分类一般适用于国有企业与其主管部门。基层单位财务报表是指独立核算的基层单位编制的本单位的财务报表。汇总财务报表是指各级主管部门根据基层单位的财务报表综合汇总编制的财务报表，用以反映汇总部门或地区的总体指标。

四、财务报表的构成要素

1. 资产负债表

资产负债表的构成要素包括资产、负债和股东权益（所有者权益）三个部分，分别反映企业所拥有的经济资源、所承担的经济义务以及资产减负债后归所有者或业主所有的剩余权益。通过资产负债表，投资者、债权人及其他财务报表的使用者可以了解企业的资本结构、经营业绩以及企业的流动能力和财务弹性等。

2. 利润表

利润表的构成要素包括收入、费用、损失等项目，以表示企业在某一期间的经营成果。利润表提供企业各项收入来源及各项费用或成本的信息，以报道企业净利益或净损失所产生的原因以及对业主权益变动的影响。

在美国，每股盈余在利润表上表达，并揭示其构成的组合项目。而在我国，每股盈余一般在上市公司的“主要财务数据与财务指标”中予以披露。

3. 所有者权益变动表

所有者权益变动表的构成要素包括投入资本、留存收益和其他股东权益的附加及抵销项目，以表示股东权益的构成项目及其增减变动的情况。

4. 现金流量表

1971 年，美国财务会计准则委员会发布的第 19 号意见书，规定财务状况变动表作为企业的基本报表之一，采用现金或营运资金的编制基础。1987 年，美国财务会计准则委员会发布了第 97 号公报，主张以现金为基础编制财务状况变动表，并将报表名称改为现金流量表。

现金流量表的构成要素包括企业在某一期间所有影响现金流量的来源、运用及金额等，并分别按照营业、投资及筹资三种活动来揭示现金流入与现金流出的情形。

第二节　资产负债表

一、资产负债表的意义与功能

资产负债表是用于表达一个企业在特定日期财务状况的报表。财务状况是指一个企业资产、负债、所有者权益及其相互关系，此外还包括依据一般公认会计准则所应予披露的或有事项、承诺及其他财务事项等。

资产负债表是一种静态报表，它的表头载明企业名称、报表名称以及报表所要表达的时点。资产负债表的基本结构是以下列会计恒等式为理论基础的：

$$资产 = 负债 + 所有者权益$$

资产负债表的左方反映企业的资产及其分布结构，右方反映企业负债和所有者权益及其分布结构。

在编制资产负债表时，首先需要把所有的项目按照一定的标准加以分类，并以适当的顺序进行编报。在国际上，大多数国家按流动性的顺序编制资产负债表。资产项目按照其流动性的大小排列，流动性大的在先，流动性小的在后；负债项目按照其到期日的远近排列，到期日近的在先，到期日远的在后；所有者权益项目按其永久程度的高低排列，永久程度高的在先，永久程度低的在后。

编制资产负债表，其目的主要在于以下五个方面：

（1）评估企业目前的财务状况。资产负债表最主要的功能在于将会计年度结束日企业的财务状况以及各个项目和货币金额表达出来，分析人员便可以通过报表数字的信息了解企业的现况，如果再加上多期报表的比较，即可看出并预测企业的经营趋势。

（2）评估企业的流动性。资产负债表可以揭示企业所掌握的资产及其分布结构，这对评估企业财力的强弱、显示企业的流动能力与变现能力提供了良好的分析基础。例如，流动比率、速动比率等可以反映企业的变现能力和偿债能力。

（3）可以揭示企业资金的来源及构成，借以评估企业的财务风险。

（4）有助于评估企业的获利能力。如果结合利润表，通过计算可以反映企业的盈利能力，如资产报酬率、权益报酬率等。

（5）评估企业的净资产期间变动。如果结合所有者权益变动表，可以对企业的净资产（资产 - 负债）变动情况进行分析。

二、资产负债表的格式

资产负债表的格式有三种，即账户式、报告式和营运资金式。

1. 账户式

账户式资产负债表分为左、右两方，左方列示资产项目，右方列示负债与所有者权益项目，左右两方的合计数保持平衡。这种格式的资产负债表应用最广，账户式资产负债表如表 1-1 所示。

表 1-1　资产负债表（账户式）

编制单位：××股份有限公司　　20×6 年 12 月 31 日　　单位：元

资　产	年 初 数	期 末 数	负债及所有者权益	年 初 数	期 末 数
流动资产：			流动负债：		
货币资金	69 490 442. 67	26 666 442. 66	短期借款	564 787 996. 33	869 715 315. 99
短期投资	86 340 831. 29	40 023 653. 89	应付票据		
应收票据			应付账款	89 968 301. 39	78 994 553. 95
应收账款	404 913 588. 29	429 735 494. 91	预收货款	4 077 198. 51	47 834 132. 84
减：坏账准备	1 660 183. 64	2 215 660. 90	其他应付款	206 524 048. 95	50 988 246. 78
应收账款净额	403 253 405. 65	427 519 834. 01	应付福利费	1 990 337. 01	2 153 203. 81

（续）

资　产	年初数	期末数	负债及所有者权益	年初数	期末数
预付款项	179 997 937. 28	251 908 700. 11	未付股利		
其他应收款	330 302 971. 41	554 662 622. 24	未交税金	14 134 439. 27	7 365 753. 00
存货	234 137 525. 05	290 990 795. 44	其他未交款	1 068 492. 81	1 054 510. 08
待摊费用	56 592 3133. 09	48 707 363. 20	预提费用	2 380 230. 91	13 377 378. 90
一年内到期的长期债券投资			其他流动负债		
其他流动资产					
流动资产合计	1 359 908 425. 81	1 703 479 326. 16	流动负债合计	681 931 045. 18	1 171 484 095. 35
长期投资：			非流动负债：		
长期投资	48 866 348. 66	50 474 313. 66	长期借款	79 080 000. 04	76 195 000. 04
固定资产：			应付债券		
固定资产原值	310 155 140. 30	336 641 104. 48	长期应付款	41 088 346. 09	17 740 863. 16
减：累计折旧	86 768 569. 42	101 682 385. 35	其他非流动负债合计		
固定资产净值	223 386 570. 88	234 958 719. 13	非流动负债合计	120 168 646. 13	93 935 863. 16
在建工程	36 762 315. 32	3 565 532. 59	递延税项：		
固定资产清理	2 785 460. 80	2 758 460. 80	递延税款贷项		
待处理固定资产净损失			负债合计	1 002 099 391. 31	1 265 419 958. 55
固定资产合计	264 934 347. 00	241 309 712. 52	股东权益：		
无形资产及递延资产：			股本	288 000 000. 00	340 313 050. 00
无形资产	19 754 413. 79	35 047 727. 63	资本公积	201 284 115. 15	244 536 678. 85
递延资产	603 525. 76	2 961 727. 63	盈余公积	46 246 575. 85	173 997 417. 12
无形资产及递延资产合计	20 357 939. 55	38 009 102. 95	其中：公益金	23 091 953. 52	24 217 659. 80
其他非流动资产：			未分配利润	156 436 978. 71	9 005 605. 79
其他非流动资产					
递延税项：					
资产总计	1 694 067 061. 02	2 033 272 755. 31	负债及股东权益合计	1 694 067 061. 02	2 033 272 755. 31

2. 报告式

报告式资产负债表是将资产、负债、所有者权益项目采用上下列式的形式加以反映，其格式如表 1-2 所示。

表 1-2　资产负债表（报告式）

编制单位：××电力发展股份有限公司　　20×6年12月31日　　单位：元

资　产	年初数	年末数
流动资产：		
货币资金	38 988 164.49	
短期投资	260 978 618.00	319 782 442.83
应收票据		
应收账款		
减：坏账准备		
应收账款净额		
预付货款		
其他应收款	3 659 900.72	123 198 561.60
待摊费用	144 000.00	
存货		
待处理流动资产净损失		
一年内到期的长期债券投资		
其他流动资产		
流动资产合计	303 770 683.21	442 981 004.43
长期投资：		
长期投资	1 015 662 078.89	1 650 378 959.42
固定资产：		
固定资产原值	20 242 541.78	24 301 321.53
减：累计折旧	472 707.97	1 365 558.34
固定资产净值	19 769 833.81	22 935 763.19
固定资产清理		
在建工程		
待处理固定资产净损失		
固定资产合计	19 769 883.81	22 935 763.19
无形资产及递延资产：		
无形资产		
递延资产	330 223.55	440 002.83
无形及递延资产合计	330 223.55	440 002.83
其他非流动资产：		
其他非流动资产		
递延税项：		

（续）

资　　产	年初数	年末数
递延税款借项		
资产合计	1 339 532 819.46	2 116 735 729.87
负债及股东权益		
流动负债：		
短期借款	127 146 250.00	626 026 104.74
应付票据		
应付账款		
预收货款		
应付福利费	830 467.64	144 986.33
未付福利费	24 000 000.00	24 000 000.00
未付股利	1 417 183.96	3 912 910.98
未交税金	72 529.05	70 916 848.91
其他应付款		
预提费用		
一年内到期的长期负债		
其他流动负债		
流动负债合计	158 466 430.65	725 000 850.96
非流动负债：		
长期借款	283 000 000.00	485 250 000.00
应付债券	484 052 000.00	474 052 000.00
长期应付款		
非流动负债合计	767 052 000.00	959 302 000.00
递延税项：		
递延税款贷项		
负债合计	920 518 430.65	1 684 302 850.96
股东权益：		
股本	400 000 000.00	400 000 000.00
资本公积	6 158 662.90	6 216 927.30
盈余公积	10 704 664.41	18 606 921.85
其中：公益金	4 916 126.81	5 850 418.78
未分配利润	2 151 061.50	7 609 029.76
股东权益合计	419 014 388.81	432 432 878.91
负债及股东权益总计	1 339 532 819.46	2 116 735 729.87

3. 营运资金式

营运资金式资产负债表重点在于强调营运资金概念，所以将流动资产减流动负债得出营运资金，再加非流动资产减去非流动负债后得到股东权益。所使用的科目及概念均围绕在营运资金上。至于各类科目的明细科目，另编明细表加以说明。营运资金式资产负债表格式如表 1-3 所示，南方公司流动资产明细表如表 1-4 所示。

表 1-3　资产负债表（营运资金式）

编制单位：南方公司　　20×6 年 12 月 31 日　　单位：元

流动资产（明细表 1）	251 600
减：流动负债（明细表 2）	(140 800)
营运资金	110 800
加：非流动资产（明细表 3）	450 200
减：非流动负债（明细表 4）	(182 400)
股东权益（明细表 5）	378 600

表 1-4　南方公司流动资产明细表

单位：元

现金	14 300
有价证券	18 700
应收账款	68 200
减：备抵坏账	(3 200)
存货	147 600
预付款项	6 000
流动资产合计	251 600

三、资产负债表的构成要素

财务报表要素的确认，是决定财务报表内容的首要起点。所谓确认，是将某一项目作为一项资产、负债、营业收入、费用等正式记入或列入某一个财务报表的过程。它包括用文字和数字描述某一项目，其金额包括在财务报表的总计之中。

资产负债表的基本构成要素包括三大部分，即资产、负债与所有者权益。

1. 资产

资产是指企业因过去的交易或事项所取得或控制，并且预计能提供未来经济效益的经济资源。

资产可以是有形的，如货币资产、产品或商品、生产性资源等；也可以是无形的，如专利权和其他求偿权等。一般按照资产的流动性，可以将其划分为流动资产、固定资产、无形资产、递延所得税资产及其他资产。所谓流动性，是指资产在正常经营活动中，合理预期变为现金的速度快慢和难易程度。

资产是一种能以货币计量的经济资源，在现行的会计实务中，资产确认的标准有以下几种：

（1）依据法律观念。许多资产的确认都是基于法律观念的，如固定资产的购置以产权的转移为基础，应收账款的记载源于货物的销售。

（2）稳健性原则。对于可能发生的损失提早确认，而对于可能发生的利得则不宜提早确认。例如，长期工程合约采用全部完工法时，在完工前如果预期将有损失，应在完工之前估计入账；但如果预期有利益，则需要等到完工时再予以入账。

（3）实质重于形式。以融资（资本）租赁为例，在法律形式上租赁财产的所有权并没有转移，但是由于在实质上与租赁财产有关的风险和报酬已全部转移给承租方，所以承租方应将租赁财产作为一项资产予以入账。

（4）衡量资产价值的能力。如果资产价值的大小无法客观而明确地加以确定，就不应认列为资产。如商誉必须以购买价格入账，而不得以自行估价入账。

2. 负债

负债是指企业由于过去的交易或事项所产生的，能以货币计量并且在将来向其他个体提供劳务或转交资产的现有义务。

时间概念在负债的确认中有着重要的意义。会计期间内如果某项负债没有及时地记录下来，就可能会导致某项费用的遗漏，从而造成费用的低估和收益的高估。

负债的确认同资产的确认原则一样，也可以从以下四个方面加以说明：

（1）依据法律观念。大多数的企业负债是依法确定的，例如，根据合同规定产生的经济义务，但是会计上的负债观念要比法律上的负债观念更为广泛。因为会计上包括了诸如售出产品质量担保责任、低质商品退换责任等涉及商业信誉的估计经济负担。

（2）稳健性原则。在会计实务中，更愿意记录负债和费用，而不是资产和收益，以保证会计信息的可靠性。

（3）实质重于形式。例如在产品融资协议中，应该根据实质重于形式的原则，不能将这样的协议视作产品销售，因为与产品的所有权相关的风险和报酬并没有转移给另一方当事人。

（4）依据负债金额的可计量性。如果一项负债的金额难于计量，会计人员如果不采用非常主观或武断的方法就不能确定，那么这种负债就不应予以记录。

3. 所有者权益

企业的资产减去负债后的余额，归企业的业主所有，一般称之为业主权益，在公司组织则称为股东权益，两者可以统称为所有者权益。

在会计上，所有者权益可以分为实收资本、资本公积、盈余公积和未分配利润四个部分，而在美国，则分为股本、资本公积和留存收益三个部分。

（1）实收资本，是指企业收到的国家投入资本、法人投入资本、个人投入资本及外商投入资本等各种投资。这种投资可以是货币形式的，也可以是非货币形式的。

（2）资本公积，包括企业接受的捐赠财产、资产重估增值、资本汇率折算差额和资本溢价等。

（3）盈余公积，包括法定盈余公积和法定公益金两部分。法定盈余公积是用于发展生产、预防风险的基金，法定公益金是用于职工集体福利的基金。

（4）未分配利润，是指企业实现净利润中提取盈余公积和应付投资利润后的余额，它是企业留待以后年度用以分配的利润。

第三节　利润表

一、利润表的意义与功能

利润表又称损益表，是反映企业在一定会计期间经营成果的财务报表。在利润表中，通过反映企业在一个会计期间的所有收入（包括营业收入、投资收益、营业外收入等）与所有费用（包括销售成本、期间费用和营业外支出等），并按照收入与费用的配比原则计算企业在该会计期间的利润或亏损。

利润表是动态性财务报表，它的表头除了公司名称、报表名称外，还包括报表所涵盖的会计期间。

根据利润表所提供的信息，首先，可以用以衡量企业管理当局的经营绩效和企业的未来获利能力。其次，可以通过对利润构成因素的分析，发现影响利润形成和变动的重要因素，及时改善经营管理，提高企业的经济效益。从当期损益和股利发放来看，损益的结果往往影响企业当期的股利发放和今后的股利政策，而股利发放又是决定企业股票价格，反映企业整体价值的一个重要因素，对投资人而言，也是他们关注的重要问题。

例如，在财务管理中，往往用下列公式来衡量股票的价格：

$$P=\frac{D}{K-g}$$

式中　D——股利；

K——投资人所要求的报酬率；

g——公司的股利成长率，这里假定为一常数。

从这里就可以看出，股利发放是决定企业股票价格的一个重要因素。

二、利润表的格式

利润表按照收入与费用，在表中列示的方法不同，可以分为单步式和多步式两种类型。我国的会计制度规定采取多步式编制利润表。

1. 单步式利润表

单步式利润表是指将所有收入和所有费用分别加总，两者相减后得出本期利润的利润表。在单步式利润表下，首先列示当期的所有收入项目，然后再列示所有费用项目，两者相减，得出利润。其格式有两种，一种是左右对照的账户式结构（见表1-5），另一种是上下列示的报告式结构（见表1-6）。

表1-5　单步式利润表（账户式）

编制单位：南方公司　　2016年12月　　单位：千元

收　入			费　用		
项　目	本月数	本年累计数	项　目	本月数	本年累计数
产品销售收入	40 000	400 000	产品销售成本	30 000	300 000
其他业务收入	4 000	40 000	其他业务成本	3 000	30 000
投资收益	3 000	30 000	产品销售费用	2 000	20 000
营业外收入	2 000	20 000	产品销售税金	2 000	20 000
			管理费用	1 000	11 500
			财务费用	1 000	11 500
			营业外支出	500	7 000
			所得税	4 000	36 000
收入合计	49 000	490 000	费用合计	43 500	436 000
净利润	5 500	54 000			

表1-6　单步式利润表（报告式）

编制单位：南方公司　　2016年12月　　单元：千元

项　目	本月数	本年累计数
一、收入		
产品销售收入	40 000	400 000
其他业务收入	4 000	40 000
投资收益	3 000	30 000
营业外收入	2 000	20 000
收入合计	49 000	490 000
二、费用		
产品销售成本	30 000	300 000
其他业务成本	3 000	30 000
产品销售费用	2 000	20 000
产品销售税金及附加	2 000	20 000
管理费用	1 000	11 500
财务费用	1 000	11 500
营业外支出	500	7 000
所得税	4 000	36 000
费用合计	43 500	436 000
三、净利润	5 500	54 000

在单步式利润表中，如果有非常项目（如地震所造成的损失），根据我国的会计制度，是作为营业外支出的一个项目予以反映，在营业外支出科目中予以核算；在美国，则在财务报表中作为一个单独项目予以反映。

单步式利润表的优点是比较直观、简单、易于编制，但是它不能反映各类收入与费用之间的配比关系，不便于同行业之间报表的比较和分析。

2. 多步式利润表

多步式利润表是将利润表的内容做多项分类，产生一些中间性信息。从产品销售收入到本期净利润，中间一般要经过主营业务利润、营业利润、利润总额和净利润等四个部分。

多步式利润表通常采用上下列示的报告式结构，由于在报表中进行了收入与费用项目的分类与配比，所以能够揭示净利润各构成要素之间的内在联系，便于财务报表使用者进行企业盈利能力的比较和分析。

多步式利润表的格式如表1-7所示。其中：主营业务收入在工业企业为产品销售收入，主营业务利润在工业企业为产品销售利润，主营业务成本在工业企业为产品销售成本。

表1-7　多步式利润表

企业名称：南方公司　　2016年12月　　单位：千元

项　　目	行次	本月数	本年累计数
一、产品销售收入		40 000	400 000
减：产品销售成本		30 000	300 000
产品销售费用		2 000	20 000
产品销售税金及附加		2 000	20 000
二、产品销售利润		6 000	60 000
加：其他业务利润		1 000	10 000
减：管理费用		1 000	11 500
财务费用		1 000	11 500
三、营业利润		5 000	47 000
加：投资净收益		3 000	30 000
营业外收入		2 000	20 000
减：营业外支出		500	7 000
四、利润总额		9 500	90 000
减：所得税		4 000	36 000
五、净利润		5 500	54 000

三、利润表的构成要素

以美国的财务报表为例，利润表的构成要素一般包括收入、费用、利得和损失几个部分，另外，每股盈余也是利润表的重要列示项目。而在我国，利得和损失分别在营业外收入与营业外支出项目予以核算，所以利润表的构成要素一般只包括收入、费用和利润三个部分。

1. 收入

如果从资产负债的观点出发，收入是指在企业的报告期内，因交付或生产商品、提供劳务或其他构成企业的主要或核心营业活动所引起的企业资产流入或增加及负债的清偿。

在这里，收入是一种总额概念，是因企业主要或中心的业务活动所引起的，必须与费用相配合才能求算出利润。

2. 费用

费用是指企业因主要或核心的营业活动所造成的商品转移或生产、劳务的提供或其他交易行为所引起的资产耗用或流出或负债的增加。

按照权责发生制的原则，费用的确认一般有以下三种方法：

（1）按其与营业收入的因果关系确认，凡是与本期收入有直接联系的耗费，就应归属于本期的费用。

（2）按系统而合理的方式分摊，如固定资产的折旧和无形资产的摊销等。

（3）直接认列为当期的费用，如企业为组织和管理生产而发生的管理费用或数额在一定额度以下的费用等。

3. 利得和损失

利得和损失与我国的营业外收入与营业外支出类似。其中，利得是指企业由于非正常的或偶然性交易，以及其他除来自营业收入或业主投资以外的交易和事项所引起的净资产（权益）的增加；损失是指企业由于非正常的或偶然性交易，以及其他除用于费用或派给业主款以外的交易和事项所引起的净资产（权益）的减少。

在实务上，对收入、费用、利得和损失的确认往往比较复杂。例如不同的行业，利得和损失的确认就有所不同，出售证券损失对于一般企业而言是一项损失，而对于以证券经营为主营业务的企业来讲则是一项费用。

第四节　所有者权益变动表

一、所有者权益变动表的目的与内容

所有者权益变动表是反映公司本期（年度或中期）内截至期末所有者权益变动情况的报表。2007 年新《企业会计准则》颁布以前，公司所有者权益变动情况是以资产负债表附表形式予以体现的，新准则颁布后，宏观层面要求上市公司于 2007 年开始正式对外呈报所有者权益变动表。所有者权益变动表成为与资产负债表、利润表和现金流量表并列披露的第四张财务报表。

所有者权益是指公司资产扣除负债后由股东享有的“剩余权益”，也称为净资产，是股东投资资本与经营过程中形成的留存收益的集合，是股东投资和公司发展实力的资本体现。所有者权益在公司经营期内可供企业长期、持续地使用，是公司生存和发展的基础，按其来源或者形成渠道划分，可分为投入资本（包括实收资本和资本公积）和留存收益

（包括盈余公积和未分配利润），也可以称投入资本为原始投入的资本，称留存收益为经营形成的资本。前者主要来自于股东投入，后者源于企业经营积累。

所有者权益变动表应当反映构成所有者权益的各组成部分当期的增减变动情况。当期损益、直接计入所有者权益的利得和损失以及与所有者（或股东）的资本交易导致的所有者权益的变 动，应当分别列示。

所有者权益变动表至少应当单独列示下列项目的信息：

（1）净利润。

（2）直接计入所有者权益的利得和损失项目及其总额。

（3）会计政策变更和会计差错更正的累积影响金额。

（4）股东投入资本和向股东分配利润等。

（5）按照规定提取的盈余公积。

（6）实收资本（或股本）、资本公积、盈余公积、未分配利润期初和期末余额及其调节情况。

资产负债表报告的是某一时点的价值存量，利润表、现金流量表与所有者权益。变动表反映的是两个时点之间的存量变化——流量，利润表反映了所有者权益变化的一部分，现金流量表则反映了现金的变化过程，所有者权益变动表反映的是资产负债表中所有者权益具体项目的变化过程。四张财务报表用会计语言反映会计期间的总体财务状况和经营业绩。从存量与流量的视角来看，四张财务报表的内在关联如图 1-1 所示。

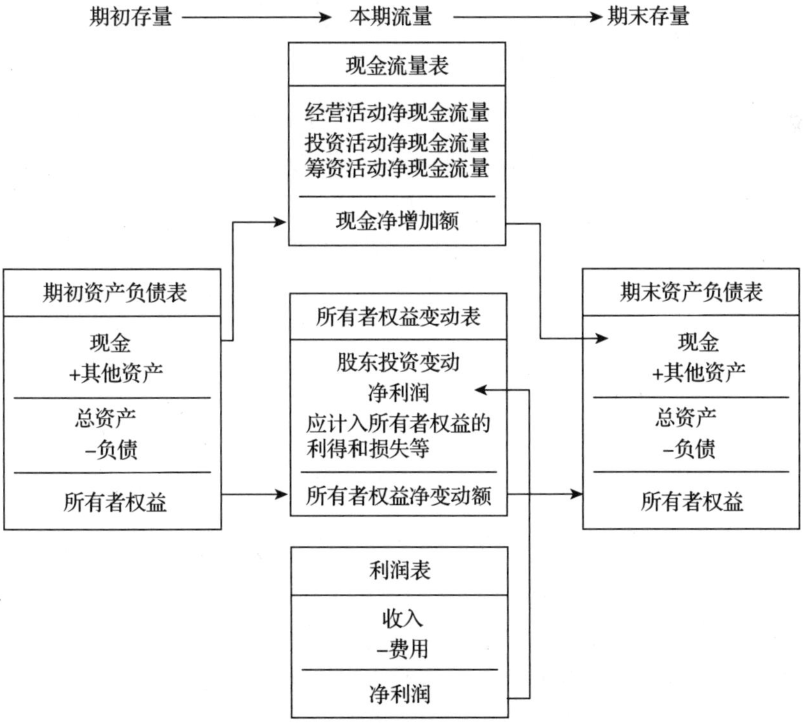

图 1-1　四张财务报表的内在关联

二、编制所有者权益变动表的意义

1. 编制所有者权益变动表符合全面收益改革的国际趋势

1992年10月，英国会计准则委员会（ASB）要求对外编报的主要财务报表增加“全部已确认利得与损失表”；1997年，美国会计准则委员会（FASB）要求财务报表中必须有一个独立的组成部分，突出显示企业的全部利得和损失，在收益表之外报告全面收益；1997年，国际会计准则委员会（IASC）公布的修订后的IAS1“财务报表表述”中，要求财务报表中必须有一个独立的组成部分，来突出显示企业的全部利得和损失。

从国外会计准则制定机构关于财务业绩报告的改革过程来看，改革业绩报告的目标基本一致，都要求报告提供更全面、更有用的财务业绩信息，以满足使用者投资、信贷及其他经济决策的需要。

我国在2007年适用的《企业会计准则——基本准则》中对所有者权益要素做了如下规定：“所有者权益的来源包括所有者投入的资本、直接计入所有者权益的利得和损失、留存收益等。”其中：直接计入所有者权益的利得和损失是指不应计入当期损益、与所有者投入资本或者向所有者分配利润无关，但会引起所有者权益发生增减变动的利得或者损失。当期净利润与直接计入所有者权益的利得和损失构成全面收益。

由所有者权益变动表的内容可知，我国的所有者权益变动表的作用实际上就相当于英国ASB的“全部已确认利得与损失表”，美国FASB的“全面收益表”，国际会计准则委员会（IASC）的“权益变动表”。我国新准则颁布后的所有者权益变动表能更好地帮助投资者获得与其决策相关的全面收益信息。

2. 编制所有者权益变动表是公司所有者权益和受托责任日益受到重视的体现

所有者权益变动表可以反映股东所拥有的权益，据以判断资本保值、增值的情况以及对负债的保障程度。该表将全面反映企业的所有者权益在年度内的变化情况，便于会计信息使用者深入分析，进而对企业的资本保值增值情况做出正确判断，为决策提供有用的信息。投资人可以透过所有者权益变动表分析被投资方的投资价值、股利发放、员工红利等各项权益变动因素，以预测投资效益。

从受托责任角度，编制所有者权益变动表既是对投资者负责，也是对股东和公司自身负责。

3. 编制所有者权益变动表将更好地为利润表和资产负债表提供辅助信息

所有者权益变动表中的“直接计入所有者权益的利得和损失”以及“利润分配”，与利润表之间存在较强的关联性。“直接计入所有者权益的利得和损失”与利润表中的“公允价值变动收益”相辅相成，共同反映了公允价值变动对企业产生的影响。“利润分配”则提供了企业利润分配的去向和数量，为利润表提供了辅助信息。所有者权益变动表中提供的所有者结构变动信息与资产负债表中所有者权益部分相辅相成，提供了所有者权益具体项目变动的过程及原因。

4. 编制所有者权益变动表能更清晰地体现会计政策变更和前期差错更正对所有者权益的影响

会计政策变更和前期差错更正对所有者权益本年年初余额的影响，原先主要在财务报表附注中体现，很容易被投资者忽略。新准则要求除了在附注中披露与会计政策变更、前期差错更正有关的信息外，还将在所有者权益变动表上直接列示会计政策变更和前期差错更正对所有者权益的影响，以使其得到更清晰的体现。

三、所有者权益变动表的构成要素与格式

所有者权益变动表是反映企业所有者权益的各组成部分当期的增减变动情况的报表。分别披露企业当期损益、直接计入所有者权益的利得和损失，以及与所有者的资本交易导致的所有者权益的变动情况。所有者权益变动表全面反映了企业的股东权益在年度内的变化情况，便于会计信息使用者掌握企业股东权益的增减变化情况，进而对企业的资本保值增值情况做出深入分析和正确判断，从而提供对决策有用的信息。

1. 所有者权益变动表是连接资产负债表与利润表的纽带

随着全球经济一体化不断发展，企业所面临的经营环境日趋复杂。由于会计核算的历史成本原则、收入实现原则、谨慎性原则等的限制，外币报表折算差额、可供出售金融资产公允价值变动等已确认未实现的利得和损失无法在利润表中列示，只能直接在资产负债表中的所有者权益中确认，这种做法破坏了资产负债表与利润表之间原本的逻辑关系，进而破坏了整个财务会计报告体系中各要素之间的内在联系。所有者权益变动表揭示了资产负债表与利润表二者之间的钩稽关系，使财务会计报告体系中各要素之间能够继续保持着紧密的联系，成为连接资产负债表与利润表的纽带。

2. 所有者权益变动表全面反映企业收益情况

所有者权益变动表的使命之一就是全面报告企业收益。由于一些传统会计原则的限制，许多已确认未实现的利得和损失无法在利润表中列示，其信息的不全面性有碍会计信息的相关性作用的发挥。我国的所有者权益变动表以净收益为起点，列示了计入所有者权益的未实现利得和损失（其他全面收益）的各项内容，虽然没有明确全面收益的概念，但其“合计数”实际上就是全面收益总额。

3. 所有者权益变动表的格式

所有者权益变动表包括表首、正表两部分。其中，表首说明报表名称、编制单位、编制日期、报表编号、货币名称、计量单位等；正表是所有者权益变动表的主体，具体说明所有者权益变动表的各项内容，包括股本（实收资本）、资本公积、法定和任意盈余公积、法定公益金、未分配利润等。每个项目中，又分为年初余额、本年增加数、本年减少数、年末余额四个小项，每个小项中，又分别具体情况列示其不同内容。所有者权益变动表的格式如表 1-8 所示。

表 1-8　所有者权益变动表

会企　04 表

编制单位：　　　　　　　　　　　年度　　　　　　　　　　　单位：

项目	本年金额							上年金额（略）						
	实收资本（或股本）	资本公积	减：库存股	其他综合收益	盈余公积	未分配利润	所有者权益合计	实收资本（或股本）	资本公积	减：库存股	其他综合收益	盈余公积	未分配利润	所有者权益合计
一、上年年末余额														
加：会计政策变更														
前期差错更正														
二、本年年初余额														
三、本年增减变动金额（减少以"－"号填列）														
（一）综合收益总额														
（二）所有者投入和减少资本														
1. 所有者投入资本														
2. 股份支付计入所有者权益的金额														
3. 其他														
（三）利润分配														
1. 提取盈余公积														
2. 对所有者（或股东）的分配														
3. 其他														
（四）所有者权益内部结转														
1. 资本公积转增资本（或股本）														
2. 盈余公积转增资本（或股本）														
3. 盈余公积弥补亏损														
4. 其他														
四、本年年末余额														

四、股利政策对所有者权益变动表影响的分析

（一）派现与送股对公司所有者权益的影响

目前我国上市公司分红主要采用的是派现和送股这两种形式，股利决策对公司财务状况 的影响是不同的：派现使公司的资产和所有者权益同时减少，股东手中的现金增加；

送股使流通在外的股份数增加，公司账面的未分配利润减少，股本增加，影响每股账面价值和每股收益。

1. 派现

（1）派现的含义。派现即派发现金股利，是指公司以现金向股东支付股利的形式，是公司最常见的、最易被投资者接受的股利支付方式。这种形式能够满足大多数投资者希望得到稳定投资回报的要求。公司是否支付现金股利，既取决于公司是否有足额的可供分配的利润，还取决于公司的投资需要、现金流量和股东意愿等因素。

（2）派现对所有者权益的影响。派现会导致公司现金流出，减少公司的资产和所有者权益规模，降低公司内部筹资的总量，既影响所有者权益内部结构，也影响整体资本结构。

【例1-1】 某公司有流通在外的股票100万股，每股股价5元，公司的市场价值总额是500万元。现金股利支付前简化的资产负债表如表1-9所示。

表1-9 资产负债表（现金股利支付前） 单位：元

资 产		负债及所有者权益	
现金	1 500 000	负债	0
其他资产	3 500 000	所有者权益	5 000 000
总计	5 000 000	总计	5 000 000

假设该公司管理层本年末决定每股派发1元的现金股利，现金股利支付后简化的资产负债表如表1-10所示。

表1-10 资产负债表（现金股利支付后） 单位：元

资 产		负债及所有者权益	
现金	500 000	负债	0
其他资产	3 500 000	所有者权益	4 000 000
总计	4 000 000	总计	4 000 000

由表1-10可知，如果该公司决定每股发放1元的额外现金股利，则需要支付现金100万元，由此使公司资产的市场价值和所有者权益均下降到400万元，每股市值下降到4元。

派现将减少公司的资产和留存收益规模，降低公司的财务弹性，并影响公司整体的投资与筹资决策。所以，管理层在决定派现时，应当权衡各方面的因素。一般而言，公司派现决策的动机如下：

第一，消除不确定性动机。投资者对股利和资本利得有不同的偏好，大多数投资者认为，现金股利是在本期收到的实惠，而未来的资本利得则具有很大的不确定性，公司通过派现将消除投资者期望收益的不确定性，树立良好的市场形象。

第二，传递优势信息动机。根据股利传播信息论，在非完善资本市场中，派现常常被管理者用做传递公司未来前景的信息。当管理者对公司未来发展前景看好时，就会通过一定的派现向市场传递公司的绩优信息，从而提高公司的股票价格。

第三，减少代理成本动机。将剩余的现金流量以股利的形式发放给股东，可以降低经营者控制企业资源的能力，从而降低因所有者和经营者之间的冲突而产生的代理成本。

第四，返还现金动机。每个公司都会走向成熟期，在这个阶段，公司很难找到投资收益率超过投资者要求的必要收益率的项目，这时就应该考虑向投资者派现，以稳定投资者的心态。

2. 送股

（1）送股的含义。送股即送股票股利，是指公司以股票形式向投资者发放股利的方式。其具体做法是：在公司注册资本尚未足额时，以股东认购的股票作为股利支付，也可以发行新股支付股利。实际操作过程中，有的公司增发新股时，预先扣除当年应分配股利，减价配售给老股东；也有的公司发行新股时进行无偿增资配股，即股东无须缴纳任何现金和实物即可取得公司发放的股票。

公司选择送股的动因如下：①送股固然不会增加股票的内在价值，但是对股东来说，将收益作为本金留存公司是一种再投资行为，只要公司经营长线被看好，股票红利就很诱人。②从市场评价看，送股相当吸引人。大量送股后每股收益被稀释，填补每股盈利的缺口给公司经营提出了更高的要求。根据信息理论，大量送股给市场这样一个信号——公司对盈利增长有信心。③公司送股决策最直接的动因还是为了更多地筹资。比如，承销商会建议某些小盘股先送红股将盘子做大，然后再配股，这样配股价不至于太高，还可以多筹资。④送股还有避税、降低交易成本等优点。

（2）送股对所有者权益的影响。送股是一种比较特殊的股利形式，它不直接增加股东的财富，不会导致企业资产的流出或负债的增加，不影响公司的资产、负债及所有者权益总额的变化，所影响的只是所有者权益内部有关各项目及其结构的变化，即将未分配利润转为股本（面值）或资本公积（超面值溢价）。

（3）送股对每股收益和每股市价的影响。送股后，如果盈利总额不变，普通股股数的增加会引起每股收益和每股市价的下降，但由于股东所持股份的比例不变，每位股东所持股票的市场价值总额仍保持不变。

送股对每股收益和每股市价的影响，可以通过对原每股收益、每股市价的调整直接算出。其计算公式如下：

$$送股后的每股收益 = \frac{E_o}{(1+D_s)}$$

式中 E_o——送股前的每股收益；

D_s——股票股利发放率。

$$送股后的每股市价 = \frac{M}{(1+D_s)}$$

式中　M——除权日的每股市价。

【例 1-2】 假定 X 公司本年净利润为 25 000 万元，股利分配时的股票市价为 20 元/股，发行在外的流通股股数为 20 000 万股，股利分配政策为 10 股送 0.5 股，则每股收益和每股市价的影响计算如下：

$$送股后的每股收益 = \frac{25\ 000\ 万元}{20\ 000\ 万股 \times (1 + 5\%)} = 1.19\ 元/股$$

$$送股后的每股市价 = \frac{20\ 元/股}{1 + 5\%} = 19.05\ 元/股$$

（4）转增股本与送股。转增股本是指公司将资本公积金转化为股本，转增股本并没有改变股东的权益，但却增加了股本的规模，因而其客观结果与送股相似。

（二）股票分割对公司所有者权益的影响

1. 股票分割的含义

股票分割是指在保持原有股本总额的前提下，将每股股份分割为若干股，使股票面值降低而增加股票数量的行为。

股票分割对中小投资者购买股票更具吸引力，具体说来可归纳为以下几点：

（1）股票分割可降低公司股票的市场价格，从而易于在市场上流通。这有利于吸引投资者买卖公司股票。

（2）股票分割实际上是向投资者传递公司发展前景良好的信息。因为股票分割意味着公司想以较低的发行价吸引投资者购买公司的新股票，公司的股票价格有上升趋势。

（3）如果股票分割后的每股现金股利比股票分割前高，股东可获得较多的利益，从而对公司的发展充满信心，并且不会随便出售手中持有的股票。这无疑有利于稳定公司的股票价格。当然，公司如果认为流通中的股票价格过低，可通过反分割的方法将每股价格提高。在国际上，股票的分割和反分割都会受到有关法律的限制。

2. 股票分割对所有者权益的影响

股票分割不属于股利分配，但与股票股利在效果上有一些相似之处，即股票分割也不直接增加股东的财富，不影响公司的资产、负债及所有者权益的金额变化。与送股的不同之处在于股票股利影响所有者权益有关各项目的结构发生变化，而股票分割则不会改变公司的所有者权益结构。

3. 股票分割对每股收益和每股市价的影响

虽然股票分割不属于某种股利，但和股票股利一样，它会对公司的每股收益、每股市价等产生影响。在其他条件不变的情况下，进行股票分割会使公司的每股收益和每股市价下降。

（三）所有者权益变动表中的库存股

1. 库存股的概念

库存股亦称库藏股，是指公司购回而没有注销并由该公司持有的已发行的股份，库存股在回购后并不一定注销，由公司持有并决策，在适当的时机可以再向市场出售或用于对员工的激励。库存股是发行总股本的减项，可以被理解为将股利一次性支付给股东，属于间接股利分配形式。

库存股同时具备以下四个特点：①库存股是本公司的股票；②库存股是已发行的股票；③库存股是收回后尚未注销的股票；④库存股是可以再次出售的股票。根据定义，也可以做如下理解：凡是属于公司未发行的股票、公司持有的其他公司的股票或者是公司已收回并注销的股票，都不能被视为库存股。

回购股份时，应借记“库存股”，贷记“银行存款”；注销回购股份时，应借记“股本”（按回购数乘以股票购买的价格）、“资本公积”（也可以在贷方，表示回购价格低于股本价格），贷记：“库存股”，其中按股本和回购价格先冲减资本公积，再冲减盈余公积，在不够冲减的情况下再冲减未分配利润。

除了回购股份外，本公司股东或债务人以股票抵偿公司的债务、股东捐赠本公司的股票等行为都会形成库存股。

2．库存股对所有者权益的影响

（1）库存股不是公司的一项资产，而是所有者权益的减项，发生时不影响总股本的变化，注销时库存股对所有者权益总额有影响。

【例 1-3】 某公司 2016 年股本为 100 000 000 股，面值为 1 元，资本公积（股本溢价）为 30 000 000 元，盈余公积为 40 000 000 元，经过股东大会批准，以现金回购本公司股票 20 000 000 股并注销。假定按每股 2 元回购，其账务处理为：

借：股本	20 000 000	
资本公积——股本溢价	20 000 000	
贷：库存现金		40 000 000

（2）库存股的变动不影响损益，只影响权益。由于库存股不是公司的一项资产，因此再次发行库存股时，其所产生的收入与取得时的账面价值之间的差额不会引起公司损益的变化，而是引起公司所有者权益的增加或减少。

（3）库存股的权利受限。由于库存股没有具体股东，因此，库存股的权利会受到一定的限制。比如，它不具有股利分派权、表决权、优先认购权、分派剩余财产权等。

3．对库存股进行分析应该注意的问题

从实质影响看，股票回购可以被认为是将股利一次性支付给股东，属于间接股利分配，但股票回购比高股利政策更有财务影响：①合理增加库存股能进一步提高股票价格，吸引投资者。公司通过增加库存股可以减少发行在外的流通股，从而达到提高每股净收益和每股股利的目的，以保持或提高股价。②合理增加库存股可减少股东人数，化解外部控制或减少施加重要影响的公司和企业，以避免公司自身被收购或者恶意运作。③公司通过库存股的合理运用，可以调整自身的资本结构，保证股东和债权人的利益。

库存股会影响到公司的股价、资本结构、公司形象等，因此在报表分析中应该注意以

下几项：

（1）法律、法规、章程等对发行在外的股票数量及金额的限制。

（2）法律、法规、章程等因持有库存股而对其股利分配的限制。

（3）依法回收股票的原因、库存股的增减变动状况。

（4）法律、法规、章程对库存股所享有的股东权利的限制。

（5）若子公司于母公司财务报表期间持有母公司股票，母公司利润表应揭示相关资料，并在财务报表附注中揭示子公司购入的股数及账面价值，再出售股数及售价、期末持有数及市价。

（6）有无利用股票回购内幕操纵股价、粉饰财务数据、误导投资者、满足公司管理层短期行为的动机等。

第五节　现金流量表

一、现金流量表的意义与功能

现金流量表是以现金流入与现金流出的方式，汇总说明企业在特定期间内营业、投资及筹资活动有关信息的报表。因此，现金流量表的主要目的在于提供企业在特定期间内现金流入与现金流出的信息，次要目的在于披露该期间内有关投资与理财活动的信息。

美国财务会计准则委员会于 1987 年发布的第 95 号公告中，要求使用现金或现金等价物的概念。该公告认为现金不仅包括手头持有的货币，而且还应包括存在银行或其他金融机构的活期存款。现金等价物是短期的、流动性高的投资，一般只限于那些在购买日到期期限等于或短于三个月的短期投资，这类投资应该具有两类特点：① 能够轻易地转化为已知金额的现金；② 即将到期，不会因为利率的变动而出现价值波动的重大风险。

与营运资本相比，现金与现金等价物更能恰当地反映企业主体的财务状况和变现能力。在营运资本概念下，同是流动资产，其流动性和变现力都不相同，甚至相差悬殊。例如，现金和存货的变现能力就相差甚远，而对于现金与现金等价物的概念基础来讲，由于现金本身就具有支付能力，现金等价物变现力强，也可以作为商品流通的交换媒介，同样也具有支付能力，所以现金流量表所报告的现金与现金等价物的金额，实际上代表了企业主体的即期支付能力，能够较好地反映企业的财务状况。

从现金流量表提供的信息来看，它具有以下功能：

1）反映企业在未来会计期间产生净现金流量的能力。

2）反映企业偿债及支付投资者报酬的能力。

3）反映企业利润总额与营业活动所产生的净现金流量发生差异的情况及原因，提供收入质量的相关信息。

4）有助于评估企业的财务弹性和变现能力。

5）反映企业会计年度内影响或不影响现金流量的投资和筹资活动。

二、现金流量表的构成要素和格式

从现金流量表的编制要求出发，按照现金流入与流出的原因不同，通常可以将企业的经济活动分为三个部分，即经营活动、投资活动和筹资活动。

1. 经营活动（营业活动）

经营活动是指直接进行产品生产、商品销售或劳务提供的活动。这类活动是确定企业净收益的主要事项，通常包括以下几种：

（1）企业销售货物或提供劳务而取得的收入。

（2）企业当期所获得的其他收入，如利息收入和股利收入。

（3）当期所销货物的销货成本，或为提供劳务而发生的直接成本。

（4）当期发生的营业费用。

（5）当期发生的其他费用，如利息费用等。

（6）当期缴纳的所得税等各种税费及其他费用或罚金的支出。

2. 投资活动

投资活动包括两个部分：① 购买劳动资料的活动；② 为了获取高额利息或股利收入，或由于其他目的（如控制其他主体的经营），而将企业的资金投入到其他主体的行为。

投资活动的具体内容包括以下几种：

引起现金流入的活动：

（1）收回或转售企业的贷款和企业购入的其他主体的债券（现金等价物除外）。

（2）转售其他企业的股票以及收回股票投资。

（3）出售厂房设备和其他生产性资产。

引起现金流出的活动：

（1）偿还贷款的支出以及购入其他主体的债券（现金等价物除外）。

（2）购置厂房设备和其他生产性资产。

（3）购买其他企业的股票。

3. 筹资活动

筹资活动是指企业在经营过程中发生的，与资金筹集有关的活动。它的具体内容包括以下几个方面：

引起现金流入的活动：

（1）发行各类股票。

（2）发行各种债务证券，如公司债券、抵押贷款、票据和其他短期或长期借款等。

引起现金流出的活动：

（1）向股东支付股利；企业重新购进企业自己的股票，包括为部分股票持有者退股所支付的现金。

（2）偿还各种债务证券本金，包括到期的各种公司债券、应付票据、长期或短期借款以及各种类型的贷款本金。

4. 除以上三类活动导致现金的流入和流出外，当遇到以下业务时，企业也需单独列示：

（1）汇率变动对现金流量的影响。企业有外币交易或有国外经营机构时，应将外币现金流量按其现金收支时的汇率折算成本国货币，以编制现金流量表。无法逐笔换算或是按现金收支时的汇率换算与按全年加权平均汇率换算其结果差额不大时，可以按全年加权平均汇率予以折算。

对于资产负债表日的外币现金余额，应按该日的汇率换算，其与现金收支当时的汇率换算结果的差额，以“汇率影响数”（或汇兑损益）在现金流量表中单独列示。

（2）不影响现金流量的投资和筹资活动。对有些不影响现金流量的投资和筹资活动，如发行公司债券或股票交换固定资产、债务证券转换为权益证券等，由于这种业务对未来的企业现金流量有重大影响，所以应以附表或注释的方式加以披露。

对有些不影响现金流量的非投资和非筹资活动，如发放股票股利、股票分割等，就不需要在现金流量表中予以披露。

在现金与现金等价物的概念基础上，具体报告企业经营活动事项对现金流量的影响，有直接法与间接法两种编制方法。

1. 直接法

直接法是将营业活动中所产生的各项现金流入和现金流出直接列示，来反映现金流量的编制方法，即直接将利润表中与营业活动有关的各项目由权责发生制的基础转换成收付实现制的基础。

以直接法报道营业活动的现金流量时，由于详细列示了各项现金流入的来源及现金流出的去向，有助于报表的使用者预测企业未来的现金流量和偿债能力，缺点在于容易对应计基础的利润总额与现金基础的利润总额产生误解。

例如，要计算企业本期销货收入中的现金部分，就需要结合考虑本期的应收账款、应收票据，假定本期销货净额为 700 000 元，应收账款期初余额为 40 000 元，期末余额为 45 000 元，年内注销坏账损失 2 000 元，新增应收账款净额 7 000 元，则

销货净额	700 000
期初应收账款余额	40 000
年内注销坏账	（2 000）
期末应收账款余额	（45 000）
新增应收账款净额	（7 000）
本期销货的现金收入	（686 000）

此外，如果企业的现金收支业务种类较多、渠道过于复杂时，按直接法揭示营业活动的现金流量就比较困难。

2. 间接法

间接法是以利润表中的利润总额为计算起点，调整当期不影响营业活动现金流量的收

入、费用、利得和损失项目以及与营业有关的流动资产及流动负债项目，以计算当期由营业活动所产生的净现金流量。

采用直接法编制的现金流量表如表 1-11 所示。

表 1-11　现金流量表（直接法）

编制单位：ABC 公司　　单位：元

来自营业活动的现金流量	
销售现金收入	7 900 000
购货成本支出	(5 400 000)
销售与管理费用支出	(900 000)
利息费用支出	(250 000)
所得税支出	(500 000)
营业活动提供的净现金流量	850 000
来自投资活动的现金流量	
出售长期债券的现金收入	30 000
购入厂房的现金支出	(50 000)
购入土地的现金支出	(80 000)
投资活动提供的净现金流量	(100 000)
来自筹资活动的现金流量	
股票发行收入	60 000
股利现金支付	(40 000)
筹资活动提供的净现金流量	20 000
本期现金及现金等价物净增加额	770 000
期初现金及现金等价物余额	220 000
期末现金及现金等价物余额	990 000

在间接法下，有关调整项目可以分为以下四个方面：

（1）非现金费用。有些利润表的费用项目，并不动用本期的现金，但是需要从收益中扣除，以得出本期净利。因此，如果要衡量营业活动所产生的现金流量，就应该将这类非现金费用项目予以加回。如固定资产的折旧、无形资产的摊销等。

（2）非现金收入。同非现金费用项目相比，有些利润表的收入项目并不产生现金的流入，所以在衡量营业活动所产生的现金流量时，应该将这类非现金收入项目予以扣除。如应付公司债券的溢价摊销、递延收益的摊销等。

（3）非常损益与非营业活动的损益。有些项目是因企业的投资或筹资活动所产生，或是与营业活动无关的交易或事项所产生的损益项目，这些项目在衡量企业的现金流量时，也应予以调整，有损失时加回当期损益，有利益时冲减当期损益，如处理固定资产的损益、债务偿还损益等。

（4）与营业有关的流动项目。在资产负债表中所列示的应收、预付、应付、预收及存货等流动资产和流动负债项目的增减变动，会对以权责发生制为基础的销售收入、销售成本等项目产生影响，所以在衡量企业的现金流量时，应该根据与营业有关的流动资产和流动负债项目的增减变动，将以权责发生制为基础的销售收入、销售成本等项目调整为以收付实现制为基础的收入与支出项目。以应收账款项目为例，本期期末应收账款如果比期初应收账款的余额大，其超出部分表示本期销货收入中尚未收现的部分，即本期由销货所收到的现金，比利润表中所认列的销货收入要少，所以在衡量现金流量时，应将此超出部分从当期损益中扣除。反之，就应该加回。

在间接法下，通过对以上项目的调整，可以了解企业本期损益与现金流量之间的差异以及造成这些差异的原因，但是无法获知企业营业活动中关于现金流入的来源和现金流出的运用。除此之外，对一些非营业现金损失或费用项目的调整，容易使人误解为这些项目会产生现金流入。

采用间接法编制的现金流量表如表1-12所示。

表1-12　现金流量表（间接法）

编制单位：ABC公司　　单位：元

来自营业活动的现金流量	
净收益	780 000
调整项目	
折旧费	100 000
摊销费	30 000
坏账备抵	35 000
设备报废损失	20 000
公司债溢价摊销	5 000
资产和负债项目变动的影响	
应收账款增加	（80 000）
存货增加	（10 000）
预付费用增加	（5 000）
应付账款减少	（3 000）
应付票据减少	（12 000）
调整总额	（70 000）
营业活动提供的净现金流量	（850 000）
来自投资活动的现金流量	
出售长期债券的现金收入	30 000
购入厂房的现金支出	（50 000）
购入土地的现金支出	（80 000）
投资活动的净现金流量	（100 000）
来自筹资活动的现金流量	

（续）

来自营业活动的现金流量	
股票发行收入	60 000
股利现金支付	(40 000)
筹资活动提供的净现金流量	(20 000)
本期现金及现金等价物净增加额	770 000
期初现金及现金等价物余额	220 000
期末现金及现金等价物余额	990 000

第六节 财务报表间的勾稽关系

衡量企业整体的财务状况、经营成果及其变动情形，必须要同时从两个方面来评估：① 期间资料（如利润表、现金流量表和所有者权益变动表）；②时点资料（如资产负债表）。期间资料体现了企业的流量信息，时点资料体现了企业的存量信息，只有将存量和流量结合在一起，才能全面地考察企业的财务状况和经营成果。

资产负债表、利润表、现金流量表和所有者权益变动表四种财务报表的相互关系如图1-2 所示。

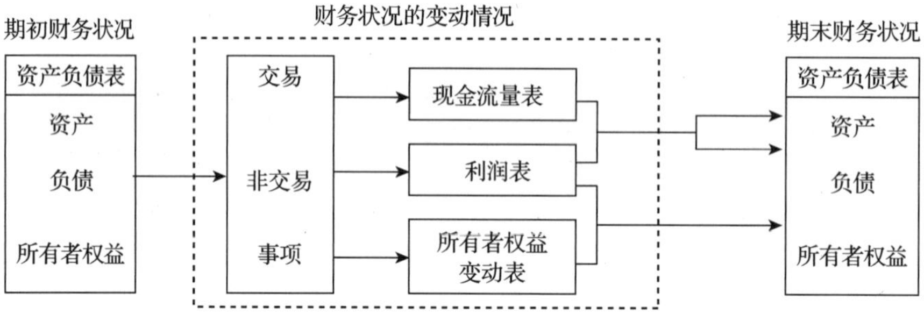

图 1-2 四种财务报表的相互关系

各种财务报表是相互联系、相互补充的，因为它们分别从不同的方面反映着同一个体相同的交易或事项。虽然每个财务报表所陈述的信息均有所不同，但是没有任何一个财务报表只具有单一的用途，或者能够单独为决策者提供一切有用的财务信息，所以只有将一整套财务报表结合起来予以考察，才能共同达到财务报表的目的。例如在比率分析中，往往要涉及两个或两个以上的财务报表，才能得出有意义的结论；在资产负债表里的信息，往往可以用于评估企业的流动能力和变现能力，但是只有和现金流量表结合在一起，才能对企业的流动能力和变现能力进行完整的分析。

第二章 财务报表分析基础

通过企业的财务报表，可以了解到一个企业的财务状况和经营成果。但这种了解往往是表面的，还不能满足财务报表编报者、使用者进行决策的需要，因此就必须对财务报表及其他会计记录所提供的资料做进一步加工处理，以显示各项资料间所隐含的相互关系，进而解释这种关系，这就需要利用财务报表分析的基本知识，以提高财务报表使用者加工信息的能力，为决策者提供依据。

第一节 财务报表分析入门

一、财务报表分析的意义和目的

财务报表分析就是运用分析方法和技巧，从财务报表或财务资料中整理出有用的信息，供决策者使用的全过程。它可以帮助决策者在决策时避免采用直觉推测的方法，减少不确定的判断，缩小错误的领域，以增加决策的科学性。

由此可见，财务报表分析的本质在于搜集与选取和决策有关的各项财务信息，运用分析的工具和技术整理出有用的信息，为决策者的决策提供参考。

通过财务报表分析，可以了解到以下三个方面的信息：

（1）企业过去的经营业绩。

（2）企业目前的财务状况。

（3）企业未来的发展趋势。

这些财务信息对于不同的使用者来讲，其关注的焦点和目的也有所不同。

1. 债权人

债权人是指将资金借给企业的自然人或法人。企业可以依不同的目的与方式向外借入资金。按照借入资金的时间长短进行划分，企业的债务可以分为短期借款和长期借款两种。

短期借款一般是指借款期限不超过一年的借款，长期借款一般是指借款期限超过一年的借款，包括企业的应付公司债券等形式。

债权人对财务报表的分析方法、分析内容以及评估标准等往往随信用期限、信用条件以及是否提供抵押品或担保等因素而有所不同。

短期债权人所关心的主要是放款是否能够按期收现，因此对于企业的短期财务状况，短期债权人对资产的流动性及其品质比较在意。长期债权人比较关心企业的长期偿债能力，因此长期债权人对于企业的现金流量预测分析、长期获利能力和长期偿债能力比较在意。

此外在进行信用分析时，无论是短期债权人还是长期债权人，都比较注意企业的获益能力和资本结构，因为企业的获益能力分析是企业信用安全的重要因素；企业的资本结构，即权益对负债的比例，它表明每一元的负债有多少权益资本做保障，它直接涉及放款的风险。

2. 股东

股东是指提供资金给公司的投资者，而且也是公司风险的最终承担者，所以一般又称为权益投资者。普通股股东对企业的权利是相对于剩余权益而言的。在正常的营业过程中，普通股股东所享受的权益，必须是扣除利息、税款和优先股股利后的净益。在公司的清算阶段，普通股股东所享受的权益，是清偿债务和优先股权益后的剩余资产。根据我国《公司法》的规定，破产清算中，其财产的分配应按下列顺序进行，即支付清算费用，职工工资，劳动保险费，缴纳所欠税款，清偿公司债务，最后才能分配剩余财产。由于企业进入清算期间，其资产的可变现净值一般要低于其账面价值，所以普通股股东最终很可能所获无几。

由于普通股股东所享受的权益受到多种因素的影响，所以普通股股东对于企业的各种信息（如企业的获利能力、业务状况、财务状况、资本结构等）都非常关切，从这一点看，普通股股东往往也享有投票权，直接对企业的生产经营活动施加影响。

对于上市公司而言，由于公司的价值直接表现为公司的股票价值，所以股东最关心股票的价值，尤其是短期投资的股东更侧重于股票市场的各种资料，如股价的走势等。

3. 企业管理者

如果从使用的角度出发，财务报表分析的目的可以分为对内和对外两种。对内而言，主要是为企业管理者提供关于企业经营业绩和财务状况的财务信息，便于企业管理者及时发现问题、解决问题，以应付瞬息万变的市场竞争。

从企业内部管理的角度出发，管理者可以通过对其分部或部门的经营业绩分析，来进行计划和预算、业绩评估和部门考核，以便促进企业的总体战略目标得到贯彻执行，并进一步提高企业各部门的经营能力和企业整体的经济效益。

从企业外部管理的角度出发，企业管理者利用财务报表分析，可以达到以下四个目的：

（1）对企业的供货者进行分析，了解他们的盈利能力和偿债水平，以确定其生产经营状况是否良好，以保证本公司生产的顺利进行。

（2）对企业的购货者进行分析，了解他们的偿债能力和盈利水平，以确定购货者的信用是否良好，从而来调整本公司的销货政策，以确保应收账款的及时收回。

（3）对企业的现有竞争者和潜在竞争者的盈利能力、发展动向进行分析，了解竞争者的市场份额和边际利润，以便合理确定本公司的产品定价和产品组合。

（4）在公司的收购与兼并过程中，通过对目标公司财务报表和其他财务信息资料的分析，以确定公司的收购价格是否合理。

4. 会计师或其他审计人员

会计师或其他审计人员在对企业财务报表进行审计之后，必须提出审计报告，明确指出该企业的会计处理是否符合公认的会计原则，其财务报表是否公允地表达企业的财务状况和经营成果。

因此在实务中，会计师或其他审计人员往往把财务报表分析作为审计工作的一个重要手段。通过对财务报表所提供的各项信息进行整理与分析，来揭露企业的各项重大变更，以显示错误或不寻常的事项，并进一步追查其原因，以便为签署审计报告提供充分、适当的审计证据。

5. 其他有关方面

传统上，财务报表的使用者主要有三类，即投资者、债权人和政府部门。长期以来，在我国，财务报表的一个主要目的就是为了向各级政府部门提供所需的信息，帮助他们制定和执行国家的重要政策。随着经济改革的深入和发展，引入了新的报表使用者，如国外投资者、国内外股东和国外金融机构等。这样财务报表编制的目的就出现了多元化和新的发展趋势。例如国际化的要求，使财务报表的格式、信息披露和编制原则具有了国际化的标准。因此，财务报表分析就可以满足其他许多有关方面的需要，但是，财务报表分析的最终目的还是在于评估企业的财务状况，衡量企业的经营业绩，观察和预测企业未来的发展趋势，为决策者提供依据。

二、财务报表分析的限制

1. 会计本身的限制

（1）会计假设与会计原则的限制。会计假设和会计原则虽然可以为会计作业提供规范和基础，但是它们也同样限制了财务报表的功能和表达。例如在货币计量假设下，财务报表所能表达的信息仅限于可用货币表达的项目，而许多影响企业活动的因素，都无法以货币来进行衡量和表达，比如经理人员的素质、组织能力、产品质量、员工的士气等。另外，如果币值不稳定，财务报表所表达的信息就会显得毫无意义，账载损益往往会虚盈实亏，而且前后各期的财务资料也缺乏比较的基础。

同样，在以历史成本为原则编制的财务报表中，企业有大量的资产没有得到充分计量。企业的某些特殊资产，如土地、自然资源和建筑物，作为稀缺资源，正随着社会的发展而不断增值，却没有在资产负债表上得到充分地计量和反映，从而使资产负债表严重脱离企业真实的财务状况，使资产负债表的作用日益受到限制。

（2）编报人员素质与判断的限制。在实务中，一般公认会计原则的运用，通常要视经济活动的事实而定，而且许多会计事项的处理又要依靠会计人员的素质进行判断，如应收账款坏账准备的提列、存货的评价、租赁资产类型的判断，其选择取舍是否恰当，往往对财务报表的公允性和可靠性产生直接的影响，所以财务报表的功能也要受到企业会计人员素质和判断的限制。

（3）环境因素的限制。企业的环境因素对财务报表的功能也有限制作用。一般来讲，企业的环境可以分为内部和外部两个方面。内部环境主要包括公司的章程、各项制度、企业管理人员对会计的重视程度以及各项作业系统的完整性等因素，这些因素共同构成企业会计处理的内部环境。以会计制度为例，如果企业的会计制度健全，所编制的财务报表，其可信程度就比较高；反之，财务报表所提供的信息就缺乏有助于决策支持的价值。

外部环境主要包括政府的法令法规、经济体制、产业及同行业的会计水平等因素，这些因素共同构成企业会计处理的外部环境。例如上市公司的规范化程度较高，会计水平较高，所以提供的会计信息其公允程度和可靠性也就较好。

2. 财务报表分析方法所造成的限制

在财务报表分析中，由于各种分析方法的适用范围、使用目的不同，所以在根据分析结果进行决策时，要充分了解到各种分析工具的局限性，避免歪曲企业的实际情况。比如在采用比率分析时，虽然某一企业连续两年的某项财务比率相等，据此很难判断哪一年的品质较佳，但是如果结合结构分析及其他分析方法，就会了解企业的真实变动，据以做出正确的决策。

3. 财务报表使用者所造成的限制

财务报表分析是否适当，往往依赖于财务信息的搜集、整理、挑选和加工，依赖于财务报表分析方法的选择和判断，而这又依赖于财务报表使用者本身的素质和判断。

从财务报表分析的角度出发，财务报表使用者至少应具备下列素质：

（1）精通编制财务报表的会计语言，熟悉企业的会计流程及各相关科目之间的内涵和联系。

（2）精通各项分析工具和分析方法。

（3）对企业会计的内部和外部环境要有充分的了解和认识。

（4）要具备一定的判断能力，能够熟练驾驭各种分析比较方法。

第二节　会计信息的质量特征

会计信息的最重要特征就是决策的有用性。如果没有用处，信息就不能为人们带来任何利益。

然而，什么样的会计信息是有用的，要由每一位决策者来进行判断，而其判断又要受到各种因素的影响，如所要做出的决策，决策所用的方法，已经从其他来源取得的或可以取得的信息，以及决策者加工信息的能力等。对一位使用者可能是最优的信息，未必是另一位使用者最优的信息。所以从财务报表的表达来看，财务报表不可能提供对每一个报表使用者来讲都是最优的信息，而应该提供能够满足财务报表使用者一般需要的信息。因此，就有必要对会计信息的质量特征进行规定。

依据美国财务会计准则委员会所公布的财务会计概念公报第 2 号“会计信息的质量特征”，对于良好的会计信息所应具备的质量特征有以下详细论述，其各种特征可以看作是构成一个质量的层次结构，会计信息质量的层次结构如图 2-1 所示。

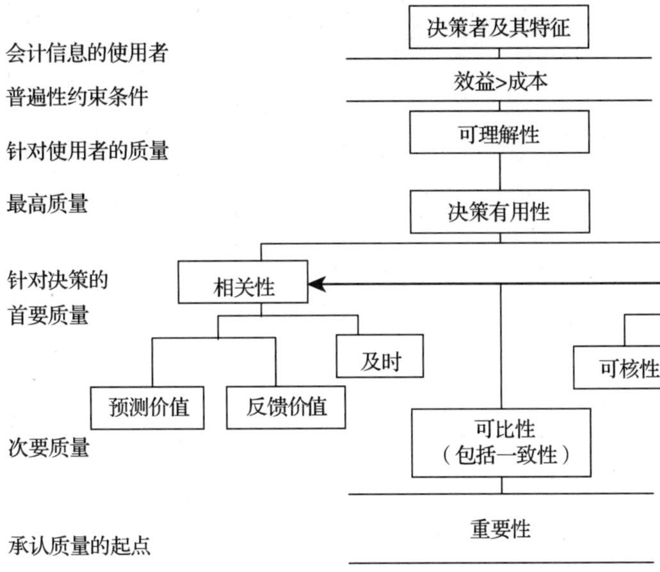

图 2-1 会计信息质量的层次结构

1. 重要性

重要性是会计信息确认的起点，对于一项会计信息而言，如果不符合重要性的要求，就应予以剔除。所谓重要性，是指会计信息中的遗漏或错报部分，其大小程度会改变或影响依赖这一信息的使用者所做的判断。

但是这种重要性的判断缺乏量的标准，很难在实务中进行运用。因此，美国财务会计准则委员会指出，对现行实务进行实证性的考察，是找出如何判断重要项目或重要误差的一种方法。根据这种实证研究方法，一般以净收益的 5% ~10% 为判断重要性的标准。

根据证券交易委员会、其他主管机构以及准则设定单位所公布的权威性文告，美国财务会计准则委员会引述了其中有关重要性的若干数量指南，其中的有关实例如表 2-1 所示。

表 2-1 数量重要性指南中的实例

主　题	权威文告	重要性指南
每股收益的稀释	国际会计准则委员会第 15 号意见书	降低每股收益总计不足 3% 的视为不重要

（续）

主　题	权威文告	重要性指南
资产负债表项目的单独列式	美国证券委员会（SEC）会计公告文件第 41 号	占资产总额 5% 以上，或占本类合计 10% 以上者视为重要项目
应收本公司高级员工及股东款项	SEC S－X 规章第 5－04 规则	应收本公司任何高级员工及主要股东款项，如大于 2 万美元（含 2 万美元）或资产总额 1% 者需详细列示
分部报表的编报：分部的确认	第 14 号财务会计准则	在合并营业收入中，其营业收入等于或超过 1% 以上的，应揭示租金费用总额
在租赁业务中的租金费用总额	SEC 会计公告文件第 147 号	在合并营业收入中，租金年额占 1% 以上的，应揭示租金费用总额
不予资本化的融资租赁，关于租赁未来给付义务的现值	SEC 会计公告文件第 147 号	现值如为长期负债、股东权益和租赁未来给付义务现值三者之和的 5%，或资本化对收益的影响大于或等于最后三年平均年收益的 3%，应予揭示
证实了的油、气储量	SEC 会计公告文件第 258 号	证实了的油、气储量和原始财务资料均须揭示，但在最近两年里，每年从油、气所收获收益及某些气的资本值并未超过有关公司总额的 10% 的除外

2. 效益大于成本

对于会计信息而言，如果信息的效益小于提供信息的成本，则信息就没有提供的价值和必要。

提供信息的成本，大部分由初始的编制者承担，而效益则由编制者和财务报表的使用者共同获得。提供信息的成本，包括信息的收集和加工成本、审计成本、分发给必须送达对象的成本，以及由于信息的披露而有可能丧失有利竞争地位的利益损失等。对于财务报表的使用者来讲，同样也需要为获得信息支付成本，此外还要为解释和分析耗费必要的成本。

提供信息的效益也可以从编报者和财务报表使用者的角度加以说明。对编报者而言，由于提供了充分适当的信息，提高了企业的知名度，树立了良好的公众形象和信誉，因此可以改善企业的资金供应渠道，稳定企业同客户、供应商、消费者、社会公众、政府团体的关系，使企业从这种关系中获益。对财务报表的使用者而言，由于依赖了企业提供的信息，做出了正确的决策，从而促进了资源的有效配置和合理利用，增加了社会的总效益。

3. 可理解性

可理解性是使信息的使用者能够领悟其重要意义的质量特征。提高财务信息可理解的程度，需要做出一定的努力。从成本与效益的角度出发，只能被少数人所理解或使用的信息，应不予提供。反之，编制财务报表也不能仅仅因为有些人理解上有困难，或因为有些投资者和债权人不予使用，而把有关信息排除在外。因此，提高信息的可理解性，可以提高信息的效益。

4. 相关性

相关性是指会计信息应该与信息使用者的需求目的有关，从而具有解决问题及改变决策的能力。对于信息的使用者而言，会计信息必须能够帮助信息的使用者预测过去、现在和将来事项的结局，或者能够证实或纠正信息使用者先前的预期，从而增强决策者预测的能力。因此，相关性应该具备三个特征，即预测价值、反馈价值和及时性。

（1）预测价值。预测价值是指会计信息必须有助于信息的使用者预测未来事项的可能结果。预测可以降低风险并为决策提供支持和参考。

（2）反馈价值。反馈价值是指会计信息能对信息使用者的预测结果加以证实或据此加以纠正，信息的反馈会对未来的决策产生影响。

（3）及时性。信息在失去其决策作用以前，就应该被决策者所拥有，否则信息就会失去其影响和改变决策的作用。

5. 可靠性

可靠性是指会计信息能够忠实地表达其反映的情况，而不会受错误或偏向的影响。可靠性的相关性是会计信息质量的核心要求，但是这两者却常常相互冲突。为了加强相关性而改变会计方法时，可靠性就可能受到削弱；反之亦然。例如采用现行成本计算企业的损益时，虽然增强了信息的相关性，但由于削弱了可核性和忠实表达而使可靠性大为降低。

可靠性由可核性、中立性和忠实表达三个因素构成。

（1）可核性。可核性是指同一事实由不同的人使用相同的衡量或处理方法，所得的结果相同并且能经过反复的验证。

（2）中立性。中立性是指会计信息的处理和提供不偏向任何利益团体，或不因某些特定的目的而歪曲信息或故意选择不适当的会计原则。

（3）忠实表达。忠实表达是指会计信息所描述或衡量的现象应该与事实保持一致，能够真实地反映其所表达的情况。

6. 可比性和一致性

信息的使用者能从不同企业相同的期间或者相同企业不同的期间资料中得到相似或相异的结论，这样对信息的使用者才有意义，这就是对信息可比性的质量要求。但是可比性的基础在于一致性，即逐期符合不变的方针和程序，如果会计方法和原则前后不一致或不同企业采用的会计原则和方法不统一，可比性也就失去了意义。

第三节　会计信息的局限性

在对财务报表提供的信息进行分析时，必须注意到下面这些局限性：

1. 会计处理方法的差异

尽管在编制财务报表时都要依据一般公认的会计原则，但这些原则也为会计人员提供了一些可供选择的会计方法。例如折旧方法、存货计价方法等，都需要会计人员根据企业的会计政策做出职业的判断。以存货计价法为例，我国的会计制度规定，各种存货发生时，企业可以根据实际情况选择使用先进先出法、加权平均法、移动平均法、个别计价法、后进先出法等方法确定存货的实际成本。这些方法上的差异会造成企业间相同的报表项目其内涵不尽相同，从而导致对比率分析结果的曲解。例如，在通货膨胀的情况下，对于同样的存货，采用后进先出法计价，其存货账户的期末余额比采用先进先出法计价时要低，这样前者的存货周转率就会因会计处理原则的不同而高于后者。所以在进行财务报表分析时，应当仔细了解各企业的有关会计政策，尽可能把财务报表修正到可以比较的水平上。

2. 会计环境的不同

近些年来，由于跨国公司的大量涌现，以及外商投资企业的大量增多，会计的国际化问题也成为一个日益重要的话题。以跨国公司为例，由于其子公司分散在世界各地，各国的会计准则又不尽相同，使用的记账本位币也不相同，再加上汇率的经常变动，使得会计处理更加复杂，会计资料的可比性也受到了影响。因此，在对跨国公司的财务报表进行分析时，就将面临更多的问题，如财务报表的换算等。对财务报表各相同项目的分析，也要结合各国的会计环境进行综合考察，比如考察两个国家的财务报表，以历史成本原则为基础的资产负债表项目中，虽然土地的历史成本相同，在报表上没有差别，但以现行成本的角度来看，就会有显著的差异。

此外，如果以比率分析进行财务报表的比较时，首先应看各国的比率计算方法是否一致，否则就不能进行比较。其次在对比率的结果进行解释时，还要考虑到各国的会计环境。例如资产负债比率过高，在美国可能意味着公司面临财务危机，而在日本，由于法人持股制的存在，银行往往成为企业集团的核心，资产负债比率过高意味着公司的信誉较好，经营状况不错，容易从银行获得贷款。

3. 财务报表的修饰

公司的管理当局有时为了自身的利益，会对财务资料做出一些修饰，使得公司的财务状况看上去更为乐观，但是这种修饰只是暂时的，其目的只在于取得财务报表使用者的好感。例如公司在一个会计年度结束之前，为了改进公司的速动与流动比率，设法通过一笔“长期借款”来增加其手头的现金持有量，一旦新的会计年度开始，公司又通过“提前”归还借款的方式，使财务状况回到原有的水平。

4. 通货膨胀的影响

在通货膨胀的情况下，以历史成本原则编报的财务报表就会严重地歪曲企业的财务状况和盈利能力。企业的存货和长期资产的价值都将被低估，折旧费与销售成本也将同时受到影响，这就必然影响到企业的利润。因此一个公司各时期的会计数据资料，其可比性就会受到一定的限制。

5. 企业的行业性质

不同行业的企业，由于其业务性质不同，在采用比率分析时，就要考察企业所在行业的平均水平。如工业企业的存货周转率就要比商业企业低得多。

如果一个企业采用多角化经营战略，涉足许多行业的话，进行比率分析时就会失去其原来的意义。这时就要考察同行业的平均水平，再结合企业的各部门分析以及当时的具体环境，得出一个比较合理的指标评价。

6. 会计信息质量的局限性

随着科学技术的进步和竞争的白热化，会计信息的质量愈来愈受到会计环境变化的挑战，这种挑战主要来自以下几个方面：

（1）会计信息在某些方面正失去其相关性。这主要表现在以历史成本原则来计量企业的资产正越来越受到许多人的批评。在历史成本下，有大量的资产没有得到充分计量，如土地、自然资源的不断增值；此外，企业还有许多资产没有得到确认，如技术密集型企业的知识产权在资产负债表上并没有得到体现，而这些没有得到确认的资产却增值很快（如公司的商标），正逐渐成为对公司有举足轻重作用的重要资产。同时，由于财务报表之间的勾稽关系，资产负债表的缺陷使整套财务报表所提供的信息在某种程度上失去其相关性。

（2）会计信息的时效性正接受挑战。例如，金融衍生工具的出现与发展，增加了资本市场的流动性，可以使企业在一夜之间改变经营方向和风险状况。以资金和信用构成的象征性经济的重要性已经超过了传统的实物性经济，并对信息的及时性提出了更高的要求，这就使现行的定期财务会计报告制度显得有些过时。

（3）信息新技术的发展，超越了时间和空间的限制，使会计人员从手工操作中解脱出来，为及时报告财务信息提供了丰富的手段，但是也对会计信息的生成方式、传递渠道和媒介提出了新的课题。

由于财务报表分析中存在着这些问题，所以对于信息的使用者来讲，在进行决策时，不能单纯地依靠财务报表分析的结论，还必须通过其他的渠道寻求决策的支持。因此，财务报表分析只是我们行动的开始，而不是结束。

第四节　影响财务报表的各种因素

一、影响资产负债表的各种因素

资产负债表提供的是某一个体在某一时点上所有的资产、负债、所有者权益以及它们之间相互关系的信息。所以在进行财务报表分析之前，有必要对资产负债表的各个会计项目及其相互关系以及影响资产负债表的特殊因素（如有负债和期后事项）进行详细的了解。

1. 资产负债表信息的一般披露

资产负债表的所有项目可以分为资产、负债、所有者权益三个部分，并按项目的流动性程度来决定其排列顺序。

（1）流动资产。流动资产是指可以在一年或长于一年的一个营业周期内予以变现或耗用的资产。所谓营业周期，是指在企业的主要业务活动中，由现金购入各种材料或商品，经过生产或经营过程，至售出产品或商品，再经收回价款又回到现金的平均耗用时间。

流动资产的最基本特征是流动性好，变现能力强，通常包括现金及各种存款、短期投资、应收及预付款项、存货等。

现金，在我国是指库存现金。而在西方会计中，现金一词含义较广，除库存现金外，还包括活期存款、定期存款及各种储蓄存款等，但是已指定用途的现金，不能列为流动资产。此外，银行为了保持借款的流动性及实际成本，往往要求客户从存款金额中（由借款转入）保留一部分作为补偿性存款，不得动用。对于此项补偿性存款，如果对其用途加以限制，就应与现金分开列示；否则，仅需在资产负债表项下以备注或附注的形式披露即可。

银行存款，主要是指企业存入银行及其他金融机构的各种存款，但不包括外埠存款、银行本票、汇票存款，这部分内容应在其他货币资金账户予以核算。在西方会计中，银行存款和其他货币资金账户都属于现金账户核算的内容。

短期投资，是指性质上能够随时变现且持有不超过一年时间的投资。根据我国企业会计制度的规定，短期投资以取得成本入账。所谓取得成本，是指进行短期投资时所支付的全部价款，包括买价和经纪人的佣金、税金、手续费等附加费用。取得短期投资后，由于取得成本和市价不一致，所以为了在财务报表中更合理地反映短期投资的现时价值，可以在每个资产负债表日，采用成本与市价孰低法对短期投资进行重新评价。所谓成本与市价孰低法，是指在财务报表中，短期投资的价值以其取得成本与现时市场价格中较低者反映，市场价格低于成本，则以市场价格计价；反之，则以成本计价。

应收账款，是指企业因销售商品或提供劳务而形成的债权。根据我国企业会计制度的规定，应收账款的入账应采用总额法，即将未扣除现金折扣的实际价款作为应收账款的入账金额。发生折扣时，列为财务费用、计入当期损益。在会计期末，应该估计可能发生的坏账损失，提列坏账准备，应收账款的总额减去坏账准备，即应收账款的净值。

应收票据，是指企业因销售产品或提供劳务而收到票据所形成的债权。根据我国企业会计制度的规定，应收票据应以面额作为入账的基础。带息的应收票据，企业应按期确认利息收入，应计但未收到的利息，应于确认时增加票据的账面价值。此外，对于应收票据，一般不必计提坏账准备。

预付款项，包括预付货款和预付工程款。预付货款是指企业按照购货合同规定而预付给供货方的货款。预付工程款是指企业按照工程合同而预付给施工单位的工程价款和备料。当企业预付款项事项不多时，可以直接将预付款项记入“应付账款”的借方，不必单独记录。

其他应收款，是指除应收账款、应收票据和预付款项以外的各种应收、暂付款项。包括各种赔款、存出保证金、备用金、应收包装物租金、应收股利、应向职工收取的各种垫付款等。

存货，一般是指在生产经营过程中为销售或为生产消耗而持有，或为销售而处于生产过程中的各项资产。包括原材料、燃料、包装物、低值易耗品、在产品、产成品及其他相关的资产。根据我国企业会计制度的规定，存货的入账应以历史成本为基础。所谓历史成本，是指存货的采购成本或加工成本，或采购成本和加工成本之和，是使存货达到目前状态而与场所所发生的一切合理而必要的成本支出。存货的计价方法可以采取成本法、市价法、成本与市价孰低法以及计划成本法等，我国的企业会计制度规定只能采取成本法对存货进行评价。但是存货的成本流程可以选择个别计价法、先进先出法、加权平均法或后进先出法。

待摊费用，是指企业已经支出，但应由以后的会计年度负担的费用，如预付保险费、固定资产的修理费用等。

其他流动资产，不能归属于以上各类的流动资产。

（2）长期投资。长期投资是指企业拥有的不准备或不能够在一年内予以变现的投资，包括长期股权投资、长期债权投资和其他长期投资。

长期股权投资，是指以其他公司普通股为主要对象的投资，也包括优先股投资、认股权证投资及其他股权投资。长期股权投资购入时，要以成本入账。其会计处理方法应视投资者对被投资公司的影响程度以及持有被投资公司的股权比例而定，分别列示如下：

凡持股比例在20%以下，一般认为对被投资公司无重大影响，应采用成本法。

凡持股比例在20%～50%之间，通常认为对被投资公司有重大影响，应采用权益法。

凡持股比例在50%以上，通常认为对被投资公司拥有控制能力，除采用权益法外，还应编制合并财务报表。

长期债权投资，是指以其他公司债券或政府公债为主要对象的投资。长期债权投资以成本原则作为入账的基础，折价和溢价应采取直线法的方式在债券的存续期间内分摊。

（3）固定资产。固定资产是指使用年限在一年以上，单位价值在规定标准以上（如1 000元、1 500元或2 000元），并在使用过程中保持原有物质形态的有形长期性资产，如房屋、建筑物、机器设备等。固定资产应当以取得时的实际成本入账，但是对于受赠的固定资产，应以其公平价值入账；对于其他单位投资转入的固定资产，应以评估确认的价值或合同协议约定的价格入账；对于自行建造的固定资产，其入账成本则应包括建造过程中发生的全部合理而必要的支出，如建造期间发生的固定资产借款利息等。此外，根据我国《企业会计准则》的规定，固定资产一般应采用直线法或工作量法计提折旧，但如果符合有关规定，也可采用加速折旧法计提折旧。

（4）无形资产。无形资产是指企业长期使用而没有实物形态的资产。它一般表现为一种特权或一种优势的经营能力，这种特权或经营能力，通常能给企业带来超额的经济利益。无形资产一般包括专利权、非专利技术、商标权、土地使用权、特许权和商誉等。对于购入的无形资产，取得成本应为实际买价和相关的附加费对于接受投资转入的无形资产，取得成本应为其评估价值或合同协议约定的价格；对于自行开发的无形资产，取得成本应包括开发过程中发生的各种合理且必要的支出。根据我国企业会计制度的规定，无形资产的取得成本，应当在其受益期内或其有效期内按照直线法平均摊销为各期费用。

（5）递延资产和其他资产。递延资产是指不能全部计入当期损益，而应由以后各会计期间予以分摊的各项费用，如开办费、租入固定资产改良支出等。

其他资产是指不能划入流动资产、固定资产、长期投资、无形资产、递延资产的其他类型的资产，如被冻结的企业资产等。

（6）流动负债。流动负债是指在一年或长于一年的一个营业周期内，需要用流动资产来归还或者以其他流动负债所获得的资金来抵偿的各种债务。流动负债可用以弥补企业流动资金不足和季节性资金短缺，它一般包括应付账款、应付票据、应付职工薪酬等项目。

应付账款，是指企业实际购进商品或劳务时，当时尚未付款的正常商业往来款项。

应付票据，是指企业对外发生债务时开出并承兑的反映债权债务关系的商业汇票，是出票人无条件承诺在未来某个特定日期支付本息的书面约定。应付票据通常在一年内到期。应付票据分为带息和不带息两种，我国现在通行的商业票据一般都是无息票据，承兑期限由双方商定，一般为3~6个月，最长不得超过9个月。

应付职工薪酬，是指应计入工资总额中的各种工资、津贴、补贴和奖金等。凡不应包括在工资总额中而发给职工的款项，如医药费、退休费、创造发明奖等，即使以现金的形式出现在工资单中，也不应在该项目中核算。

应交税费，是指用于核算企业应缴纳的各种税费，如消费税、资源税、所得税等。

应付股利，是指用于核算企业应支付股利的债务负担，股利的形式通常有现金股利、股票股利、实物股利和负债股利（以票据形式发放）等四种。

其他应付款，是指企业尚未偿还的在非商品、劳务等业务中的应付款项，如存入保证金、应付赔偿款、应计利息支出等。

预收款项，是指企业尚未交付商品或提供劳务以前向客户预收的款项等。

预提费用，是指按规定应预提计入成本、费用账户但尚未实际支付的各项支出，如预提大修理费用等。

一年内到期的非流动负债和企业的代扣代收款项，在财务报表中都应列为流动负债。

（7）非流动负债。非流动负债是指偿还期在一年或长于一个营业周期以上的债务。它包括长期借款、应付债券和其他非流动负债等。

（8）所有者权益。所有者权益是指企业的全部资产减去全部负债的余额，一般包括实收资本、资本公积、盈余公积和未分配利润四个部分。

2. 信用政策

信用政策又称应收账款政策，是企业财务政策的一个重要组成部分。它主要由三个要素构成：

（1）信用标准。信用标准是指企业同意向客户提供商业信用而提出的基本要求。通常以预期的坏账损失率作为判别标准。

（2）信用条件。信用条件是指企业要求客户支付赊销款项的条件，包括信用期限、折扣期限和现金折扣三个部分。比如说信用条件为“2/10，*n*/30”，表示购货方如果在发票开出后10天内付款，可以享受2%的现金折扣，如果不想享受现金折扣，就应该在30天内偿付货款。这里信用期限为30天，折扣期限为10天。

（3）收账政策。收账政策是指信用条件被违反时，企业所采取的收账策略。企业如果采取积极的收账政策，可能会减少坏账损失，加快应收账款的周转率，但要增加相应的收账成本。如果采用消极的收账政策，虽然会减少收账费用，但是会增加坏账损失和资金占用。

企业的信用政策与财务报表最大的相关性主要表现在两个方面，即应收账款的周转率和坏账比率。

首先，通过对应收账款周转率的比率分析，企业可以适时地进行收账政策的调整；其次，通过对客户的应收账款的账龄分析，企业可以随时对客户的信用状况进行评价，适时地调整企业销货的信用条件，从而制定最优的信用政策。信用政策制定的基本模式如表2-2表示。

表2-2　信用政策制定的基本模式

信用标准（预计坏账损失率）	信用条件	收账政策
0～1%	从宽信用条件 （60天付款）	消极政策 （逾期20天不催收）
1%～5%	一般信用条件 （45天付款）	一般政策 （逾期10天不催收）
5%～15%	从严信用条件 （30天付款）	积极政策 （逾期立即催收）
15%以上	不予赊销	—

3．期后事项

通常，资产负债表的日期即表示企业会计年度的结束日，但是自会计年度结束到财务报表的公布还需要经过一段时间，这段时间称为期后时期。在这一时期发生的，影响企业财务状况和经营成果的有关事项，称为期后事项。由于期后事项对财务报表的恰当性会产生影响，所以应该对此类事项进行恰当的披露，才能达到充分表达的要求。

期后事项有两类：一是对财务报表金额有直接影响并需要调整的事项，这类事项产生的原因通常在资产负债表日以前就已经存在。例如企业在资产负债表日以前签发的支票因透支而被开户银行退回，就需要调整资产负债表日的现金余额，并从财务报表中剔除已发现空头支票的金额。

二是对财务报表金额没有直接影响，但应予以反映的事项，这类事项产生的原因通常出现在资产负债表日以后，只需在财务报表的附注中加以说明。例如企业用于短期投资所持有的证券，其市价在资产负债表日以后发生严重的下跌。

此外，如果期后事项对企业的资产结构或资本结构产生重大影响时，如企业的合并，就应该编制补充财务报表，通常只编制资产负债表。

4. 或有负债

或有负债是指由某一特定的经济业务所造成的，将来可能会发生的需要企业予以清偿的潜在债务。这些可能发生的债务到企业的资产负债表日为止，仍不能确定。

或有负债根据其性质和内容，可以分为两类：直接或有负债和间接或有负债。前者是指企业对外直接可能发生的潜在债务，包括未决诉讼、未决索赔、税务纠纷等。后者是指企业因第三者的原因可能发生的潜在债务，包括应收票据的贴现、应收账款的抵借以及其他债务的担保等。

一般来讲，由于未来事件发生的可能性并不是非常大，所以通常在财务报表的附注中对或有负债加以说明，并披露或有损失的金额可以加以估计或者说明不能做出估计的理由。

5. 财务报表的修饰

财务报表的修饰是指运用非常规的方法，修饰美化企业的经营成果和财务状况。

一般来讲，企业为了改进资产负债表日的财务比率，可以采取以下的修饰手法：

(1) 暂时收回债权，美化企业的资产结构及流动比率、速动比率，或以“长期借款”的形式借入一笔资金，而在资产负债表日以后以提前偿还的方式作为“短期借款”归还。

(2) 低估坏账准备，从而使应收账款虚增，流动资产虚增，从而美化了流动比率和速动比率；从另一方面讲，也低估了坏账损失，造成了当期盈余的虚增。

(3) 迟延进货及提前销货，会导致账面存货数额的减少，从而美化存货的周转率和资产运用效率。

(4) 少记应付账款，会导致流动负债的减少，从而美化企业的流动比率和速动比率，并造成当期盈余的虚增。

(5) 贴现不良的票据用以偿还流动负债，可以将票据品质不良的事实予以遮掩，并使流动资产与流动负债同额减少，从而美化企业的流动比率和速动比率。

所以，在财务报表分析的过程中，要对资产负债表日前后的资料进行审查与对比，注意会计期末是否存在不正常的交易事项或有人为的调整，把财务报表的修饰同企业正常的交易事项区分开来。

二、影响利润表的各种因素

利润表提供的是一个企业在一定会计期间内有关经营成果的信息。它通常和利润分配表一起编制，以求全面地反映企业的净收益及其分配情况。在西方会计中，通常和留存收益表合并编制。

1. 收入与费用的配比

在利润表中，企业的净收益往往采用将一个会计期间的营业收入与同一会计期间的营业费用进行配比计算的方法。所以收入与费用的确认对期间损益的决定有着举足轻重的影响。在前面已经对费用的确认原则进行了说明，一般来讲，费用的确认可以依据三个原则，即根据与收入的因果关系确认、系统合理地通过对费用的分摊予以确认、在发生时立即确认等。

那么对于收入的确认应该遵循什么样的原则呢？一般来讲，大多数企业都以销售成立作为确认营业收入的标志和原则，只有在特殊情况下，对于性质特殊的行业或业务，才可以采用其他收入确认的标志和原则，如长期建筑工程可以采用完工百分比法在生产过程中确认收入；小麦、黄金类产品，由于其需求有保证或价格有政府的明确支持，则可以在生产过程结束后立即确认收入，也可以在收到现金以后予以确认，如分期收款销货的营业收入。

此外，对于提供劳务的服务性行业，其收入的确认也有所不同。例如以特定履行确认劳务收入，要以履行某项特定义务或完成某项条件作为确认收入的标准。

2. 利润表中的调整事项

在编制利润表时，本期利润的内容是否应该包括与本期经营无关的一些项目，在会计界争议颇多，这些项目主要包括以下四类：

（1）特殊损益项目（非常项目）。特殊损益项目（非常项目）是指那些不是经常发生的、偶然的、非常的、与正常经营活动无关的项目。如地震、洪水等自然灾害以及火灾所造成的意外损失等。

这类项目除金额重大外，还应同时具备两个条件：① 性质特殊，即该事项必须具备高度的异常性，并且与企业的正常或一般活动显然无关；② 不经常发生，即该事项必须在合理预期的将来不会重复发生，这主要是针对企业的经营环境而言。例如我国南方，洪水每年都会发生，因此洪水所带来的任何灾害损失，对当地的企业来讲，因为不符合第二个条件，就不能作为一个特殊损益项目。

美国会计准则委员会在第30号意见书中，针对美国企业的经营环境，列举了三类通常可被视为特殊损益的项目：①地震、火灾、飓风等。②外国政府的没收。③因为新颁布的法令禁止营业所引起的损失。至于下列项目，应在正常损益中单独列示，如罢工损失、汇率变动引起的汇兑损益以及固定资产处置的损益等。

（2）前期损益调整。前期损益调整是指产生于以前会计年度的经济活动，当时难以估量，但现在已经可以明确加以确定，因此，需要在本期调整的前期会计事项，如补交上一年度的税款等。

（3）会计变更。会计变更是指会计方法中正常的估计更改、会计原则和会计报告主体的改变等，包括会计原则的变更、会计估计的变更和会计报告主体的变更，如折旧方法从直线法变为加速法，视为会计原则的变更。

（4）会计错误的更正。会计错误的更正是指以前会计期间发生的，而在本期发现需要纠正的错误项目。如以前年度错误地划分了资本性支出和收益性支出，要在本期更正的项目。

对于这些项目，目前会计界有以下两种较为常见的观点：

1）本期营业收益说（本期营业收益观念）。这种观点认为，利润表只应反映由本期营业活动所产生的利润，所以只应列计与此有关的业务收支项目。在前期所发生的以及本期营业外的损益均不列入利润表，而应直接在利润分配表（西方会计中为留存收益表）中予以反映。

持这种观点的人认为，利润表的主要功能在于反映企业在某一特定期内的获利能力，所以利润表中的项目，应以能反映管理当局可控制的当期正常营业损益为限，如将前期损益调整与营业外损益包括在利润表内，就很难对企业的获利能力进行衡量。此外，投资者主要感兴趣的也只是那些本期的营业损益资料，如果将前期损益调整和营业外损益包括在利润表内，会造成对当期损益不必要的干扰，使投资者无法认识到企业本期真实的获利水平。

2）全含收益说（总括观念）。这种观点认为，利润表应包括所有使股东权益增加或减少的业务（不论是否在本期发生，但在本期予以确认），因此，所有当期营业项目、营业外损益项目以及前期损益调整项目等均应包括在利润表中。

持这种观点的人认为，如果将营业外损益等项目排除在本期损益之外，将会使管理当局通过任意的划分（如将正常损益划分为营业外损益）来操纵企业各年的损益，从而影响利润表的客观真实性。此外，正常项目与非常项目的划分是人为的，从长远来看，非常项目仍然属于企业正常营业活动的范畴。采用全含收益说的观点，有利于评价和预测企业的经营成果，避免财务报表的使用者忽视列入利润分配表中的资料，从而据此做出错误的决策。

但在实务中，许多国家都采取了折中的处理方法。对与本期损益无关的前期损益调整项目和会计错误的更正，在本期利润分配表中予以反映；对与本期损益无关的非常损益项目和会计变更，在本期利润表中予以反映。

三、影响所有者权益变动表的各种因素

所有者权益变动表是反映公司本期（年度或中期）内截至期末所有者权益变动情况的报表。所有者权益是指公司资产扣除负债后由股东享有的“剩余权益”，也称为净资产，是股东投资资本与经营过程中形成的留存收益的集合，是股东投资和公司发展实力的资本体现。所有者权益在公司经营期内可供企业长期、持续地使用，是公司生存和发展的基础。

所有者权益的来源包括所有者投入的资本、直接计入所有者权益的利得和损失、留存收益等。直接计入所有者权益的利得和损失，是指不应计入当期损益，会导致所有者权益发生增减变动的，与所有者投入资本或者向所有者分配利润无关的利得或者损失。

其中，利得是指由企业非日常活动所形成的，会导致所有者权益增加的，与所有者投入资本无关的经济利益的流入。分为：

（1）直接计入所有者权益的利得。

（2）直接计入当期利润的利得。

损失是指由企业非日常活动所形成的，会导致所有者权益减少的，与向所有者分配利

润无关的经济利益的流出。分为：

（1）直接计入所有者权益的损失。

（2）直接计入当期利润的损失。

所有者权益与债权人权益比较，一般具有以下四个基本特征：

（1）所有者权益在企业经营期内可供企业长期、持续地使用，企业不必向投资者返还资本金。而负债则须按期返还给债权人，成为企业的负担。

（2）企业所有人凭其对企业投入的资本，享受分配税后利润的权利。所有者权益是企业分配税后净利润的主要依据，而债权人除按规定取得股息外，无权分配企业的盈利。

（3）企业所有人有权行使企业的经营管理权，或者授权管理人员行使经营管理权。但债权人并没有经营管理权。

（4）企业的所有者对企业的债务和亏损负有无限的责任或有限的责任，而债权人与企业的其他债务不发生关系，一般也不承担企业的亏损。

（一）所有者权益按其构成分类

所有者权益按其构成，分为投入资本、资本公积和留存收益三类。

1. 投入资本

投入资本是指所有者在企业注册资本的范围内实际投入的资本。所谓注册资本，是指企业在设立时向工商行政管理部门登记的资本总额，也就是全部出资者设定的出资额之和。企业对资本的筹集，应该按照法律、法规、合同和章程的规定及时进行。如果是一次筹集的，投入资本应等于注册资本；如果是分期筹集的，在所有者最后一次缴入资本以后，投入资本应等于注册资本。注册资本是企业的法定资本，是企业承担民事责任的财力保证。

在不同类型的企业中，投入资本的表现形式有所不同。在股份有限公司，投入资本表现为实际发行股票的面值，也称为股本；在其他企业，投入资本表现为所有者在注册资本范围内的实际出资额，也称为实收资本。

投入资本按照所有者的性质不同，可以分为国家投入资本、法人投入资本、个人投入资本和外方投入资本。国家投入资本是指有权代表国家投资的政府部门或者机构以国有资产投入企业所形成的资本；法人投入资本是指我国具有法人资格的单位以其依法可以支配的资产投入企业所形成的资本；个人投入资本是指我国公民以其合法财产投入企业所形成的资本；外方投入资本是指外国投资者以及我国香港、澳门和台湾地区的投资者将资产投入企业所形成的资本。

投入资本按照投入资产的形式不同，可以分为货币投资、实物投资和无形资产投资。

2. 资本公积

资本公积是指归所有者所共有的，非收益转化而形成的资本，主要包括资本溢价（股本溢价）和其他资本公积等。

3. 留存收益

留存收益是指归所有者所共有的，由收益转化而形成的所有者权益，主要包括法定盈余公积、任意盈余公积和未分配利润。

（二）所有者权益按经济内容和形成渠道分类

所有者权益按经济内容划分，可分为投入资本、资本公积、盈余公积和未分配利润四种。

1. 投入资本

投入资本是指投资者实际投入企业经济活动的各种财产物资，包括国家投资、法人投资、个人投资和外商投资。国家投资是指有权代表国家投资的部门或者机构以国有资产投入企业的资本；法人投资是指企业法人或其他法人单位以其依法可以支配的资产投入企业的资本；个人投资是指社会个人或者本企业内部职工以其合法的财产投入企业所形成的资本；外商投资是指国外投资者以及我国香港、澳门和台湾地区投资者投入的资本。

2. 资本公积

资本公积是指通过企业非营业利润所增加的净资产，包括接受捐赠、法定财产重估增值、资本汇率折算差额和资本溢价所得的各种财产物资。接受捐赠是指企业因接受其他部门或个人的现金或实物等捐赠而增加的资本公积；法定财产重估增值是指企业因分立、合并、变更和投资时资产评估或者合同、协议约定的资产价值与原账面净值的差额；资本汇率折算差额是指企业收到外币投资时由于汇率变动而发生的汇兑差额；资本溢价是指投资者缴付的出资额超出其认交资本金的差额，包括股份有限公司发行股票的溢价净收入及可转换债券转换为股本的溢价净收入等。

3. 盈余公积

盈余公积是指企业从税后净利润中提取的公积金。盈余公积按规定可用于弥补企业亏损，也可按法定程序转增资本金。法定公积金提取率为10%。

4. 未分配利润

未分配利润是指本年度所实现的净利润经过利润分配后所剩余的利润等待以后分配。如果未分配利润出现负数时，即表示年末的未弥补亏损，应由以后年度的利润或盈余公积来弥补。

所有者权益按形成渠道划分，可分为原始投入的资本和经营中形成的资本。原始投入的资本包括投入资本和资本公积，经营中形成的资本包括盈余公积和未分配利润。

四、影响现金流量表的各种因素

现金流量表提供企业有关现金收入、现金支出以及营业、投资和筹资活动方面的信息。现金流量表的编制从资金的来源和运用出发，意在揭示企业资金流量变动的信息。

1. 有关资金的概念

（1）现金。在这一概念下，以现金代替资金，用现金的收入和支出及其增减变动来反映财务状况的变化，与现金收支表完全一样。

（2）现金及现金等价物。在这一概念下，以现金及现金等价物代替资金，用现金及现金等价物的增减变动来反映财务状况的变化。在实务中，常见的现金等价物包括从购买日起三个月内到期或清偿的国库券、可转让定期存单、商业本票及银行承兑汇票等。

（3）净货币性流动资产。在这一概念下，资金是指现金、应收账款和有价证券等货币性流动资产减去应付账款、应付票据、应交税费等货币性流动负债的净额。但在实务中，这一资金概念很少使用。

（4）营运资金。营运资金是指企业的流动资产减去流动负债后的余额。它代表企业可以利用的，在短期内可以变现的流动资产的净值，即净流动资金。如果企业在一个会计期内产生的营运资金超过使用的营运资金，营运资金就会增加；反之，就会减少。

但是，以营运资金为基础的概念，具有一些缺点，例如营运资金和现金流量可能相差很大，在营运资金充足的时候，现金流量可能发生恶化；营运资金也容易受到流动资产和流动负债划分标准的影响，划分的标准不同，营运资金的数额也会不同；此外，营运资金的数额还会受到成本计价方法的影响，如存货计价方法不同，会导致营运资金的数额发生变化。

（5）全部财务资源。全部财务资源包括一切财务来源和用途的资金，以及各种不涉及资金的非资金经济业务。即对所有的投资和筹资活动都应予以反映，而不论它们是否涉及现金或营运资金的增减变动，都应在现金流量表中予以反映，使其既反映企业内部生产经营活动所提供和使用的资金，也能反映企业与外界发生财务关系时所取得和使用的资金。

2. 现金流量的概念

按照现金的性质，可以将现金流量视为现金收入减现金支出后的差额；按照现金的流向，又可以将现金流量视为现金流入和现金流出的差额。现金收入、现金支出、现金流入和现金流出四者之间的关系如表 2-3 所示。

表 2-3 现金收入、现金支出、现金流入和现金流出四者之间的关系

现金流量 现金损益		现金流入	现金流出
现金收入	增加	增加	
	减少	减少	
现金支出	增加		增加
	减少		减少

从上表可知，任何引起现金收入增加的因素，都会引起现金流入的增加，任何引起现金收入减少的因素，都会引起现金流入的减少，任何引起现金支出增加的因素，都会引起现金流出的增加；反之亦然。但是对于一个企业而言，与现金收入或现金支出无关的项目，可能也会引起现金流入或现金流出的变动。所以，企业的净现金流量为现金流入减现金流出的净额。

第三章 财务报表的分析方法

财务报表分析的一个主要目的就是要对企业的长短期财力进行评价。企业的财力可以从三个方面来考察：① 偿债能力，包括企业的短期偿债能力和长期偿债能力。其中，短期偿债能力可以从流动比率、速动比率、现金比率、营运资金及存货周转率等方面进行考察；长期偿债能力则可以从现金流量预测、资本结构等方面进行考察。② 投资盈利能力，可以从投资报酬率、权益报酬率等方面进行考察。③ 支付能力，可以从利息保障倍数、每股股利支付比率等方面进行考察。

显然，要揭示企业的长短期财力，其主要手段就在于对企业的财务报表进行分析，根据分析结果进行适当的评价。

第一节　财务报表分析的种类

根据财务报表分析所涉及的时间、空间范围的不同，以及从报表使用者和使用目的的角度出发，可以将各种财务报表分析分为以下四类：

一、截面分析和时间序列分析

从财务报表分析所涉及的时间不同，财务报表分析可以分为截面分析和时间序列分析。

1. 截面分析

截面分析也称横向分析，是指对同一时期不同项目间的数量关系或各项目与总量间的关系进行分析。如共同比财务报表分析，即对同一时期财务报表的各个项目与总量之间的关系所做的分析。

2. 时间序列分析

时间序列分析也称纵向分析，是指对同一项目在不同时期增减变化的比较分析。如对某企业 2010 ~ 2015 年的利润数额进行比较分析。

二、整体分析与局部分析

从财务报表分析所涉及的空间范围来看，财务报表分析可以分为整体分析和局部分析。

1. 整体分析

整体分析是指对企业做整体性的研究分析，它注重的是企业各部门间的配合以及企业的整体综合表现。

2. 局部分析

局部分析是指针对企业的某一个单位或部门或投资者所关注的某一个问题所做的局部性的研究分析。如根据分析的需要，可以对企业的某个责任中心、行销渠道、产品线等进行分析。

三、内部分析与外部分析

根据财务报表使用者的不同，财务报表分析可以分为内部分析和外部分析。

1. 内部分析

内部分析是指企业内部人员所进行的财务报表分析，按照分析的目的不同，又可以分为以下六种：

（1）一般管理者分析。企业财务管理的目标在于股东价值的最大化。从企业发展的长期目标来看，也在于使股东的投资报酬率最大化。

根据上述确认的目标，一般管理者在对企业进行分析时，往往着重于企业的内部环境和外部环境。内部环境分析又主要立足于员工的整体士气、激励程度、主动性和能动性等方面的分析；外部环境分析又主要立足于市场竞争者、资金供给者和供应商的关系分析，这些都是一般管理者为了促进企业的长远发展，而特别予以关注、沟通和协调的范围。

（2）生产管理者分析。生产管理的目的在于处理有关生产过程的决策，力求以最低的成本、最高的生产效率达到最高的质量要求，并以最好的服务在适当的时间将产品交给指定的用户。

生产管理者分析的范围通常包括：

物料管理，即如何做出正确的销售预测，计算安全储备量等。

采购管理，即如何选择折扣政策，制定合理的订货时间等。

仓储管理，即如何保证库存物品的安全性，是否采用 ABC 分类法进行库存控制等。

生产计划及控制，即如何安排生产日程，订单是否能够按期完成，质量控制应当采取何种措施等。

（3）销售管理者分析。销售管理的目的在于制定正确的行销策略，根据销售计划规定合适的行销组合，通过客户需求的满足以达到企业的目标。

销售管理者分析的范围通常包括：

客户关系，如拜访客户的次数，确定潜在客户的数量及其购买能力，对主要客户的优惠措施等。

信用管理，如何利用账龄分析提高应收账款的收款效率，信用条件的制定等。

销售业绩，如通过计算实际销售额占指标销售额的比例、销售毛利率等进行销售业绩的评价与考核等。

（4）财务管理者分析。财务管理的目的在于通过资金的规划、取得和运用，使企业的价值最大化。企业的管理当局通过筹资计划、投资计划和经营活动，将筹得的资金进行合理的配置，以便取得最佳的经营效果。

财务管理者分析的范围通常包括：

企业的资本结构，筹资的资金成本率如何，是否能达到目标资本结构等。

流动性，企业的短期变现能力如何。

投资，投资方案的报酬率如何，投资方案的可行性如何等。

股利政策，企业应采取何种股利政策，选择固定股利率、固定股利额还是其他股利政策，股利政策的效果如何以及怎样加以改进等。

（5）人事管理者分析。人事管理的目标在于使企业的人力资源发挥最大的效用，它不仅仅涉及企业员工的招聘、升迁、考核、薪酬等方面的工作，更重要的是要通过一整套科学而合理的评判奖惩机制，通过人事部门的努力，使人人都能各得其所、各尽所能，共同达到组织的目标。

人事管理者分析的范围通常包括：

人员的招聘，确定雇佣者的工薪水平和人员配置等。

人员的培训，确定培训的方式、范围、成本，树立企业员工共同的价值观等。

人员的沟通与协调，促进整个组织协调运作，降低管理成本等。

（6）技术管理者分析。技术是企业生存与发展的直接推动力，如果一个企业的技术发展滞后，就会被竞争对手所超越，因此，技术部门的有效管理是企业第一生产力的来源。

技术管理人员分析的范围通常包括：

技术预测，预测与企业产品相关的技术发展趋势以及本企业技术改进或创新的可能性等。

对技术人员的激励和考核，包括如何对技术人员的业绩进行考核，技术人员是否可以技术入股，入股的方式，股份的转让规定等。

2. 外部分析

外部分析是指企业外部财务报表的使用者所进行的分析。一般来讲，同企业直接相关的外部人员主要包括投资者、贷款者、供应商以及行业管理部门和政府有关部门的其他人士等。

以投资者为例，企业的投资者依其投资的意图可以分为长期投资者和短期投资者两种。短期投资者关注短期的资本所得，如购买股票的成本与将来出售的获利比率等；长期投资者关注企业长期的获利能力、成长性及投资的安全保障程度，即可以通过股东权益报酬率、每股盈余和每股支付比率等指标进行企业长期财力的分析。

供应商关注的则是企业的偿债能力，他们通过流动比率、速动比率等指标，对企业的短期偿债能力进行衡量，也可以通过企业的现金流量预测、盈利能力分析考察应收账款收回的可能性，并确定企业的资信程度如何，从而调整自己的信用政策。

四、一般分析和特殊分析

按照分析的目的不同，财务报表分析可以分为一般分析和特殊分析。

1. 一般分析

一般分析是指就一般目的对企业所提供的财务报表进行分析。

2. 特殊分析

特殊分析是指就特殊目的（往往是内部管理的要求），对某些事项进行的分析。例如通过内部报表的分析，就企业的定价决策、损益平衡点的确定达到符合企业管理当局在决策上的特殊要求。

第二节 财务报表分析的步骤

在进行财务报表分析时，一般应采取下列步骤：

一、明确分析的目的

财务报表分析者应当首先确定分析的目的，如究竟是要了解企业的偿债能力还是获利能力，或是投资能力。

不同的财务报表使用者，其各自的侧重点又有所不同。例如，企业的短期债权人特别关注企业的短期偿债能力，并以此作为信用决策的一个重要依据；企业的股东由于特别关注企业的价值，所以企业的资本结构、股利分配等是企业股东分析的重点。

二、搜集有关的重要财务信息

关于一个企业信息的来源，主要有以下几项：

1. 定期性财务会计报告

根据我国《企业会计准则》的规定，财务会计报告包括资产负债表、利润表、现金流量表、所有者权益变动表、附表以及财务报表的附注和财务状况说明书。

以上市公司为例，上市公司必须按照法律、行政法规的规定，定期公开其财务状况和经营情况，在每会计年度内半年公布一次财务会计报告。同时也规定，上市公司必须编制并公布其中期报告和年度报告。

上市公司应当在每个会计年度的前 6 个月结束后 60 日内编制完成中期报告。中期报告应刊登在至少一种由证监会指定的全国性报刊上。中期报告的正文应披露的信息主要包括：财务会计报告、经营情况的回顾和展望、重大事件的揭示、发行在外的股票变动和股权结构的变化等。

上市公司应当在每个会计年度结束后 120 日内编制完成年度报告。在召开年度股东会之前至少 20 个工作日，公司应将不超过 5000 字的报告摘要刊登在至少一种由证监会指定的全国性报刊上，同时将年度报告备置于公司所在地、挂牌交易的证券交易所、有关证券经营机构及其网点，以供股东和投资公众查阅。年度报告正文中应披露的信息主要包括：公司简介、会计数据和业务数据摘要、董事长或总经理的业务报告、董事会报告、财务会计报告、重大事件、关联企业的其他参考信息。

在获取企业的定期性财务会计报告时，分析者要对企业所揭示的会计政策加以特别的关注。这些会计政策是企业在编制财务报表时所依据的各项会计原则和方法，以及对此原则与方法的特殊应用，所以对于财务报表的分析者而言，是调整不同企业财务报表，促使其可比性的基础。

企业的会计政策通常在报表附注中予以说明，如某企业的会计政策披露如下：

（1）会计年度。会计年度为每年公历 1 月 1 日起至 12 月 31 日止。

（2）会计制度。从 1993 年起执行《股份制试点企业会计制度》。

（3）记账本位币。以人民币为记账本位币。

（4）存货。存货的日常核算以实际成本计价，发出存货的成本按加权平均法计算。

（5）固定资产及其折旧。固定资产按实际成本计价，固定资产折旧采用直线法计算并按固定资产类别的原价、规定使用年限和 3% 的残值率确定折旧率。

（6）无形资产摊销。除土地使用权按 50 年摊销外，其余无形资产按 10 年摊销。

（7）坏账准备。按应收账款余额 3‰计提，并计入当年损益。

（8）长期投资。本公司对拥有 20% 股权以下的长期投资采用成本法核算，对拥有 20% ~50%（含 50%）股权的长期投资采用权益法核算，对拥有 50% 以上股权的长期投资采用权益法并以合并报表方式核算 。

2. 临时报告

如果财务报表分析者的主要对象是上市公司，就应该特别关注上市公司的临时报告。

根据我国《公开发行股票公司信息披露实施细则（试行）》的有关规定，上市公司的临时报告分为两种，一种是重大事件公告，另一种是公司收购公告。

重大事件公告是指当发生可能对上市股票的市场价格产生较大影响，而投资人尚未得知的重大事件时，上市公司应立即将有关该重大事件的报告提交至证券交易场所和证监会，并向社会公布，说明事件的实质。

重大事件通常包括下列情况：

（1）公司订立重要合同，该合同可能对公司的资产、负债、所有者权益和经营成果中的一项或者多项产生显著影响。

（2）公司的经营政策或者经营项目发生重大变化。

（3）公司发生重大的投资行为或者购置金额较大的长期资产的行为。

（4）公司发生重大债务。

（5）公司未能归还到期重大债务的违约情况。

（6）公司发生重大经营性或者非经营性亏损。

（7）公司资产遭受重大损失。

（8）公司生产经营环境发生重要变化。

（9）新颁布的法律、法规、政策、规章等，可能对公司的经营有显著影响。

（10）30% 以上的董事或者总经理发生变动。

（11）持有公司 5% 以上发行在外的普通股的股东，其持有该种股票的增减变化每达到该种股票发行在外总额的 2% 以上的事实。

（12）涉及公司的重大诉讼事项。

（13）公司进入清算、破产状态。

（14）公司章程的变更，注册资本和注册地址的变更。

（15）发生大额银行退票。

（16）公司更换会计师事务所。

（17）公司公开发行的债务担保或抵押物的变更或者增减。

（18）股票的二次发行或者公司债券到期或购回，可转换公司债券依规定转为股份。

（19）公司营业用主要资产的抵押、出售或者报废一次超过该资产的 30% 。

（20）发起人或者董事的行为可能依法负有重大损害赔偿责任。

（21）股东大会或者公司监事会议的决定被法院依法撤销。

（22）法院做出裁定禁止对公司有控股权的大股东转让其股份。

（23）公司的合并或者分立。

公司收购公告是指为了及时披露上市公司间的收购情况，任何法人直接或者间接持有一个上市公司发行在外的普通股达到 5% 时，应当自该事实发生之日起 3 个工作日内，向该公司、证券交易所和证监会做出书面报告并公告。

任何法人持有一个上市公司 5% 以上的发行在外的普通股后，其持有该种股票的增减变化每达到该种股票发行在外总额的 2% 时，应当自该事实发生之日起 3 个工作日内，向该公司、证券交易所和证监会做出书面报告并公告，并应当按证监会制定的准则内容和格式将有关内容刊登在至少一种证监会指定的全国性报刊上。

此外，发起人以外的任何法人直接或间接持有一个上市公司发行在外的普通股达到 30% 时，应当自该事实发生之日起 45 个工作日内，向该公司所有股东发出收购公告书，将不超过 5 000 字的收购公告书概要刊登在至少一种证监会指定的全国性报刊上，同时向证监会报送 10 份供备案，并备置于公司所在地、挂牌交易的证券交易场所、有关证券经营机构及其网点，以供公众查阅。

3. 审计报告

注册会计师在对企业实施必要的审计程序后，应对企业的财务报表实施总体性复核，并依据独立审计具体准则的要求，以经过核实的审计证据为依据，形成审计意见，并在此基础上出具审计报告。

审计报告是判断企业财务报表可信度的主要依据。如果注册会计师表达的意见有所保留，就意味着企业的财务报表中存在着某种缺陷，必须引起财务报表分析者的注意。

注册会计师发表的审计意见可以分为无保留意见、保留意见、拒绝表示意见和否定意见四种。

（1）无保留意见。出具无保留意见的审计报告要同时符合下述情况：

1）财务报表的编制符合《企业会计准则》及国家其他有关财务会计法规的规定。

2）财务报表在所有重大方面公允地反映了被审单位的财务状况、经营成果和资金变动情况。

3）会计处理方法的选用符合一贯性原则。

4）注册会计师已按照独立审计准则的要求，实施了必要的审计程序，在审计过程中未受阻碍和限制。

5）不存在应调整而被审计单位未予调整的重要事项。

（2）保留意见。当已审计的财务报表的反映就其整体而言是公允的，但存在下述情况之一时，注册会计师应出具保留意见的审计报告：

1）个别重要财务会计事项的处理或个别重要报表项目的编制不符合《企业会计准则》以及国家其他有关财务会计法规的规定，被审计单位拒绝进行调整。

2）因审计范围受到局部限制，无法按照独立审计准则的要求取得应有的审计证据。

3）个别重要会计处理方法的选用不符合一贯性原则。

（3）否定意见。当存在下述情况之一时，注册会计师应出具否定意见的审计报告：

1）会计处理方法的选用严重违反《企业会计准则》及国家其他有关财务会计法规的规定，被审计单位拒绝进行调整。

2）财务报表严重歪曲了被审计单位的财务状况、经营成果和资金变动情况，被审计单位拒绝进行调整。

（4）拒绝表示意见。注册会计师在审计过程中，由于审计范围受到委托人、被审计单位或客观环境的严重限制，不能获取必要的审计证据，以致无法对财务报表整体反映发表审计意见时，应当出具拒绝表示意见的审计报告。

例如：

审计报告

××股份有限公司董事会及全体股东：

我们接受委托，审计了贵公司2015年12月31日的资产负债表及2015年度利润表和现金流量表。这些财务报表由贵公司负责，我们的责任是对这些财务报表发表审计意见。我们的审计是依据中国注册会计师独立审计准则进行的。在审计过程中，我们结合贵公司的实际情况，实施了包括抽查会计记录等我们认为必要的审计程序。

根据我们的审查，贵公司的材料采购与产品销售，如附注6所载，绝大部分为关联人交易，但贵公司管理当局限制我们对关联人及与关联人的交易实施必要的审计程序，我们不能断定这些关联交易是否公平、合理。

我们认为，由于未能对上段所列示关联人及与关联人的交易实施必要的审计程序，从而不能对上述财务报表是否符合《企业会计准则》的规定，以及是否公允地反映了贵公司

2015 年 12 月 31 日的财务状况以及 2015 年度经营成果和资金变动情况发表审计意见。

正则会计师事务所
注册会计师：王志平
2016 年 3 月 19 日

4．其他

除上述各种信息来源外，其他专业性的信息或咨询服务机构、证券交易所等提供的有关资料及企业管理人员对该企业当年年度营运状况的评论及未来发展的趋势，都可以作为财务报表分析者的信息来源。因此，财务报表分析的内容并不仅仅局限于企业的财务报表，而是有着更为丰富的内涵。

三、信息标准化

整理并审查搜集到的各种财务信息，予以适当安排，使其成为标准化的信息。

所谓标准化，是指通过审查、调整和重编的过程，使搜集到的各种财务信息能够满足财务报表分析者的质量要求。标准化的目的在于使不同企业同一期间或同一企业不同期间的财务信息处于可比的基础上，从而避免决策的结果发生信息使用上的偏差。

一般来讲，标准化有以下三个步骤：

1．审查各科目的内容

如有科目分类不当或金额出现异常现象，应逐项分析并予以改正。

2．调整不同的会计方法

相同业绩的企业，可能会因会计处理方法的不同产生不同的业绩表现形式。因此，在财务报表分析之前，必须将不同的会计政策、处理原则或币值波动的结果加以调整，使财务信息处于可比的基础之上，这样比较才有意义。

3．重编财务报表

经过审查及调整过的会计科目，即可根据分析人员的质量要求重新编入财务报表，以有利于比较分析。

四、选择分析工具和方法

选择分析工具和方法，按照一定的标准，揭示信息间的相互关系。

1．常用的分析方法

在分析财务报表之前，报表分析人员必须根据所搜集的财务信息，选择适当的分析工具和方法，以便得到有助于分析结论的数据。

例如，短期债权人从关注企业短期偿债能力的角度出发，可以采用以下三种分析方法：

（1）流动及速动比率分析。

（2）存货及应收账款周转率分析。

（3）现金流量预测及现金流量分析。

2. 选定标准进行分析比较

衡量企业经营业绩的好坏，应选定适当的评判标准，利用分析结果与设定标准进行分析比较，以此评价企业财务状况和经营效果的好坏。

一般而言，在分析中可以使用的标准有以下五类：

（1）同业平均水平。将同业中所有企业的财务资料经过调整和综合平均之后，得出同业的平均水平。以同业平均水平作为比较的标准，可以了解企业在同业中所处的地位。

（2）同业目标水平。以同业中业绩最好的企业作为企业发展追求的目标，随时衡量企业与同业最好（目标）水平的差距，激励企业不断进取。

（3）企业预定目标。将企业的实际业绩同企业预定的目标进行比较，以衡量企业的目标是否达到，制订的计划是否合理，差异的原因和责任的归属等。

（4）企业历史水平。可以以企业历史平均水平或企业历史最好水平作为比较的标准，了解企业经营的趋势如何，影响企业发展和经营波动的因素主要包括哪些方面，这些因素中哪些是可控的，哪些是不可控的等。

（5）个人经验判断。根据分析人员的经验，结合企业的实际情况，依据个人的主观判断制定出比较的标准，以此判断企业经营业绩的好坏。

在实际分析中，以上的标准可以选用1～2个，根据需要也可选择多个标准，根据一定的权重对企业的经营业绩进行综合评定。

第三节　财务报表分析的工具

财务报表分析的工具主要有以下六类：（1）比率分析；（2）比较分析；（3）趋势分析；（4）共同比分析；（5）图表分析；（6）其他分析。

一、比率分析

比率分析是指根据财务报表中两个项目或多个项目之间的关系，计算其比率，以评价企业的财务状况与经营业绩。

美国的伯恩斯坦（Bernstein）教授认为，财务报表的比率分析应从以下六个方面进行考虑：

1. 短期流动比率

（1）流动比率 $=\dfrac{\text{流动资产}}{\text{流动负债}}\times100\%$

（2）酸性测试比率（速动比率）$=\dfrac{\text{现金}+\text{现金等价物}+\text{应收款项}}{\text{流动负债}}\times100\%$

（3）应收账款周转天数 $=\frac{\text{应收账款}}{\text{赊销数额}\div 360}$

其中，应收账款为平均应收账款余额。

（4）存货周转率 $=\frac{\text{销货成本}}{\text{期间内平均存货}}\times 100\%$

2. 现金流量比率

（1）现金再投资比率 $=\frac{\text{营业活动净现金流量}-\text{现金股利}}{\text{固定资产}+\text{长期投资}+\text{其他资产}+\text{营运资金}}\times 100\%$

（2）现金流量适当比率 $=\frac{\text{营业的现金来源合计数}}{\text{资本支出}+\text{存货增加}+\text{现金股利合计数}}\times 100\%$

3. 资本结构与长期偿债能力比率

（1）总负债对总资本 $=\frac{\text{流动负债}+\text{非流动负债}}{\text{权益资本}+\text{总负债}}$

（2）长期债务对权益资本 $=\frac{\text{长期债务}}{\text{权益资本}}$

（3）利息保障倍数 $=\frac{\text{息税前收益}}{\text{利息费用}}$

4. 投资报酬率

（1）总资产投资报酬率 $=\frac{\text{净利润}+\text{利息费用}(1-\text{税率})+\text{少数股东权益}}{\text{平均总资产}}\times 100\%$

（2）资本报酬率 $=\frac{\text{净利润}}{\text{平均权益资本}}\times 100\%$

（3）市盈率 $=\frac{\text{市价}}{\text{每股盈余}}\times 100\%$

（4）股利收益率 $=\frac{\text{每股股利}}{\text{每股市价}}\times 100\%$

（5）股利支付比率 $=\frac{\text{每股股利}}{\text{每股盈余}}\times 100\%$

5. 资产运用效率比率

（1）销货对现金比率 $=\frac{\text{销货收入}}{\text{现金}}\times 100\%$

（2）销货对应收账款 $=\frac{\text{销货收入}}{\text{应收账款}}$

（3）销货对存货 $=\frac{\text{销货收入}}{\text{存货}}$

（4）销货对营运资金 $=\frac{\text{销货收入}}{\text{营运资金}}$

（5）销货对固定资产 $=\frac{\text{销货收入}}{\text{固定资金}}$

（6）销货对总资产 $=\frac{\text{销货收入}}{\text{总资产}}$

6. 营运绩效比率

（1）毛利率 $=\frac{\text{毛利}}{\text{销货收入}}\times100\%$

（2）营业利润率 $=\frac{\text{营业利润}}{\text{销货收入}}\times100\%$

（3）税前利润率 $=\frac{\text{税前利润}}{\text{销货收入}}\times100\%$

（4）净利率 $=\frac{\text{净利润}}{\text{销货收入}}\times100\%$

对于我国而言，财政部为了全面综合评价和反映企业的经济效益，按照建立现代企业制度的要求，采用经济效益评价指标体系，有以下十项指标：

（1）销售利润率 $=\frac{\text{利润总额}}{\text{产品销售收入净额}}\times100\%$

（2）总资产报酬率 $=\frac{\text{利润总额}+\text{利息支出}}{\text{平均资产总额}}\times100\%$

（3）资本收益率 $=\frac{\text{净利润}}{\text{实收资本}}\times100\%$

（4）资本保值增值率 $=\frac{\text{期末所有者权益总额}}{\text{期初所有者权益总额}}\times100\%$

（5）资产负债率 $=\frac{\text{负债总额}}{\text{资产总额}}\times100\%$

（6）流动比率 $=\frac{\text{流动资产}}{\text{流动负债}}\times100\%$

（7）应收账款周转率 $=\frac{\text{赊销净额}}{\text{平均应收账款余额}}\times100\%$

（8）存货周转率 $=\frac{\text{产品销售成本}}{\text{平均存货成本}}\times100\%$

（9）社会贡献率 $=\frac{\text{企业社会贡献总额}}{\text{平均资产总额}}\times100\%$

（10）社会积累率 $=\frac{\text{上交国家财政总额}}{\text{企业社会贡献总额}}\times100\%$

根据分析的目的，在具体运用比率分析时，还应注意以下问题：

（1）剔除或调整由于物价波动对财务报表有关项目的影响。

（2）剔除或调整财务报表的装饰项目。

（3）会计原则的一致性和统一性，应该注意同一企业不同会计期间或不同企业同一会计期间会计原则的采用是否一致。

（4）比率分析只是一种分析的手段，而不是分析的目的，必须和其他分析工具相配合，才能了解事实的全部真相。

(5) 比率分析只能观察和衡量企业的平均面貌，不能显示企业各部门或个别项目的变动情况，还必须结合其他分析方法。

二、比较分析

比较分析是指将两期以上的财务报表予以并列，相互比较。具体而言，它又可以分为以下几种比较法：

(1) 绝对数字的比较法：对并列两期以上的绝对金额进行比较，以观察每一项目的增减变化。

(2) 绝对数字的增减变动法：除了并列两期以上的绝对金额外，还附加各绝对金额的增减变动数。

(3) 增减百分数法与前后倍数法：除了并列各期的绝对数以及变动数外，又将绝对金额的增减变动数，化为基年的百分数或倍数。

某公司的比较资产负债表和比较利润表如表 3-1 和表 3-2 所示。

表 3-1　比较资产负债表

编制单位：××公司

项　目	2015 年 12 月 31 日 /百万元	2014 年 12 月 31 日 /百万元	增减金额 /百万元	增减百分比 (%)	前后倍数
资产					
现金	43	61	(18)	(29.5)	0.70
应收账款净额	1 864	1 793	71	3.96	1.04
存货	2 383	1 993	390	19.57	1.20
预付费用	134	115	19	16.52	1.17
流动资产合计	4 424	3 962	462	11.66	1.12
长期投资	980	900	80	8.89	1.09
固定资产					
固定资产原值	3 623	3 255	368	11.31	1.11
减：累计折旧	1 015	897	118	13.15	1.13
固定资产净值	2 608	2 358	250	10.60	1.11
无形资产	158	218	(60)	(27.52)	0.72
资产总计	8 170	7 438	732	9.84	1.10
负债及所有者权益					
流动负债					
应付票据	25	0	25	0	
应付账款	1 186	1 254	(68)	(5.42)	0.95

（续）

项目	2015年12月31日/百万元	2014年12月31日/百万元	增减金额/百万元	增减百分比（%）	前后倍数
应交税金	628	547	81	14.81	1.15
流动负债合计	1 839	1 801	38	2.11	1.02
非流动负债					
长期借款	1 839	1 454	385	26.48	1.27
应付债券	246	255	(9)	(3.53)	0.96
长期应付款	434	369	65	17.62	1.18
非流动负债总计	2 519	2 078	441	21.22	
所有者权益					
股本	37	37	0	0	1
资本公积	885	882	3	0.34	1
未分配利润	2 890	2 640	250	9.47	1.10
所有者权益合计	3 812	3 559	253	7.11	1.07
负债及所有者权益总计	8 170	7 438	732	9.84	1.10

表 3-2　比较利润表

编制单位：××公司

项　目	2015年度/百万元	2014年度/百万元	增减金额/百万元	增减百分比（%）	前后倍数
产品销售收入	484	424	60	14.15	1.14
减：产品销售成本	356	290	66	22.76	1.23
产品销售费用	46	40	6	15	1.15
产品销售税金及附加	6	4	2	50	1.5
产品销售利润	76	90	(14)	(15.56)	0.84
加：其他业务利润	34	25	9	36	1.36
减：管理费用	50	45	5	11.11	1.11
财务费用	10	8	2	25	1.25
营业利润	50	62	(12)	(19.35)	0.81
加：投资收益	8	10	(2)	(20)	0.8
营业外收入	2	1	1	100	2
减：营业外支出	1	2	(1)	(50)	0.5
利润总额	59	71	(12)	(16.9)	0.83

三、趋势分析

趋势分析是就企业连续数年的财务报表，以第一年或另选择某一年份为基期，计算每一期间各项目对基期同一项目的趋势百分比，使之成为一系列具有可比性的百分比，借以显示该项目的各期间上升或下降的变动趋势。这种方法能够化繁为简，提供一个明确的趋势概念，而且可以通过对过去的研究与观察，显示企业未来的发展趋势。

趋势百分比的计算，一般根据以下公式求得：

$$某期趋势百分比=\frac{当期金额}{基期金额}\times 100\%$$

某公司利润表部分项目的趋势分析如表 3-3 所示。

表 3-3　利润表部分项目的趋势分析（部分）

项　　目	2013 年度	2014 年度	2015 年度
产品销售收入	100%	115%	118%
产品销售成本	100%	102%	108%
销售费用及管理费用	100%	108%	103%
营业利润	100%	105%	107%

在进行趋势分析时，应注意以下几点：

（1）进行基期选择时，基期不得为零或负数，并且应剔除非常年度的极端资料，配合绝对数字一并观察。

（2）单独就某一项目进行趋势分析时，很难发现事情的真相，与相关项目同时分析才更有意义。

（3）如果前后各期的会计原则、政策不一致，趋势分析就会失去意义。

（4）趋势分析所涉及的时间跨度越长，因物价波动对财务信息造成的扭曲程度也就会越严重。

四、共同比分析

共同比分析又称结构分析，它是将财务报表中的某一关键项目金额作为 100%，再将其余有关项目的金额换算为对该关键项目的百分比，以揭示财务报表中各项目的相对地位和总体关系。

某公司的共同比资产负债表和共同比利润表如表 3-4 和表 3-5 所示。

表 3-4　共同比资产负债表

编制单位：××公司

项　　目	金额/百万元	百分比（%）	项　　目	金额/百万元	百分比（%）
资产			负债及所有者权益		
流动资产			流动负债		

（续）

项　　目	金额/百万元	百分比（%）	项　　目	金额/百万元	百分比（%）
库存现金	43	0.5	应付票据	25	0.3
应收账款净额	1 864	22.8	应付账款	1 186	14.5
存货	2 383	29.2	应交税费	628	7.7
预付费用	134	1.6	流动负债合计	1 839	22.5
流动资产合计	4 424	54.1	非流动负债		
长期投资	980	12	长期借款及应付债券	2 085	25.5
固定资产净值	2 608	31.9	长期应付款	434	5.3
无形资产	158	2	非流动负债合计	2519	30.8
			所有者权益		
			股本	37	0.5
			资本公积	885	10.8
			未分配利润	2 890	35.4
			所有者权益合计	3 812	46.7
资产总计	8 170	100	负债及所有者权益合计	8 170	100

表 3-5　共同比利润表

编制单位：××公司

项　　目	金　额（百万元）	百分比（%）
产品销售收入	365	100
减：产品销售成本	230	(63)
产品销售费用	32	(8.8)
产品销售税金及附加	4	(1.1)
产品销售利润	99	27.1
加：其他业务利润	21	5.8
减：管理费用	40	(11)
财务费用	10	(2.7)
营业利润	70	19.2
加：投资收益	8	2.2
营业外收入	2	0.5
减：营业外支出	1	(0.3)
利润总额	79	21.6

从表 3-4 和表 3-5 中可以看出，在共同比资产负债表中，各资产、负债和所有者权益项目分别被表述为占资产总额的比重；在共同比利润表中，各项目被表述为产品销售收入

的比重。

通过共同比财务报表分析，可以从报表中每一项目的结构变化，充分掌握企业各项结构内容的动态配置，并且可以将原来不能比较的绝对数字，转换为同一基础上的数据加以比较。但是在进行共同比财务报表分析时，仍要结合绝对数字的增减变动，以便更好地了解企业的实际状况。

五、图表分析和其他分析

1. 图表分析

图表分析是以各种图形表格来表示企业在同一年度或不同年度内有关财务状况、经营成果以及财务状况变动的各种关系与趋势。

从严格意义上讲，图表分析并不是一种分析方法，而是分析结果的一种表达方式，以这种方式表达的结果，便于信息的使用者一目了然，能够迅速地掌握有关财务状况和经营成果的相互关系和变动趋势。

2. 其他分析

除了对一般目的财务报表进行分析以外，财务报表的使用者还要针对特殊的需要，对财务报表进行特殊分析。例如，企业为了确定最佳存货水平，要根据每次订货成本、单位储存成本、存货需求量等资料进行经济订购批量分析。特殊分析所需要的财务信息一般不属于企业对外披露的信息范围，所以企业的外部人士很难进行这种特殊目的的分析。

第四章 短期偿债能力分析

企业的经营不可能完全依赖于业主的投资，而实现所谓的“无负债经营”。现代企业需要庞大的资金，而且会为使用这些资金而承担相应的资金成本，在权益资金成本大于债务资金成本的情况下，举债经营可以成为提高股东权益报酬率的有力手段。

债务有长短期之分，还本付息的能力也有长短期之别，支付长期债务的本金及利息的能力即长期偿付能力，至于支付短期债务的本金及利息的能力则有赖于短期偿债能力。

企业能否维持其短期偿债能力，这个问题在其财务报表的所有使用者看来是至关重要的。如果企业不能维持其短期偿债能力，自然它也就维持不了其长期偿债能力，同样也满足不了股东对股利的需求。即使是一个处于非常盈利阶段的企业，如果它履行不了对短期债权人的义务，也有可能濒临破产。短期偿债能力是企业活动的主要凭借，短期偿债能力薄弱，不仅维持日常交易活动艰难，而且根本就谈不上计划未来。

本章将主要介绍短期偿债能力的分析方法。短期偿债能力是衡量流动资产与流动负债的相对关系以及营业周转状况。前者在于测度即期债务在数额上的保障程度，后者则强调与债务在时间上的配合。除此之外，本章还将介绍短期偿债能力分析方法的具体运用以及影响短期偿债能力的一些基本因素等。

第一节　短期偿债能力概述

一、短期偿债能力的概念

短期偿债能力是指一个企业的支付能力、授信能力、信用评估及应变风险的能力。具体而言，它是指企业以流动资产支付流动负债的能力。但是在会计理论界，对此存在着不同的理解角度。

1. 从营业周期的角度来看

从营业周期的角度来看，短期偿债能力是指企业使用流动资产偿付流动负债的能力。营业周期的长短关系到企业将资产或负债区分为流动或非流动项目的分界线。传统会计上，这条分界线均以一年为准。1953 年 6 月，美国会计师公会会计原则委员会发表第 43 号会计研究公报（ARB），在第三章“营运资金”内规定，应以一年，或一个长于一年的营业同期为分界线，比较能配合各种不同行业的实际情况。在此项区分标准之下，如果企业的营业周期短于一年，则仍以一年为准；如果营业周期长于一年，则该企业应以其营业周期为准。

正确划分出企业资产及负债的流动与非流动项目以后，接着要评估流动项目的量与质，再看流动资产与流动负债间的搭配情形，如此才能真正衡量该企业的短期偿债能力和应变风险能力。

2. 从财务弹性的角度来看

企业的财务弹性是指企业的流动性和变现能力，具体而言，可用流动资产变现及偿付流动负债所需时间的长短来衡量。

流动资产的变现能力主要受两个因素的影响，即企业流动资产各构成项目和企业的管理控制政策。与销货管理和应收账款管理有关的授信能力，以及与流动资产的构成项目和管理控制有关的应变风险能力，都可以在企业的短期偿债能力上表现出来。

短期偿债能力的好坏，直接影响一个企业的短期存活能力，它是判断企业健康与否的一项重要指标，可提供有关该企业短期经营生存状况的信息。

二、短期偿债能力的意义

短期偿债能力的分析对透视企业的财务状况有重大的价值及影响，因为此项能力的评估直接影响分析者对企业生存及竞争能力的看法。如果一个企业缺乏短期偿债能力，不但无法获得有利的进货折扣的机会，而且由于无力支付其短期债务，势必会被迫出售其长期投资或拍卖国家资产，甚至因无力偿还债务，而导致破产。一旦企业已无能力偿还短期债务，则其继续经营的能力就会受到怀疑，财务会计“持续经营假设”的基本假设也就站不住脚，再对财务报表进行其他分析以及评估也已不再有价值和可信度。

因此，企业的债权人、投资者、员工、供应商、客户及一般的潜在投资人等，都非常关心企业的短期偿债能力。

无可否认，债权人对于企业的短期偿债能力是最寄以关注的。这是因为债权人对企业进行贷款或者授信，除了希望能到期收回本金及各期利息以外，没有权利再与业主共同分享企业的税后利润，也没有权利像业主一样能够参与企业的日常经营管理，所以债权人必须审慎地评估企业的短期偿债能力，以保障其债权如期收回的安全性，维护其合法权益。

倘若企业的短期偿债能力不足，其与供应商、客户的往来关系也会受到影响。供应商会因企业的资信状况恶化，而无法如期如数地收回其账款，从而不得不失去这一客户，或者供应商会因对企业的财务能力产生怀疑而主动放弃这一客户。企业一方面会因现金流转不畅，从而丧失供应商提供的有利折扣机会；另一方面还可能根本无法获得正常的货源，从而进一步陷入财务困境的恶性循环之中，直接危及其生存。企业的客户也同样将遭受到危害，企业由于其财务支持能力不足而无法如期如数交货，企业客户的进货来源受到抑制，经营情况和财务状况都会受到影响，从而迫使该客户不得不放弃从企业进货，转而开辟更稳定的货源关系。

企业的流动资产如不足以抵偿其流动负债，其信用必然受损，久而久之，可能更趋于恶化，最终，公司的信用等级就会降低。尽管等级评定是主观的，但仍然是基于质量和数量这两个因素，其中包括短期偿债能力系数等。信用等级的评定对企业和投资都是很重要的。首先，信用等级是企业风险的指示器，信用等级对利率和公司的资本有着显著的、直接的影响。其次，许多企业债券都是由投资机构而不是个人所购买，许多机构只能局限于投资较高等级的证券。因此，公司信用等级的变化对公司长期资本的借款能力以及这些资本的成本有着举足轻重的影响。等级评定机构要定期检查市场流通的债券，分析那些由于情况变化，信用等级有可能变化的债券，为投资者提供信息。

因此，由于企业的信用能力有限，如果筹资能力减弱，则取得资金的方式和来源必定比以往要困难，导致资金成本竞相攀升。企业要筹措到所需的资金，则必须提高使用资金的代价，使得企业所能选择的投资机会相对减少，最终导致企业错过各种有利的投资机会，进而影响其获益能力。企业的投资规模、资金成本以及投资报酬率之间的关系如图4-1所示。

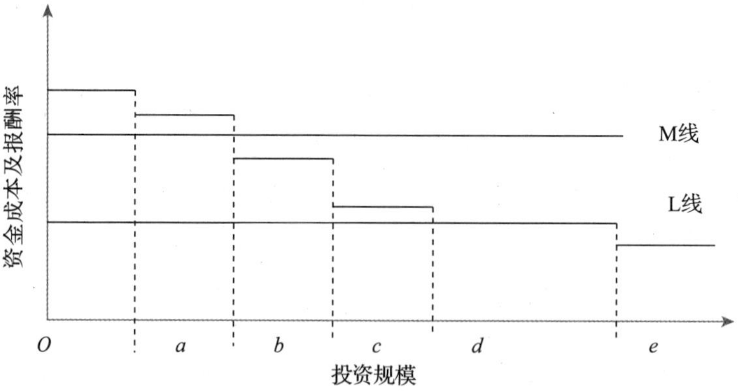

图 4-1 投资规模、资金成本及投资报酬率之间的关系

说明：当企业的平均加权资金成本在 L 线时，它的投资规模达到 d 以上仍然有利，但当投资规模大于 d 以上时，投资报酬率小于平均加权资金成本，企业入不敷出；而当企业的平均加权资金成本上升到 M 线时，其有利的投资规模则缩小到 b，可见企业短期偿债能力的强弱可以影响资金成本，进而牵制其投资机会。

企业在投资机会上所受到的限制，不仅对公司的竞争力造成严重损害，这种利害信息也将反映在股份之上，使得公司股票价格下跌，公司本身和投资者的风险均随之提高。凡此种种，对投资者终归不利。

企业的短期偿债能力低弱，同样对公司的员工也会造成不利影响。如果公司丧失其短期偿债能力，则将无法按期支付薪金，甚至使员工丧失工作的机会。

企业一旦难以维持其短期偿债能力，在各个方面产生的沉重压力最终势必导致企业生存和发展的困难。企业短期偿债能力与企业生存及发展能力的关系如图 4-2 所示。

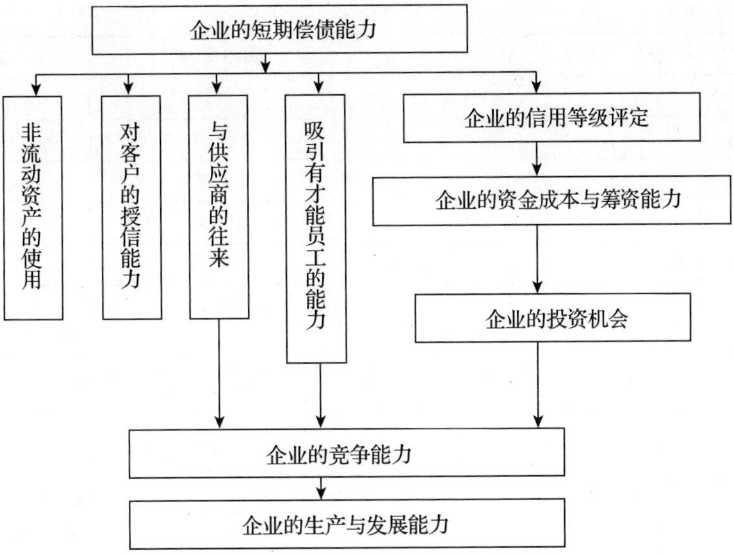

图 4-2　企业短期偿债能力与企业生存及发展能力的关系

第二节　短期偿债能力的比率分析

为了方便介绍短期偿债能力的各类分析，下面将以 A 公司两年的简明财务报表作为基本资料进行分析。

A 公司的资产负债表和利润表如表 4-1 和表 4-2 所示。

表 4-1　资产负债表

编制单位：A 公司　　　　单位：千元

资　　产	2015 年度	2016 年度
流动资产：		
现金	9 500	12 500
有价证券	28 000	33 000
应收账款	146 500	119 500
存货	126 500	95 000
流动资产总计	310 500	260 000
固定资产：		
固定资产原值	518 000	483 500
减：累计折旧	168 500	173 500
固定资产净值	349 500	320 000
资产总计	660 000	580 000
负债及所有者权益		

（续）

资　　产	2015 年度	2016 年度
负债		
流动负债：		
应付账款	7 4500	59 000
应付票据	25 000	25 000
应计费用	61 000	45 500
流动负债总计	160 500	129 500
非流动负债		
长期借款	110 000	100 000
递延税款	70 000	61 500
非流动负债总计	180 000	161 500
负债总计	340 500	291 000
所有者权益		
普通股（面值 1 元，5 000 股）	50 000	50 000
股本溢价	144 000	144 000
保留盈余	125 500	95 000
所有者权益总计	319 500	289 000
负债及所有者权益合计	660 000	580 000

表 4-2　利润表

编制单位：A 公司　　　　单位：千元

项　　目	2015 年度	2016 年度
销售收入	739 500	718 000
减：产品销售成本	531 000	515 500
毛利润	208 500	202 500
减：经营支出		
管理费用	70 500	70 500
销售费用	25 000	25 000
折旧	5 000	5 000
经营费用总额	100 500	100 500
息税前利润	108 000	102 000
减：利息支出	13 000	12 000
税前利润	95 000	90 000
减：所得税	38 000	36 000
净利润	57 000	54 000
每股收益	1. 14	1. 08
每股股利	0. 53	0. 50

一、流动性比率（静态比率）

一个企业营运资金的多少，以及资产变现速度的快慢，是决定该企业短期偿债能力的基本要素。因此，一些学者往往将短期偿债能力的分析，称为“营运资金分析”。

流动性比率用于衡量企业在某一时刻支付即将到期的债务能力。由于这类比率反映了企业流动资产转化为现金的能力和速度，所以又称为短期流动性比率。常见的流动性比率有以下几种：

1. 流动比率

流动比率是指流动资产与流动负债的比率关系，表示每元的流动负债，有几元的流动资产来抵偿，故又称为偿债能力比率。该比率的基本功能是可以使短期债权人评估安全边际（表示流动资产超过流动负债的部分）的大小，可以测定企业的营运资金是否充足。其计算公式如下：

$$流动比率=\frac{流动资产}{流动负债}$$

一方面，20 世纪初，美国银行家均以流动比率作为核定贷款的根据，而且要求此项比率应该维持在 2.0 以上，因此，又将流动比率另称为“银行家比率”或“二对一比率”。

流动比率也被称为“营运资金比率”，在某些情况下，甚至于直接用“营运资金”来代替流动比率进行分析。营运资金就广义而言，指的是企业所拥有的资产，其在短期内（通常不超过一年或一个多于一年的正常营运周期）予以转换成现金时，不至于减损其价值；此项资金在短期内可供营业上流通之用，所以又称为“流动资本”。广义的营运资金，指的就是企业的流动资产。营运资金就狭义而言，只包括流动资产超过流动负债的部分，亦即净营运资金的观念。一般所称的营运资金，指的是净营运资金。其计算公式如下：

$$营运资金=流动资产-流动负债$$

流动比率的计算所包含的项目都是流动资产与流动负债所涵盖的内容，也是营运资金的组成部分。

以 A 公司为例，计算出来的 2015 年年底和 2016 年年底的营运资金及流动比率如表 4-3所示。

表 4-3　A 公司营运资金及流动比率

项　　目	2015 年度	2016 年度
流动资产/千元（a）	310 500	260 000
流动负债/千元（b）	160 500	129 500
营运资金/千元（$a-b$）	150 000	130 500
流动比率（$a\div b$）	1.93	2.01

根据表 4-3 可知，营运资金的观念同流动比率一样，可以显示一个企业债权人安全边际的大小，但是要强调的是，在分析各企业不同期间的短期偿债能力时，流动比率与

营运资金的观念在功能上并无多大差别；然而，如果不同企业间进行比较与分析时，则营运资金的观念就不如流动比率有效。设另外有一家B公司，其流动资产在2015年年底是191 858 000元，流动负债是96 507 000元，则计算出来的B公司2015年年底营运资金、流动比率与A公司相比较的数据如表4-4所示。

表4-4 A、B公司营运资金、流动比率比较

项　目	B公司	A公司
流动资产/千元（a）	191 858	310 500
流动负债/千元（b）	96 507	160 000
营运资金/千元（$a-b$）	95 351	150 500
流动比率（$a \div b$）	1.99	1.94

由表4-4可知，B公司的营运资金比A公司的营运资金少，如果只据此推断B公司的短期偿债能力比A公司差，那将导致错误的投资决策。事实上，B公司的流动比率是1.99，大于A公司的流动比率1.94。因此营运资金规模不同的企业之间，应以流动比率的相互比较来据以判断短期偿债能力的强弱。从A公司自身的2015年年底和2016年年底营运资金、流动比率的数据来看，也存在着这一问题。2016年A公司营运资金绝对额减少，但是流动比率都相应有了提高。不过这个问题在对企业做自身分析时不如再将企业同其他规模不同的企业做比较分析时那么严重。

一般而言，企业的流动比率越高，表示其短期的偿债能力越强；从债权人的角度来看，流动比率越高，表明流动资产超过流动负债的营运资金也就越多，一旦面临企业清算时，则具有巨额的营运资金作为缓冲，可以抵减资产变现的损失，而确保债权得以足额清偿。

长期以来，流动比率的下限一直被认为应在2.0左右。美国大多数企业成功地将此限数或更高的比率维持到了20世纪60年代中期。但是自那以后，多数企业的流动比率跌落到了2.0以下，这意味着多数企业的流动性在降低。随着20世纪80年代初美国利率的提高，企业更多地利用购货和销货折扣来满足其营运资金需求，流动比率开始向1.0滑跌。流动比率的这种运动过程并不意味着企业短期流动性风险的提高，它主要是源于以下两个原因：

第一，企业流动资产中一个主要的组成部分存货，是以历史成本入账的，这些存货事实上极有可能以比该成本高得多的价格卖出去，所以期望通过销售存货所获取的现金数额比计算流动比率时所使用的数额要大得多。

第二，美国的很多企业将存货成本计价方法以先进先出法改变成后进先出法。在后进先出法下，存货以历史成本计价，随着时间推移和通货膨胀的持续，显示在资产负债表里的因后进先出法而低估的存货成本将越来越偏离市场价格。这种现象将导致流动比率随时间推移而下降。

从上述的历史分析中可以看出，流动比率因受到若干因素的影响，实际上是无法为各种行业确定一项共同标准的。一般来说，凡营业周期较短的企业，其流动比率也较低，而因为营业周期较短，就意味着具备较高的应收账款周转率，而且无须储存大量存货，所以其流动比率可以相对降低，如电力行业、娱乐行业及旅馆服务业等，因为这些行业没有存货，而且应收账款也不多，所以流动比率比较低。反之，如果营运周期较长，则其流动比率应相应提高，如一般的商业及制造业等，其流动比率需保持在2.0以上比较适当。所以，在分析一些类似企业的典型流动比率时，应该与行业平均流动比率相比较。某些行业的流动比率虽然低于2.0，但其实已经足够了；而有些行业要求的流动比率也许会高于2.0。

流动比率与行业平均比率，或者与以前各期比率相比较，可以帮助分析本阶段的流动比率是偏高还是偏低。不过这些比较并不能用以解释为什么该期流动比率会偏高或偏低。通常，流动比率偏离正常的可能性原因可以通过分析用以计算流动比率的各个专门项目来发现，而且较经常的情况下，其主要原因可以通过详细分析企业的应收账款和存货来发现。

如果流动资产中包含了有价证券，在可能的情况下，计算流动比率之前应该将这些随时可变现的有价证券调整到市场价值。同样，在计算营运资金时也需要做此调整。

与前面曾分析过的一样，后进先出法也会对流动比率的计算产生影响，因为后进先出法下存货被低估，那么流动比率也会被低估。因此，在后进先出法下的企业的流动比率与使用存货成本计价方法下的企业做比较时，要特别注意这个问题。

在计算短期流动比率之前，还应该计算企业应收账款周转率和存货周转率（下面将会介绍到）。这些计算能使分析者对应收账款以及存货的流动性形成基本的印象。考虑应收账款以及存货的流动性，可以帮助分析者确认该企业的流动比率是否足够。应收账款和存货流动性存在问题时，意味着现时的流动比率比不存在流动性问题的情况下要高得多。

流动比率能普遍被用来衡量企业短期偿债能力的大小，其主要原因是因为流动比率具备下列各项优点：

（1）流动比率可以显示企业流动资产能够抵偿流动负债的程度。就其相对的关系而言，流动比率越高，表明流动负债受偿的可能性越大，短期债权人越有保障。

（2）流动资产超过流动负债的部分是营运资金，也是短期债权人评估其安全边际的指标；这部分营运资金对于企业而言，可以提供一项缓冲的作用，是企业可以避免出售非流动性资产以弥补短期偿债能力的不足。因为出售非流动性资产，不仅影响到现阶段企业资产的生产及正常使用，而且由于是削价求售，通常无法获得公允的价格，造成无法计算的变现损失，必将侵蚀流动资产。所以，流动比率的大小，可对企业产生警示的效果。

（3）流动比率可指出企业所拥有的营运资金与短期债务的比率关系，可显示该企业应付任何不确定因素冲击的能力；此项不确定因素的冲击，随时都有发生的可能，如意外损失、罢工损失、资产贬值以及市场竞争压力等，如一旦发生，将使企业遭受重大的损失。流动比率越大，企业应付意料之内损失的能力也就越大。

（4）流动比率概念清晰，在解释和观念上都易于理解，计算简便，而且资料取得也比较容易。

（5）流动比率对于企业诸如债券违约、破产或其他类似的财务危机具有很强的预测能力。

由于流动比率具备上述优点，所以早已成为金融机构、债权人及潜在投资者等作为衡量企业短期偿债能力所普遍采用的重要工具。

当然，流动比率本身也存在以下缺点：

（1）流动比率的计算公式如下：

$$流动比率=\frac{流动资产}{流动负债}$$

$$=\frac{现金及现金等价物+应收账款+存货+预付账款}{流动负债}$$

由以上计算公式可知，流动比率表示企业在其特定时点可使用资源的静止状态是一种存量观念。因为其分子分母都取自时点报表——资产负债表，其不能代表全年平均的一般状况，而这种静止状态的资金偿付概念显然与未来真正资金流动的情形并无必然的因果关系。换言之，流动比率仅显示在未来短期内资金流入与流出的可能途径，事实上，此项资金流量与销货、利润及经营情况等因素具有密切的关联性；而这些因素在计算流动比率时，均未予以考虑。

（2）流动比率并未能真正而充分地显示企业向金融机构融资的实力和额度。从财务管理的角度看，本企业持有现金的目的，是为了防范现金流入不是以支付现金流出量所引起的现金短缺现象。例如当销售下降时，来自销货收入的现金流入量，将少于支付进货或各项费用的现金流出量，此时必须依赖所持有的现金以应付不足。因为现金是一项非获益性资产，所以一般企业均尽量减少现金的数额，而使现金余额无法维持应有的水平。事实上，有很多企业都会在现金短缺时转而向金融机构借款，而这项属于未来资金融通的数额，并没有包括在流动比率的计算公式里。

（3）应收账款是企业流动资产内的主要项目，其额度的大小往往受销货条件及信用政策等因素影响。就一般情形而言，除非企业办理清算，否则只要企业存在一天，旧的应收账款收回，就会随即发生新的应收账款。如果仅以应收账款的多寡作为评估企业未来的现金流入的指标，难免会产生误导。所以在进行分析时，一定要将企业的销货条件、信用政策及其他有关因素予以考虑在内。

（4）流动资产内另一重要组成项目是存货，它是企业未来短期内现金流入的重要来源之一。一般企业都按“成本”或“成本与市价孰低法”来评估存货的价值，并据以计算流动比率。事实上，经由存货而产生的未来短期内现金流入量，除了销（存）货成本外，还有销售毛利的产生，而一般在计算流动比率时，并未将销售毛利因素考虑在内。

另外，在分析流动比率时，还有这样一些因素可能被忽视：

（1）流动资产和流动负债同时增加相同的数额（如赊购存货）将导致流动比率发生变化。如果交易前的流动比率大于1.0，那么该项交易会导致流动比率降低；反之，如果交易前的流动比率小于1.0，那么该项交易则会导致流动比率上升。随着多数企业的流动比率在1.0附近徘徊，这种现象慢慢得到重视。

（2）一个很高的流动比率也许伴随着一些令人不愉快的企业条件；反之，一个不断跌落的流动比率也许伴随着盈利性运作。在经济衰退阶段，企业压缩整顿，纷纷偿还流动负债，因此，即便是流动资产处于极低的水平，流动比率也可能达到极高的水平。而在发展阶段，相反的情形也许又会出现。由此可见，流动比率用来分析企业财务支持能力的作用时是有一定限制的。

（3）在资产负债表日，管理者可以采取一些措施，制造出一个比该期正常水平或平均水平更好的流动比率。例如，为了提高流动比率，可以在期末加速对本期存货的赊购（如果流动比率小于1）或者拖延本期正常存货的赊购（如果流动比率大于1）。另外，还可以将列为非流动资产的对外借款用以抵销其流动负债，同样可以人为地提高流动比率。

根据上述分析，流动比率虽然在本质上尚有若干缺陷，然而作为衡量短期流动性风险的指标之一，它还是得到了惊人的广泛应用。

尽管如此，报表使用者在进行流动比率分析时，还是应该尽量采取措施克服指标本身的局限性，使之不至于造成错误的判断和决策。因此在分析流动比率时，还应该考虑到以下这些因素：

（1）比较分析各项流动资产的构成情况。

（2）比较五年至十年期间各项流动资产与流动负债的趋势资料。

（3）深入研究各个债权人及债务人的信用接受条件。

（4）搜集各项流动资产的现值、可收回价值及重置成本等有关资料。

（5）考虑各项流动资产价值有无改变的可能性。

（6）当流动比率按不同时间予以分析时，应考虑其是否会受季节性变动的影响。

（7）分析存货对现在及未来预期销售数量的影响关系时，如果存货是按后进先出法计价的，则应予以调整，以避免存货低估的现象。

（8）预测在一年期间内对营运资金需要的数额。

（9）计算现金（包括现金等价物）或营运资金的需求数额时，应与实际流入数额相比较，求出其差异，借以观察现金是短缺还是溢余。

（10）审查企业向银行融通资金的情况。

（11）审查资产负债表编制日或有负债的存在情况及可能的数额大小。

（12）分析应收账款与销售数量的关系，并汇总所有已逾期应收账款的数额。

（13）了解企业所经营业务的性质，将其归入诸如制造业、服务业、商业或公用事业等各行业部门中加以考虑。

总而言之，财务报表的各使用者在采用流动比率对企业进行短期偿债能力分析时，尚需配合其他各项分析工具，才能做出最后的判断，以避免发生偏差，对决策造成误导。

2. 速动比率（“酸性测试”比率）

速动比率也是测验企业短期偿债能力的一个有效工具。它反映的是速动资产对流动负债的比率关系。所谓速动资产，是指现金、有价证券及应收账款等项可迅速支付流动负债的资产。速动比率的计算公式如下：

$$速动比率 = \frac{现金 + 有价证券 + 应收账款}{流动负债}$$

在企业的流动资产当中，预付款项是变现能力最差的项目。预付货款在收到货物之后还有可能通过出售货物而转化为现金，而预付租金、预付保险费等在合同中订有不可退回的条款，则其变现能力为零，一般的预付费用也很难收回而转化为现金。存货项目中作为安全库存的那一部分资产，几乎是一项非流动资产，而原材料、在制品等存货的变现能力也较低，部分存货可能还被抵押给特殊的债权人，而且当企业为偿债和清算等原因被迫出售库存品时，其价格也往往受到不利的影响。速动比率的计算，就是将这些变现能力较差的流动资产排除后，由剩下的现金、有价证券和应收账款等可迅速变现的流动资产与流动负债相除后得到。

由此可知，速动比率比流动比率更能严密地测验企业的短期偿债能力，故一般又称为“酸性测验”比率或清偿比率。

由于存货是变现能力较差的流动资产的主要组成成分，为方便起见，常常用流动资产减去存货后的余额代表速动资产，所以速动比率又可以表示为

$$速动比率 = \frac{流动资产 - 存货}{流动负债}$$

仍以 A 公司为例，其在 2015 年年底和 2016 年年底的速动比率如表 4-5 所示。

表 4-5　A 公司速动比率

项　　目	2015/年度	2016/年度
流动资产/千元	310 500	260 000
减：期末存货/千元	126 500	95 000
速动资产/千元（a）	184 000	165 000
流动负债/千元（b）	160 500	129 500
速动比率（$a \div b$）	1. 15	1. 27

一般报表分析者认为，企业的速动比率至少要维持在 1. 0 以上，才算是具有良好的财务状况。通常情况下，速动比率的变化趋势与流动比率是高度相关的，也就是说，报表分析者通过检查这两者中任何一项比率，都可以得到关于短期流动性改善或恶化情况的相同信息。影响流动比率变化的因素在通常情况下，也会带动速动比率变化。美国企业通过对流动比率和速动比率进行计量，表现出其流动性持续地大幅度滑坡，随着流动比率徘徊在 1. 0 左右，速动比率也呈现在 0. 5 左右。一般而言，流动性不断恶化的财务状况会导致更多破产情况的发生，或者说，对信贷者和投资者而言意味着有更多的风险。

同样，在使用速动比率来测试企业流动性时，应该与该企业过去的速动比率相互对照，这样能更好地反映出企业自身短期流动性的变化趋势。

使用速动比率，还应与行业平均值和主要竞争对手的情况做比较。速动比率同样与行业差异具有密切的关系。某些行业的速动比率也许需要高于 1.0，而有些行业的速动比率虽低于 1.0，但其实已经足够，例如只进行现金交易的杂货业，通常没有应收账款，这类企业的速动比率一直低于 1.0，但是仍然具备足够的流动性。其他类似的行业如汽车服务业、百货业、娱乐业等，速动比率一般也较低。

在使用速动比率之前，仍然也需计算一下应收账款周转率，这样可以了解应收账款流动性是否存在着问题。对应收账款质量的考虑同样可以帮助分析者建立一个充足的速动比率标准。

另外，还有一点要注意的是，计算速动比率时，在决定是否包括应收账款而排斥存货之前，针对每一种具体情况应该做一些调查并进行比较。在某些企业里的存货也许能够比其他企业的应收账款更能迅速地转化成现金。

总而言之，速动比率用来衡量企业的短期偿债能力，有下列优点：

（1）速动比率是比流动比率更为严谨的短期偿债能力指标。

（2）速动比率考虑了风险应变能力，较能符合实际。它是假定企业一旦面临财务危机或办理清算时，在存货及预付费用无价值的情况下，企业以速动资产支付流动负债的短期偿债能力。此项比率在测验企业应付突变能力方面比较有用。

（3）资料取得和计算均较简便。

然而，速动比率也有下面这些缺点：

（1）它的资料来源也是取自资产负债表，所以也是一项静态比率，同样也不能真正显示未来现金流量的变化情形。

（2）进行分析时，只看一项速动比率是不够的，这样容易产生偏差。

因此，当分析企业的短期偿债能力时，除进行流动比率及速动比率的分析外，还需要配合现金比率、应收账款与存货周转率的分析，才能获得最佳的判断。

3. 现金比率

有时，需要从一个极端保守的角度来检查企业的流动性，通常这样的要求会发生在下面两种情况中：企业抵押了其应收账款和存货或者有理由怀疑企业的应收账款和存货已经发生了严重的流动动性问题。在这类情况下，考察企业短期偿债能力最好的指标是现金比率，这个比率可以克服用流动资产来测试企业短期内产生现金能力的某些缺陷。

现金比率是指现金和现金等价物（有价证券）对企业流动负债的比例关系。现金是指一般通行的货币，其可作为支付工具。所谓现金等价物，是指有价证券，是在公开市场上流通的一种资产，因为其具有高度的可信性及安全性，所以包括在广义的现金中。企业期末反映在现金流量表中的从经营中产生的现金，是本期所有营运资金的需求都得到满足以及到期的流动负债与已得到清偿以后企业剩余的现金数额。由于这个比率的保守性，所以又被称为“绝对流动比率”，其计算公式如下：

$$现金比率 = \frac{现金 + 现金等价物}{流动负债}$$

由于这项比率的数字速率在一段时期的基础上，有时也可用流量观念来反映这一比率关系，其计算公式如下：

$$现金比率 = \frac{（持续）经营中的现金流量}{平均流动负债}$$

沿用A公司的例子，其在2015年年底和2016年年底的现金比率如表4-6所示。

表4-6 A公司现金比率

项　目	2015年度	2016年度
现金/千元	9 500	12 500
有价证券/千元	28 000	33 000
现金类资产/千元（a）	37 500	45 500
流动负债/千元（b）	160 500	129 500
现金比率（$a \div b$）	0.23	0.35

现金比率是速动比率测验的进一步分析。现金比率越高，表示企业可用以偿付流动负债的现金数额越多，可变现损失的风险就越小，而且变现的时间也越短。

由于此项比率过分严格，其所包含的资产项目极为有限，所以除非企业正处于财务困境中，否则很少被采用。因为期望一个企业拥有足够的现金和有价证券就可以补偿其流动负债，这似乎不太现实。如果企业必须依赖其现金和有价证券，则这项比率也就意味着该企业最后所能求助的变现可能性。当然那些存货及应收账款周转缓慢的企业和高度投机性的企业除外。例如，一家房地产公司，它可能会采用长达几年的分期付款方式销售地产或者是一家新开的公司，其能否成功还是未知，这些企业只能依赖现金和有价证券来偿还债务，但并不意味着它们已濒临财务困境。

现金比率暗示企业的快速变现性。现金比率高的企业，说明企业没有从最佳角度来利用其现金资源，这些现金资源应该投入到企业运作中去。但是在做出任何判断之前，应该获取有关该企业更为详尽的资料。管理当局很有可能已经有了关于该笔现金的使用计划，如扩大建筑规模的计划等。现金比率太低，则又意味着企业的即期支付出了问题。现金是清偿债务的最后手段，如果缺少可用的现金，可能会使企业陷入无清偿能力的困境，所以也不能忽视现金所具有的重要性。

分析现金比率时还要注意，如果企业投资于享有投票权的权益性股票，其持有比例在20%以上，除非有相反的证据，否则应该认定投资者对被投资者有重大的影响力，会计处理应该采用权益法，这项投资属于长期投资性质，自然不能将其认定为现金资产类。然而，如果一旦由长期证券投资转换为短期证券投资时，应该在尽可能的情况下，将其调整为市价，并加入现金类资产，据以计算现金比率或流动比率。

财务分析者在进行现金比率分析时，还必须考虑任何对使用现金的可能限制。例如银行对客户所要求的补偿性现金余额，规定客户必须保留某一特定数额的现金余额在存款账户里，不得动用。

总而言之，现金比率用以衡量短期偿债能力，有下列优点：

（1）它是可以显示企业取得现金速度快慢的指标。

（2）它可以衡量流动资产变现性的大小。

现金比率也有下列缺点：

（1）现金比率乃是基于极端保守的观点，但似乎忽略了企业流动资产和流动负债间的循环性质。

（2）现金没有等待变现时间，虽然没有变现损失但也没有创造利润的能力，适当的现金水准是评估现金比率时应加以考虑的因素。

（3）现金比率高，表示企业紧急应变的能力高，但是却显示了管理当局不善于应用现金，从而使相当数目的现金资源闲置。

（4）除非已经到了周转不灵的情况，或者是由于企业的性质使得存货和应收账款的变现能力较弱，或者企业具有较高投机性以外，现金比率的实用性不大。

4．其他流动性比率

除了上述三个最常用的比率外，其他常用的流动性比率还有：

（1）营运资产与总资产之比，其计算公式如下：

$$\text{营运资产与总资产之比}=\frac{\text{流动资产}-\text{流动负债}}{\text{总资产}}$$

以 A 公司为例，其 2015 年年底与 2016 年年底营运资产与总资产之比分别为

$$2015\text{ 年年底营运资产与总资产之比}=\frac{150\ 000\text{ 千元}}{660\ 000\text{ 千元}}=0.227$$

$$2016\text{ 年年底营运资产与总资产之比}=\frac{130\ 500\text{ 千元}}{580\ 000\text{ 千元}}=0.225$$

（2）现金与总资产之比，其计算公式如下：

$$\text{现金与总资产之比}=\frac{\text{现金}}{\text{总资产}}$$

仍以 A 公司为例，其 2015 年年底和 2016 年年底现金与总资产之比分别为

$$2015\text{ 年年底现金与总资产之比}=\frac{9\ 500\text{ 千元}}{660\ 000\text{ 千元}}=0.014$$

$$2016\text{ 年年底现金与总资产之比}=\frac{12\ 500\text{ 千元}}{580\ 000\text{ 千元}}=0.022$$

上面介绍的两种比率，也属于静态比率，反映的是存量之间的比例关系，做辅助分析企业短期偿债能力之用，分子所占比重越大，该比率越高，企业短期偿债能力也就越强。

流动性比率中最常见的三种比率之间的相互关系如图 4-3 所示。

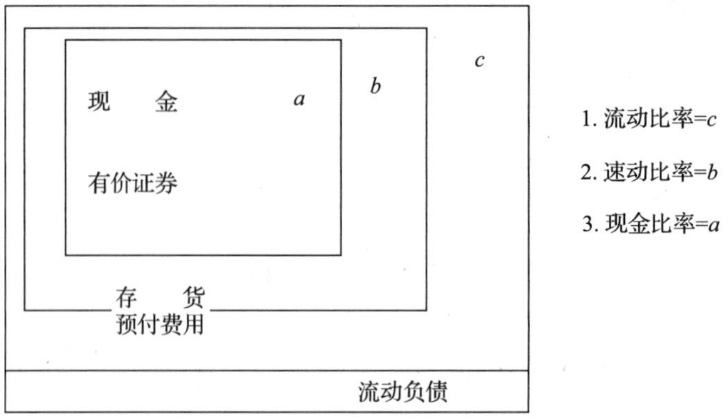

图 4-3　三种比率之间的相互关系

二、经营能力比率（动态比率）

经营能力比率又叫利用率比率，它以各种周转率为主体，反映了企业的资金利用水平和资源利用效率的高低。

企业经营周期通常由以下几个部分组成：

（1）现购或赊购商品、产品或劳务。

（2）现销或赊销商品或产成品。

（3）从客户手中收回应收账款。

（4）向供应商、员工或其他人偿付应付账款。

伴随着每个经营周期的开始，接近于销售毛利数额的现金也开始运转。毛利越多，经营速度越快，在这个阶段运转现金的数量就越多，企业短期流动性风险也就越低。

有三个主要指标来衡量企业营运资金的活动速度，以研究企业在每个经营周期中产生现金的能力以及短期流动性风险。财务报表使用者除了要计算企业的流动比率以外，还需计算应收账款、存货和应付账款的周转速度。前两个指标可以帮助分析者了解应收账款、存货的质量。如果质量不佳，且其周转速度缓慢，则尽管表面上拥有巨额的流动资产，能显示理想的流动比率，但实质上却并非如此。

1. 应收账款周转率和应收账款平均收账期

（1）应收账款周转率。应收账款周转率是指赊销净额同平均应收款项总额之间的比例关系，用以测定某特定期间内企业收回赊销款项的速度和效率。

这里要注意的是，大部分企业的赊销账款中，除了一般性的应收账款以外，还包括应收票据在内，所以在计算平均应收款项时，应将应收票据及应收账款予以包括在内。如果仅计算其应收账款，而将销货所发生的应收票据予以遗漏，就会造成偏差。

应收账款周转率的计算公式如下：

$$应收账款周转率=\frac{赊销净额}{\frac{1}{2}(期初应收款项总额+期末应收款项总额)}$$

以 A 公司为例，其在 2015 年年底和 2016 年年底应收账款周转率如表 4-7 所示。

表 4-7　A 公司应收账款周转率

项　目	2015 年度	2016 年度
本年赊销净额/千元（a）	650 000	580 000
期初应收账款总额/千元（b）	136 840（补充资料）	154 210
期末应收账款总额/千元（c）	154 210（补充资料）	125 790（补充资料）
本年平均应收款总额/千元 $\left[d=\frac{1}{2}(b+c)\right]$	145 525	140 000
应收账款周转率（$a \div b$）	4.75	3.76

上面的计算方法是以年平均数为基础。如果想获得更准确的计算结果，亦可按季、按月计算。但是如果企业销售有明显的季节性波动，或者企业采用的不是以日历年度做记账年度，那么应收账款周转率被曲解的程度就会很大。那么在计算此项周转率时，应该按月对应收款项进行平均，这在企业内部分析时是可行的，不过不适用于外部用户分析。当然，按季平均也有助于解决上述问题。但如果这种问题得不到解决的话，不同基础的企业就不可比。以经营周期为记账年度的企业易于高估其应收账款的周转率，从而高估其流动性。

凡已向银行或其他金融机构办理贴现的应收票据，而且已不在外流通的，应该予以剔除。另外，计算应收账款周转率公式中的分子，应该以赊销净额为限，因为应收款项是由赊销所引起的，不过，一般企业对外公布的财务报表，很少将赊销与现销的数字分别披露，所以外部用户只能依靠进一步收集资料或是用销售收入代替进行大致的计算。此外，为了了解某一企业应收账款周转率的变化趋势，还应该结合以往年度同种比率进行趋势分析，以揭示企业信用及收款政策是否有所改善。

应收账款周转率反映了企业资金的周转和利用情况。周转率高，说明企业在短期内收回货款，利用营业产生的资金支付短期债务的能力强，这在一定程度上可以弥补流动性比率低的不利影响。周转率过高也可能是企业坚持过紧的销售信用政策和苛刻的信用条件，只同信誉好、付款能力强的客户打交道的结果。这种做法将妨碍企业正当销售量的扩大，影响企业的发展。这种情况往往同低库存周转率和低单位资产销售额相伴出现。如果应收账款周转率过低，则反映了企业资金利用率不高，或销售信用政策过松，影响了资金的正常周转。

（2）应收账款平均收账期。应收账款平均收账期如同应收账款周转率一样，用以测验企业收回账款期间的长短，但它反映的是应收账款数额同年平均每天赊销数额之间的比例关系。短期商业应收票据与应收账款有着密切的关系，因而应收票据同样也应包含在应收款项之内一并计算。应收账款平均收账期的计算公式如下：

$$应收账款平均收账期 = \frac{360}{应收账款周转率} = \frac{平均应收账款总额}{赊销净额 \div 360}$$

第二个公式中，赊销净额除以 360 天（一年）所得的结果，表示每日平均赊销数额。利用第二个公式，沿用 A 公司案例，其在 2015 年年底和 2016 年年底应收账款平均收账期如表 4-8 所示。

表 4-8　A 公司应收账款平均收账期

项　　目	2015 年度	2016 年度
平均应收账款总额/千元（a）	145 525	140 000
年赊销净额/千元（b）	650 000	580 000
平均每日赊销净额/千元（$c = b \div 360$）	1 805	1 611
应收账款平均收账期/天（$a \div c$）	81	87

用第一个公式计算，其结果也与此相同：

$$2015 年年底应收账款平均收账期 = \frac{360 天}{4.46} = 81 天$$

$$2016 年年底应收账款平均收账期 = \frac{360 天}{4.14} = 87 天$$

一般而言，应收账款平均收账期没有一定的标准，也很难树立一项理想的比较基础。企业应收账款平均收账期究竟要多少天才算合理，需视企业的信用政策而定，并应参考同行业所制定的标准予以拟定。例如，如果企业的信用期是 30 天，那么企业应收账款平均收账期就不应超过 30 天。如果超过了，就可能暗示其收账出了问题，应该采取一些措施防止收账期过长。

分析应收账款平均收账期还应考虑信用条件对应收账款品质的影响。信用期短意味着企业未来应收账款的收账风险较小；反之，信用期长则意味着应收账款的收账风险较大。有关企业信用政策的信息在做内部分析时或在财务报表附注中可以获取。

客户的还款特许权对分析应收账款的品质也同样很重要。还款特许权是影响应收账款品质的负面因素，应该注意企业客户还款特许权的任何变化。这种信息在做内部分析时可以从披露重要事项的财务报表附注中获取。

应收账款平均收账期显示着年末应收账款已经存续的时间长短。如果企业销售的季节性波动很大或者企业以经营周期作为记账年度，那么该指标的显示就会产生误导。如果企业以经营周期作为记账年度，那么其应收账款平均收账期就会被低估，因为以一年 360 天来套用公式，其计算出来的平均每天赊销数额高于实际平均每天赊销数额。

以经营周期为记账年度的企业的流动性与以日历年度为记账年度的企业相比，通常都会被高估，这样的企业不应该用以进行应收账款流动性的比较研究。然而，想知道企业的记账年度究竟以什么为标准，唯一确定的方法只有是对企业非常熟悉。自然，在内部财务分析中这条信息则很容易被确定。

一般情况下，销售呈季节性波动的企业不太可能在其销售正处于旺季时结束会计年度。在销售顶峰，企业员工会很忙，应收款项也很可能正处于最高水平。如果企业确实是在销售旺季结束其会计年度，那么应收账款平均收账期易被高估，也就是说，企业的流动性易被低估。

同样，分析应收账款平均收账期要与企业以往年度同种指标、行业平均值以及本行业里其他企业的同种指标进行比较。这种比较，不管是做外部财务分析还是做内部财务分析都是可以进行的。

假设企业应收账款平均收账期的计算没有受销售的季节性波动或是以经营周期为会计年度这两个因素的影响而被歪曲，那么以下一些因素可以用来解释为什么该年度企业应收款项反常地偏高：

1）会计年度后期销售数额扩张。

2）应收款项收现有问题，很可能已经出现了呆账。

3）企业季节性地注明发票的日期（例如，玩具制造商 8 月份发货，而应收款项 12 月底才到期）。

4）很重大的一部分应收款项属于分期付款。

假设企业应收账款平均收账期的计算并非受销售的季节性波动或是以经营周期为会计年度这两个因素的影响而被扭曲，那么以下一些因素可以用来解释为什么该年度企业应收款项反常地偏低：

1）会计年度后期销售数额大幅下降。

2）很重大的一部分销售是现销。

3）企业出售其应收款项。

在做外部财务分析时，上述所提到的用以解释应收款项偏高或偏低的原因中，很大一部分如果不获取内部信息则是很难判断的。

（3）对应收账款周转率及应收账款平均收账期指标的评估以流动比率或营运资金的多少来衡量企业的短期偿债能力，仅提供给财务分析者静态或存量的观念，这种观念偏向于数量方面，至于应收款项和存货的质量问题则被忽视。

应收账款周转率及应收账款平均收账期指标，相比而言，有以下两个优点：

1）可以弥补流动比率或营运资金观念的缺陷，以测验应收款项的周转性和有效性。周转性是指应收款项转换为现金的速度；有效性是指应收款项转换为现金时是否会发生变现损失；通常这两种性质是相互影响的。

2）应收账款周转率的分析可以有助于企业管理当局及时地发现问题。如果应收账款周转率偏低，则可能显示这些事实：销货条件或收账政策不适当；收账工作执行不当；客户发生财务困难。如果上述前两个事项存在时，企业管理当局应当迅速采取对策，以求改进；如果发生最后一个事项，则显示应收款项的周转性和有效性出现了问题。

当然，用应收账款周转率或应收账款平均收账期指标来衡量企业波动性风险，也具有一些局限性：

1）可能受到某些特殊因素变化的影响而无法正确地预示风险，如销售条件改变、现销或分期付款销货政策对正常赊销的影响、经济循环、同业竞争、物价水平变动、信用或收款政策变更、新产品开发等。

2）严格来说，应收账款周转率或应收账款平均收账期的观念，仅表示全部应收款项中的一项平均值而已，无法全面了解应收款项中各客户逾期的情形。因此可以结合账龄分析法，提供有关应收款项的周转性和有效性方面更多的资料，进而采取适当的措施。

3）分析上述两项指标时，还应结合应收账款备抵坏账率来分析，此项比率由下面公式求得

$$备抵坏账率=\frac{备抵坏账}{应收款项总额}$$

如果备抵坏账率逐年增加，表示企业管理当局对应收款项的有效性感到担忧，必将连带影响应收款项的周转性，这无异于给财务分析者一项警告。反之，如果该项比率连年下降，表示管理当局的看法则恰好相反。

2. 存货周转率及存货平均周转期

（1）存货周转率。存货周转率是指某一特定期间的存货余额与期间销货成本的比例关系，用以衡量企业存货通过销售实现周转的速度，并借以测验存货的管理绩效。

一般而言，企业所拥有的流动资产中，存货往往占有相当的分量，这是因为企业投资于存货的目的在于希望从存货中经由销货的过程而获得利益。大多数企业都需维持相当数量的存货，以配合销货的需要；如存货不足，销货必将减少，从而导致净利的降低；反之，如存货过多，一方面除增加对存货的投资外，另一方面也将增加存货的储存费用及磨损或陈旧损失。

存货周转率也如同应收账款周转率一样，可以补充流动比率或营运资金观念的不足，进而测验存货的有效性及周转性，存货周转率的计算公式如下：

$$存货周转率=\frac{销售成本}{平均库存额}=\frac{销货成本}{\frac{1}{2}(期初存货+期末存货)}$$

仍以A公司为例，其在2015年年底和2016年年底的存货周转率如表4-9所示。

表4-9　A公司存货周转率

项　　目	2015年度	2016年度
本年销货成本/千元（a）	531 000	515 500
上年期末库存/千元（b）	110 000（补充资料）	126 500
本年期末库存/千元（c）	136 500	95 000
平均库存数$\left[d=\frac{1}{2}(b+c)\right]$	123 250	110 750
存货周转率（$a\div d$）	4.31	4.65

存货周转率反映了与销售量相比，存货利用效率的高低。存货周转率越高，表明存货的使用效率也越高，存货囤积的风险相对降低。但存货周转率过高也可能反映了某些管理方面的问题，如库存水平太低、未设置应有的安全库存、经常性的缺货、采购次数过于频繁、批量太小、造成库存成本过高等。存货周转率过低，通常是企业库存管理不当、产供销配合不好、库存积压和资金积压的结果，这样导致企业库存成本上升，利息支出增加，资金流动性减弱，应及时加以改变。存货周转率低也可能是本企业因原材料采购成本高而增大采购批量，或由于预期原材料价格大幅度上升，预先进行大量政策性购买，或因企业调整经营方针，增加产成品库存以尽量及时满足客户需要的结果。因此，要对这些数字进行深入分析，存货周转率是否合理，应以企业实际经营业绩好坏作为评判的标准。

另外，存货周转率与行业差别也有着密切的关系，如建筑业、养殖业及木材业等的存货周转率较低，而出口贸易业、百货业及煤气供应业等的存货周转率则较高。

如果企业的销售季节性波动较大或企业的会计年度采用经营周期做标准，那么在上期期末和本期期末存货数量的基础上计算平均存货量会产生误差。消除这两个因素影响的方法，类似于应收账款周转率，即按月或按季对存货数量进行加权平均。如果企业外部分析者无法得到足够的信息以判断企业的会计年度到底是其经营周期还是日历年度，则存货周转率及企业流动性就会被高估。

采用后进先出法对存货成本计价的企业，其存货水平比相同情况下用其他存货成本计价方法的企业要低得多。因此，将采用后进先出法对存货成本计价的企业的存货周转率同别的企业相比是不符合逻辑的。单个企业对于存货的评价方法必须每年一致，倘若发现有不一致的情况，如由后进先出法改变为先进先出法时，应做必要的调整。

如果本期存货或销货成本金额不合理，从而导致对存货周转率计算结果的合理性也产生怀疑，在这种情况下，引入数量单位用以计算存货周转率比用金额计算也许要好一些。这种计算方法对内部财务分析者是可行的（产品生产线发生变化的情况除外）。

在制造业中，材料是生产最重要因素之一。为分析材料的周转情形，必须另行计算材料周转率。材料周转率可按下列公式求得

$$材料周转率=\frac{材料耗用成本}{平均材料存货}$$

（2）存货平均周转期。根据存货周转率与所赖以计算的整个期间，可以计算存货每周转一次平均所需的时间，称为存货平均周转期，其计算公式如下：

$$存货平均周转期=\frac{360}{存货周转率}$$

类似于应收账款平均收账期，存货平均周转期的另一个公式如下：

$$存货平均周转期=\frac{平均库存数}{销货成本\div 360}$$

沿用A公司的例子，利用第二个公式计算其在2015年年底和2016年年底的存货平均周转期如表4-10所示。

表 4-10　A 公司存货平均周转期

项　　目	2015 年度	2016 年度
平均库存数/千元（a）	118 250	110 750
本期销货成本/千元（b）	531 000	515 500
平均每日销货成本/千元（$c=b\div 360$）	1 475	1 432
存货平均周转期/天（$a\div c$）	80	77

其计算结果与使用第一个公式计算的结果是相同的：

$$2015\text{ 年年底 A 公司存货平均周转期}=\frac{360\text{ 天}}{4.49}=80\text{ 天}$$

$$2016\text{ 年年底 A 公司存货平均周转期}=\frac{360\text{ 天}}{4.67}=77\text{ 天}$$

上述的计算结果可以显示企业通过销售将需要多长时间耗尽其存货。同样，如果企业销货的季节波动性很大或者企业以经营周期作为会计年度，那么存货平均周转期所能提供的显示作用就会产生误导。

如果企业以经营周期作为会计年度，则存货平均周转期会被低估，因为用一年 360 天计算出的平均每日销货成本会高于实际平均每日销货成本。如果低估了存货平均周转期，也就高估了存货的流动性。因此同样需要注意的是，以经营周期作为会计年度的企业同以日历年度作为会计年度的企业，其存货流动性不可比。

如果企业会计年度是在销售处于旺季时结束的，存货平均周转期可能被高估而其流动性则被低估，不过此种情况很少发生，因为企业在销售旺季结束其会计年度是不太可能的。

一般而言，存货平均周转期越低，说明存货管理情况越好，这要结合企业实际来看。企业扩张时期存货的增加说明其销货情况好转，存货需求量大；但企业萧条时期存货的增加可能说明其销货停滞导致产品积压。

存货平均周转期也可能过低，导致由于缺少存货而遭受销售损失。使用该指标时同样也要结合行业情况和企业以往年度情况以进行对比分析。

（3）对存货周转率及平均周转期指标的评估。流动比率的主要功能，仅在于表示企业未来短期内资金流量的可能途径，而对于各项非现金流动资产的周转性和有效性等问题，没有提供全面性的资料。存货周转率及平均周转期等指标，相比而言，具有以下这些优点：

显示存货转化为现金的快慢速度，并揭示在转换过程中可能发生的损失。

存货周转率偏低可能显示出：企业营业不振或衰退；预期存货短缺、物价即将上涨或高估销货能力而囤积存货；存货计价错误、评价方法改变或其他原因而高估存货价值；企业销售政策或销售方法有了改变。反之，如果存货周转率偏高，可能会显示出：企业营业净利可能不高，企业为推广销路往往会降价销售；其他一些与偏低情况相反的事实。

存货周转率的主要功能只在于反映存货变现的速度，使用该指标与应收账款周转率指标类似，也有一定的局限性，这里不再赘述。

通常，为了发挥该项指标最大功能，还要将其与存货转换期指标配合使用。存货转换期是指存货周转一次所需的时间以及应收款项全部收回平均所需时间的加总，其计算公式如下：

$$存货转换期=存货平均周转期+应收账款平均收账期$$

以A公司为例，2015年年底存货转换期=81天+80天=161天；2016年年底存货转换期=87天+77天=164天。

存货转换期的计算，实际上与营运周期的观念是完全相吻合的。它显示企业现金以外的流动资产转换为现金的流动性的大小。如果该期间较长，说明企业流动性较差；反之，期间较短，说明其流动性较好。

3. 应付款项周转率和应付款项平均付款期

应付款项周转率和应付款项平均付款期同应收账款周转率和应收账款平均收账期正好相反，它反映了企业购买物资时接受销售信用的程度。这两个指标的计算公式如下：

$$应付款项周转率=\frac{赊销净额}{平均应付款项（应付票据+应付账款）}$$

$$应付款项平均付款期=\frac{360}{赊销净额}$$

其中，赊购净额可用下面公式算出：

$$赊购净额=销售成本+期末存货-期初存货-购货折扣与折让$$

有时，也可直接用销货成本来代替赊购净额来计算。

沿用A公司的例子，可以计算出A公司应付款项周转率及应付款项平均付款期，其结果如表4-11所示。

表4-11　A公司应付款项周转率及应付款项平均付款期

项　　目	2015年度	2016年度
销货成本/千元（a）	531 000	515 500
期末库存/千元（b）	126 500	95 000
期初存货/千元（c）	110 500	126 500
购货折扣与折让（补充资料）（d）	0	0
购销净额/千元（$e=a+b-c-d$）	547 000	484 000
期末应付账款/千元（f）	74 500	59 000
期末应付票据/千元（g）	25 000	25 000
期初应付账款/千元（h）	80 000（补充资料）	74 500
期初应付票据/千元（i）	25 000（补充资料）	25 000
平均应付款项/千元$\left[j=\frac{1}{2}(f+g+h+i)\right]$	102 250	91 750
应付款项周转率（$k=e\div j$）	5.35	5.28
应付款项平均付款期/天（$360\div k$）	67	68

通常，周转率越低，期间越长，表明企业对销售信用的依赖程度就越大。

平均付款期与平均收款期密切相关，对企业资金的周转和结算有重要影响。较为理想的情况是公司接受购货信用的程度与公司提供售货信用的程度相一致，平均付款期间与平均收款期间大致相等。如果相差太多，会造成企业资金周转上的困难。

第三节　衡量短期偿债能力的其他分析方法

一、比较分析

比较分析是指对财务报表所进行的比较，通常只取两年的资料作为分析之用就足够了。比较的重点可以是绝对数值的比较，以观察个别项目绝对数值的变化；也可做绝对数值增减的比较，也就是在报表上多列一栏增减金额，可以帮助读者明确比较金额的变动；也可以进行百分比增减变动的比较，将增减的绝对数值化为增减百分比，可显示不同年度增减变动的相关性。

具体到短期偿债能力分析，比较分析方法的要旨在于比较企业流动资产和流动负债年度间的增减变动情况。从绝对数值的比较角度来看，除了列示其两年来流动资产和流动负债的绝对数额外，还可以将总资产基数定为100%，观察流动资产各项目占总资产的百分比情况；同样，也应将负债和所有者权益总基数定为100%，观察流动负债各组或项目占该基数的百分比情况。从绝对数值增减的比较角度来看，可以列示第二年比第一年绝对数额上的增减量，也可以列示该绝对数额增减量占第一年绝对数额的百分比变动情况。

下面仍以 A 公司为例，编制其在2015年年底和2016年年底这两年流动资产和流动负债的比较报表（见表4-12），以便了解比较财务报表分析在短期偿债能力分析上的运用。

表4-12　A 公司比较财务报表（部分）

项　目	2015年12月31日		2016年12月31日		变动金额	变动百分比
	金额/千元	百分比（%）	金额/千元	百分比（%）	金额/千元	百分比（%）
流动资产：						
现金	9 500	1.4	12 500	2.2	3 000	31.6
有价证券	28 000	4.2	33 000	5.7	5 000	17.9
应收账款	146 500	22.2	119 500	20.6	(27 000)	(18.4)
存货	126 500	19.2	95 000	16.4	(31 500)	(24.9)
流动资产合计	310 500	47	260 000	44.9	(50 500)	(16.3)
流动负债：						
应付账款	74 500	11.3	59 000	10.2	(15 500)	(20.8)
应付票据	25 000	3.8	25 000	4.3	0	0
应付费用	61 000	9.2	45 500	7.8	(15 500)	(25.4)
流动负债合计	160 500	24.3	129 500	22.3	(31 000)	(19.3)

对两年的财务报表进行比较分析，是比较分析中的纵向比较。如果条件允许的话，还应该进行公司之间的横向比较，即将公司反映短期偿债能力的指标、数据和报表与同行业先进水平、平均水平或主要竞争对手的相应项目进行比较。这项比较可以反映企业在同行业中的相对水平和竞争能力。如果本企业在许多指标上都在同行业中居于领先地位，说明企业有较强的竞争能力。

在进行横向比较时，要注意选择营运资金规模相当的企业进行比较。同一行业内的企业因规模大小不同，在经营管理和财务决策上会有很大的差异。比如，大企业实力雄厚，财源充足，可以经营较多的产品品种，风险分散充分。小企业由于实力有限，往往经营品种单一，风险较高，二者不宜直接进行比较。

A 公司财务比率与同行业平均水平比较如表 4-13 所示。

表 4-13 A 公司财务比率与同行业平均水平比较

项 目	2015 年	2016 年	行业平均水平
流动性比率			
流动比率	1.93	2.01	2.0
速动比率	1.15	1.27	1.20
现金比率	0.23	0.35	0.30
利用率比率			
应收款项周转率	4.46	4.14	4.35
应收账款平均收账期/天	81	87	82.8
存货周转率	4.49	4.65	4.50
存货平均周转天数/天	80	77	80
应付款项周转率	5.35	5.28	5.4
应付款项平均付款期/天	67	68	66.7

上述表是对财务比率的横向比较，事实上，如果信息充分的话，还可以用表 4-12 的结构对流动资产和流动负债的各个项目及一些相应比率进行一下横向比较，这样分析出来的信息更详尽、更有效。

二、图表分析

图表分析的主要功用在于以图形或图案的方式将一些数字资料表达出来，不仅简明易懂，而且更具说服力。

就短期偿债能力来讲，比较关键的信息集中在流动资产和流动负债的构成项目上，因此可以尝试用图表的方式来解析 A 公司 2015 年年底和 2016 年年底流动资产及流动负债的结构，A 公司流动资产和流动负债的结构如图 4-4 和图 4-5 所示。

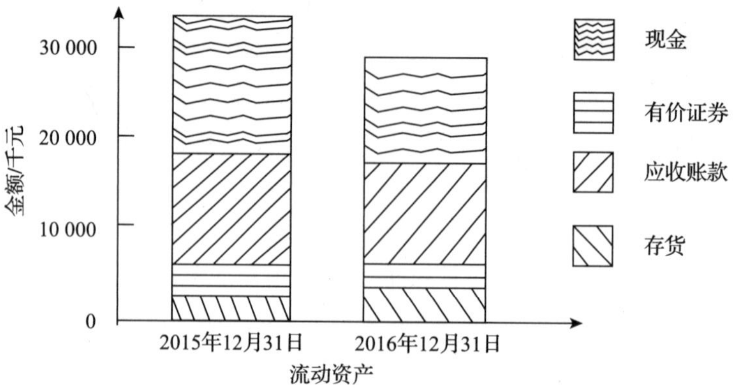

图 4-4　A 公司流动资产的结构

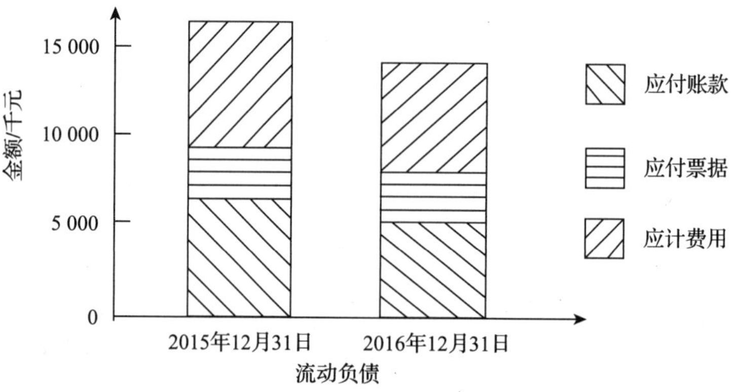

图 4-5　A 公司流动负债的结构

三、趋势分析

趋势分析的要旨在于它是搜集多年的资料，选择某一年份作为基期，再将各期资料以基期为标准化为百分数，借由百分数来观察这些资料间的趋势。

就短期偿债能力而言，可以议定某一年份为基期，将以后各年的有关流动资产和流动负债的资料都除以基期的数字转化成百分比，补充 A 公司 2012 年、2013 年、2014 年年底的一些财务资料，A 公司有关流动资产及流动负债的趋势分析。如表 4-14 所示。

表 4-14　A 公司有关流动资产及流动负债的趋势分析

项　目	2012 年 12 月 31 日		2013 年 12 月 31 日		2014 年 12 月 31 日		2015 年 12 月 31 日		2016 年 12 月 31 日	
流动资产	金额/千元	百分比（%）	金额/千元	百分比（%）	金额/千元	百分比（%）	金额/千元	百分比（%）	金额/千元	百分比（%）
现金	8 240	100	6 400	77.6	7 200	87.4	9 500	115.3	12 500	151.7
有价证券	29 200	100	36 000	123.2	21 000	71.9	28 000	95.9	33 000	113
应收账款	164 800	100	194 400	118.0	139 200	84.5	146 500	88.9	119 500	72.5
存货	124 200	100	156 400	125.9	117 200	94.4	126 500	101.9	95 000	76.5

（续）

项　目	2012 年 12 月 31 日		2013 年 12 月 31 日		2014 年 12 月 31 日		2015 年 12 月 31 日		2016 年 12 月 31 日	
流动资产	金额/千元	百分比（%）	金额/千元	百分比（%）	金额/千元	百分比（%）	金额/千元	百分比（%）	金额/千元	百分比（%）
流动资产合计（a）	326 440	100	393 200	120.5	284 600	87.2	310 500	95.2	260 000	79.6
应付账款	68 000	100	70 100	103.1	82 000	120.6	74 500	109.6	59 000	86.8
应付票据	25 000	100	25 000	100	25 000	100	25 000	100	25 000	100
应计费用	53 500	100	59 600	111.4	48 000	89.7	61 000	114	45 500	85.0
流动负债合计（b）	146 500	100	154 700	105.6	155 000	105.8	106 500	109.6	129 500	88.4
营运资金（$a-b$）	179 940	100	238 500	132.5	129 600	72	150 000	83.4	130 500	72.5
流动比率（$a \div b$）	2.23	100	2.54	113.9	1.84	82.5	1.93	86.5	2.01	90.1

当然，如果想分析得更为透彻的话，也可以按照流动资产和流动负债的各个具体组成部分的趋势百分比，以及所有能衡量短期偿债能力的各比率的趋势百分比，画出它们的趋势分析图，这样可以更详尽地为分析者提供有效信息，A 公司流动资产趋势、流动负债趋势、营运资金趋势、流动比率趋势分析如图 4-6 ~ 图 4 –9 所示。

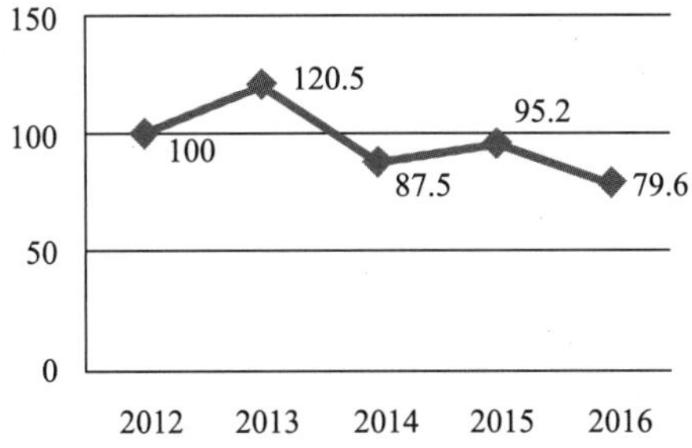

图 4-6　A 公司流动资产趋势分析

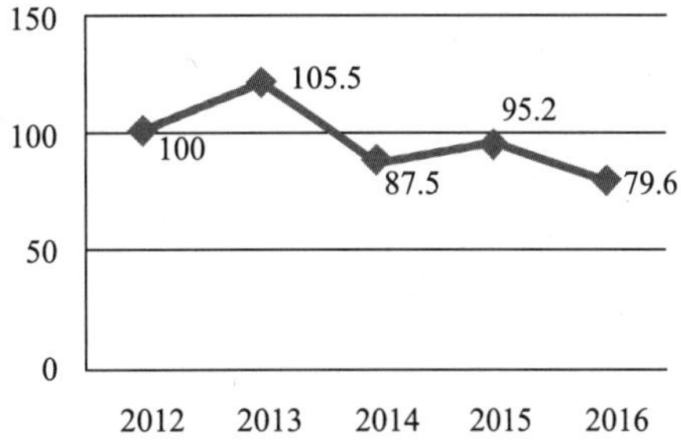

图 4-7　A 公司流动负债趋势分析

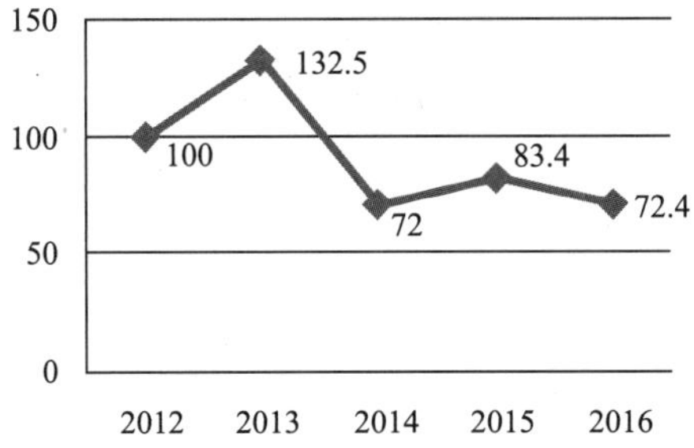

图 4-8　A 公司营运资金趋势分析

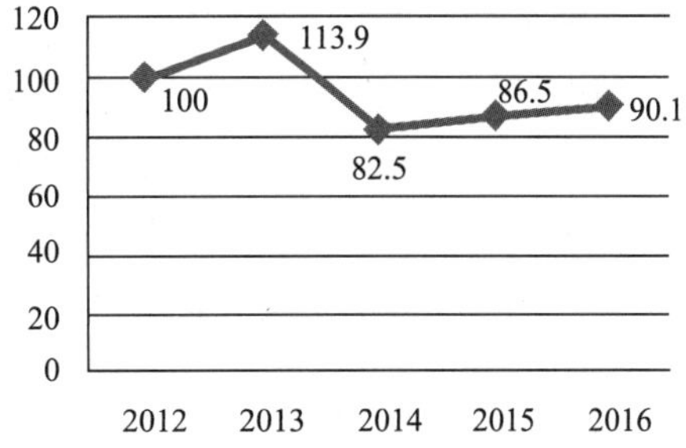

图 4-9　A 公司流动比率趋势分析

四、共同比分析

共同比分析是指在同一年度的财务资料中，以某一项目作为基础，将其他项目化成其百分数以后进行的分析。

一般而言，在财务报表中，都是以资产总额作为基础；而在利润表中则以销货收入作为基础。因为本章主要在介绍衡量短期偿债能力的指标，所以我们仍以A公司为例，其在2015年年底和2016年年底有关流动资产和流动负债的共同比如表4-15所示。

表4-15 A公司共同比财务报表（部分）

项 目	2015年12月31日		2016年12月31日	
流动资产：	金额/千元	百分比（%）	金额/千元	百分比（%）
现金	9 500	1.4	12 500	2.2
有价证券	28 000	4.2	33 000	5.7
应收账款	146 500	22.2	119 500	20.6
存货	126 500	19.2	95 000	16.4
流动资产合计	310 500	47	260 000	44.8
流动负债：				
应付账款	74 500	11.3	59 000	10.2
应付票据	25 000	3.8	25 000	4.3
应付费用	61 000	9.2	45 500	7.8
流动负债合计	160 500	24.3	129 500	22.3
总资产	660 000	100	580 000	100
速动比率		1.15		1.27
流动比率		1.93		2.01

从上表可以看出，A公司2016年年底流动比率和速动比率都比2015年年底要优良。实际上A公司2016年年底流动资产和流动负债占总资产的比重都在下降，不过下降的幅度几乎相同，在原比率大于1的情况下，这种下降会使企业的流动性情况有所好转。

五、特殊分析

根据企业的高层决策人员对风险态度的不同，可以分为积极的、中庸的和保守的这三种类型。积极的风险态度是风险爱好者，保守的风险态度是风险回避者。由于决策者的态度不同，在投资及财务管理活动中必然采取不同的作为，因而造成不同的企业体制，导致其短期偿债能力随之而异。

A公司分别在积极的、中庸的和保守的三种不同政策下的流动资产和流动负债情况如表4-16所示。

表4-16 A公司分别在三种不同政策下的流动资产和流动负债情况

项 目	积 极		中 庸		保 守	
	金额/千元	百分比（%）	金额/千元	百分比（%）	金额/千元	百分比（%）
流动资产	284 600	43.1	326 440	49.5	393 200	59.6
流动负债	155 000	23.5	146 500	22.2	154 700	23.4
资产总额	660 000	100	660 000	100	660 000	100
流动比率		1.83		2.23		2.55

由表4-16可以看出，保守政策下的流动比率（2.54）最高，因为在资本结构中作为偿付流动负债后盾的流动资产达59.6%，其偿债能力自然最佳。相对来说，在保守政策下，由于企业高层决策者回避风险，企业不敢做长期性投资，投入其生产力固定资产的资金显然较少，不到50%。就流动资产而言，由于其水准最高，在销售额相同的情况下，流动资产的运用效率也最差。

积极政策的流动比率（1.84）最低，因为大部分的资金将投资在固定资产中，流动资产比重较低，其短期偿债能力自然较差。而就流动资产运用效率来看，在销售额相同的情况下，流动资产少的周转速度最快。

第四节　短期偿债能力分析的运用

一、影响短期偿债能力的因素

1. 影响短期偿债能力的特殊因素

本章前两节介绍了一些用以衡量短期偿债能力的指标及其他一些分析方法。有时，企业实际的流动性也许比财务报表表面所显示的情况要好，这是因为事实上还存在着其他的一些特殊因素也会对企业的短期偿债能力产生影响。例如：

（1）尚未触及的向银行贷款限额对流动性会产生正向影响。这条信息通常出现在报表附注里。

（2）企业也许可以与银行订立协议，以最优惠的贷款利率从银行取得一定限额的周转性贷款。在此项协议中，企业可以于未来某时点将这些周转性贷款转入长期性贷款。而目前，企业还尚未利用这种周转性贷款。这条信息经常出现在报表附注中对长期贷款的注释里。

（3）企业也许有一些长期性资产可以迅速地变现，这可以增强企业的流动性。但是一旦在流动性方面不得不依赖长期性资产，那么情况则完全相反，应该引起分析者的注意，首先，企业生产运作会需要这些长期性资产；其次，即使有剩余的长期性资产，但在短期内也不太容易变现。长期投资项目比较特殊，它的变现能力依赖于这些投资的性质。

（4）企业的长期负债情况比较好，因而有足够的能力发行新的债券或股票。因此，在合理金额的范围内，企业可以自行解决一些比较严重的流动性问题。

当然，有时企业实际的流动性并没有像财务报表表面所显示得那么好，这也是因为存在一些特殊因素可能影响到企业的短期偿债能力。例如：

1）企业将应收票据贴现给第三方，而第三方对企业拥有完全的追偿权。在这种情况下，企业应该会将已贴现的票据金额列示于报表的附注中。

2）企业也许有很大的一笔或有负债，但没有在账面上显示出来，如一起有争议的税务诉讼等。性质重大的，而又没在账面上进行反映的或有负债一般会在附注中披露出来。

3）企业可能会为第三方企业承保一张银行票据。这条信息也会披露在附注中。

2. 影响短期偿债能力的一般因素

除去上述所讨论到的这些特殊因素外，仅靠本章前两节中所介绍的衡量指标和分析方法，其实还是不能很深入地了解或者有助于评估企业的短期偿债能力的。下面还有一些一般因素，可以用以帮助解释前面所提到的那些测试指标。

（1）存货/每天平均销货成本。这个因素有助于解释评估企业的存货周转率。如果存货周转率快，则可以解释为何其流动资产对流动负债的比率相对较低。

（2）应收账款总数/每天平均销货额。这个因素可以评估企业赊销的成长速率。如果其收款的速率快，则可以解释为何其流动资产对流动负债的比率相对较低。

（3）应付账款总数/每天平均购货额。这个因素可以评估企业赊购的成长速率。如果赊购的速率超出平均值，则可以解释为何流动资产对流动负债的比率相对较低。

（4）固定支出成本/总成本。这个因素如果变大，则表示固定支出成本与总成本的比率增加，连带地也使企业的利润容易有较强烈的波动产生。换言之，固定支出成本较多的公司，更应该有较高水平的流动比率，以增强应变能力。

（5）长期负债近期内到期的金额。如果这个因素存在，且其金额较大，那么就需要事先增强其流动比率。因为此债务的清偿迫在眉睫，且金额又大，如果企业近期内没有可预期的资金流入而且其流动比率又弱的话，财务危机显然可见。

（6）未来资本支出的计划。如果未来已有了资本支出的计划，势必导致流动比率的降低，除非企业又有新的融资计划。

（7）新的融资计划。这个因素关系着公司财务管理的好坏，而且可以从公司的年度报告、财务会计报告中了解到此项信息。

（8）（长期性债务＋所有者权益）/固定资产。从这个因素中可以看出企业长期资金的动向。长期资金包括长期性债务和所有者权益，其除以固定资产的结果，反映企业固定资产以长期资金融通的速度。如果比率大于1，则显示企业同时还以部分长期资金融通流动资产、长期投资及其他资产。如果比率小于1，则可以看出企业偏爱短期资金。那么后者的财务结构更需要足够的流动比率和速动比率，并且与金融机构的平常关系也显得非常重要。

（9）流动负债各组成项目的清偿期限 。通常流动负债的各组成项目，其清偿期限有先后之分，其中必须立即清偿的应付费用期限最早，而短期借款则依合约规定还款，约定期可能早也可能晚，但距离目前总会有一段时间。此外，商业信用依供应商往来的条件不同，而有不同的清偿期限。面对清偿期限长短不一的各类流动负债，企业所承受的压力及必要的准备当然也不同。

必须立即清偿的债务越多，企业的压力就会越大，维持高度的流动性也就非常有必要，这时拥有足够的现金及现金等价物对企业很重要。倘若企业有重大的一部分流动负债，其偿付期限达数月、半年甚至一年之久，此时衡量短期偿债能力的指标中营运资金的观念就变得很重要，因为无须立即清偿的债务居多，营运资金就足够作为偿付流动负债的有力保障。

因此分析各类流动负债项目的结构比重及其到期时间的远近，对确定合理的比率标准很重要。

此外，还有一些因素可能会导致企业流动比率偏低：

（1）企业原始投资不足。企业创业规模小，在营运资金的取得及运用上就会有限制。

（2）将短期资金转作长期之用。传统企业的经营者比较偏好自有资金及商业信用，不愿发生长期负债，只好将短期资金转作长期之用，徒增企业诸多风险。

（3）政府对企业的保留盈余限制很多。

（4）企业利息负担过重。企业如果举债过多，必然导致利息负担沉重，对企业的财务人员来说，随时要注意是否有债务到期或是需要支付利息，这对企业的流动性是一大考验。

二、短期偿债能力分析的实际运用

短期偿债能力的分析不仅对企业的债权人、投资者、供应商、客户、员工以及一些财务报表使用者有着很重要的利害关系，同时对公司的财务经理也很重要，可以使其通过分析及时地发现问题，维持公司的流动性和变现力。

下面以 A 公司为例，说明短期偿债能力分析的实际应用情况。

1. 财务比率分析

基于本章前几节所计算出来的 A 公司关于短期偿债能力分析方面的比率，可以做成表的形式（见表 4-17）。

表 4-17　A 公司短期偿债能力分析比率

项　　目	2015 年度	2016 年度
流动比率（%）	1.93	2.01
速动比率（%）	1.15	1.27
现金比率（%）	0.23	0.35
应收账款周转率/次	4.46	4.14
应收账款平均收账期/天	81	87
存货周转率/次	4.49	4.65
存货平均周转天数/天	80	77
应付款项周转率/次	5.35	5.28
应付款项平均付款期/天	67	68

根据上述主要资料，结合前几节所介绍过的分析方法，可以对 A 公司营运状况进行综合分析。

（1）从流动比率上分析，A 公司流动资产几乎是流动负债的两倍，流动资产可完全作为支付流动负债的有力保障，同时也说明，该公司高层决策者对流动性风险非常重视。结合速动比率和现金比率来看，这两个比率显示出主要用以偿付公司流动负债的流动资产是公司的应收款项，因为该公司的速动比率较高，而现金比率说明了公司的现金远不足以用来完全偿付其流动负债。这一点结合公司的应收账款周转率和应收账款平均收账期两个指标也可以说明；A公司应收款项平均不到三个月就可以完全收回，证实A公司客户的信用状况比较好。当然，A公司存货的周转性和有效性也可以予以肯定。从公司的速动比率以及存货周转率、存货平均周转期上看，存货几乎占到流动资产的一半，也是平均不到三个月就可以实现一次完全轮换。这种比率关系还是比较符合理想财务结构下公司的各项比率情况的。公司流转性能较好，通过比较应付款项、应收款项以及存货周转性也可以看出来。公司应付款项与公司的应收款项、存货周转的速率几乎一致，不过前者比后者快，这证明A公司的信用状况较佳，但同时，A公司由于不能延长利用应付款项的期限，则在短期融资的资金使用上会受到限制。

（2）结合第三节中的表4-13（即A公司财务比率与同行业平均水平比较）来分析公司的流动性状况。A公司的速动比率和流动比率基本上与同行业平均水平相当，目前尚无问题。而且A公司2016年流动比率、速动比率、现金比率比2015年的要高，说明该公司流动性能进一步得到改善。但是从应收款项周转性来看，虽然基本上与行业平均水平相当，但是2016年状况不好，应收账款周转率有所下降，周转率和平均收账期甚至低于同行业平均水平。由于下降幅度较大，管理人员应该予以足够的重视，应对客户的信用状况进行深入调查，判断应收款项这种周转性的恶化是暂时情况还是有可能持续下去，检查是否仍有呆账包括在应收款项之中，检查公司坏账备抵提取比例是否足够。如果应收款项周转性很可能持续下去，应及时采取措施。另外，A公司财务分析人员还要注意的是，与同行业平均水平相比，该公司应付款项周转性表现不佳，2015年的周转率（5.35%）和2016年的周转率（5.28%）都较同行业平均水平（5.4%）低，而且2016年与2015年相比也略有下降，公司管理人员有必要就此做进一步分析调查，并及时采取措施扭转这种局面。在同行业中如果信用不佳，公司在货源竞争方面就不具备优势，最终会影响到盈利竞争。

2. 营运资金管理状况

结合第三节中对A公司所进行的比较分析、趋势分析、图表分析以及共同比分析等分析资料，可以显示A公司管理阶层对该公司营运资金的管理状况。

（1）现金管理现况。金额和比重都有所增加，进一步改善公司流动性状况，而且与直接握有现金相比，可能会带来收益也可能会遭受跌价损失，现金管理现状如表4-18所示。

表4-18 现金管理现状

时间	现金金额/千元	占资产总额（%）
2015年12月31日	9 500	1.4
2016年12月31日	12 500	2.2

2016年现金余额及其在资产中的比重与2015年相比有所增加，一方面说明公司流动性在改善，但另一方面说明公司的闲置资金也在增加。

（2）有价证券管理现状。有价证券的投资，一般而言，以购买上市公司股票为主，偶尔也购进短期票据，如果市场抽紧银根，则可以将这些证券卖出，以利资金运用，有价证券管理现状如表4-19所示。

表4-19　有价证券管理现状

时间	有价证券金额/千元	占资产总额（%）
2015年12月31日	28 000	4.2
2016年12月31日	33 000	5.7

（3）信用管理状况。A公司的应收款项金额及在资产总额中的比重都在下降，而应收账款周转率及应收账款平均收账期指标则表明应收账款的流动性也在下降。前者的下降从公司的利润表中看，可能源于2016年公司销售总额减小，连带赊销的绝对额也在减小。后者的下降，则可能意味着企业客户的信用状况恶化，公司必须缩紧信用政策，核销一些不能收回的呆账，信用管理状况如表4-20所示。

表4-20　信用管理状况

时间	应收款项金额/千元	占资产总额（%）
2015年12月31日	146 500	22.2
2016年12月31日	119 500	20.6

（4）存货管理状况。存货的金额和比重也在下降，且下降幅度较大，一方面可能与A公司在2016年销售总额的下降有关，公司销售情况不好，管理人员就不愿加大库存量，徒增库存管理的成本。另一方面也可能与企业管理层对速动比率的关心有关，因为公司2016年的速动比率在上升。不过，公司存货数量随着销货数量的下降而下降，反映了企业管理层对销货情况的信心不足，存货管理状况如表4-21所示。

表4-21　存货管理状况

时间	现金金额/千元	占资产总额（%）
2015年12月31日	126 500	19.2
2016年12月31日	9 500	16.4

（5）短期融资管理状况如表4-22所示。

表4-22　短期融资管理状况

项　目	2015年12月31日		2016年12月31日	
流动负债	金额/千元	百分比（%）	金额/千元	百分比（%）
应付账款	74 500	11.3	59 000	10.2
应付票据	25 000	3.8	25 000	4.3
应计费用	61 000	9.2	45 500	7.8
流动负债合计	160 500	24.3	129 500	22.3

从表4-22中可以看出，A公司的短期资金来源大致上可以分为两类：内部自发性融资和外部融资，主要是赊购商品所占用的资金和内部拖欠的一些尚未支付的费用项目对商业票据利用得很少，其实商业票据的流通性很强，经由此途径取得资金相当迅速，而且可利用的期限也比其他两个构成项目要长，公司没有充分利用此种融资手段，导致其短期融资资金的使用受到限制。当然这可能与A公司管理当局对公司流动性风险的关注态度有关。另外，公司2016年短期负债的金额与比重与2015年相比都在下降，虽然这有利于公司流动性能的改善，但加重了公司对长期负债的依赖。

3. 公司的问题点及改善的建议

在详细地分析了A公司一些财务比率及营运资金的管理现状以后，有以下几点值得财务分析者以及A公司管理当局注意：

（1）注意应收账款的收账情形。

（2）注意闲置资金的应用。

（3）注意长、短期负债的比例分配。

（4）注意与短期债权人保持关系。

当然，仅靠财务数字来分析企业的短期偿债能力是远远不够的，无论是公司的外部分析者还是公司的内部分析者，都应该尽量搜寻相关的非财务信息，将其融入对财务信息的衡量之中。从A公司的短期偿债能力来看，有以下几点建议值得商榷：

（1）逐渐提高短期负债比率，设法延长应付款项的支付期限，可以增加公司内部融资的能力。

（2）适当降低对流动资产的依赖，提高其运用效率，可以增强公司的后续发展能力。

（3）考虑公司的政策是否偏于保守，从而决定闲置资金的多少和用途。

第五章

现金流量分析

上一章探讨了有关企业短期流动性的各项分析，着重就过去某一特定时点的静态财务资料进行分析；而现金流量分析则属于动态分析性质，是根据过去与现金流量变动相关的各种资料，配合未来的营业计划以预测未来期间内现金流量变动的趋势。其目的在于针对未来动态的环境，由现金预测进而进行全面的财务预测，即根据早已拟定的各项未来营业、融资或投资的计划，预测在未来某一特定期间内资金来源和运用的途径，妥善调度和安排，为未来执行决策做好准备。

本章将首先阐述现金流量的基本概念，包括现金流量的概念及其意义；其次是介绍衡量现金流量的一些指标及其他的一些分析方法；最后是应用上述的指标和分析方法，在具体的财务环境中进行测试和分析。

第一节　现金流量概述

一、现金流量的概念

在各种行业中，大约平均有1.5%的财产以现金形式存在。现金即活期存款和流通中的货币。另外，在公司的财务报表里经常有大量的短期有价证券，如国库券、银行存款单、金融债券、浮动股息优先股票等。不过，在各行业和特定行业的公司之间，现金及有价证券的余额变化非常大。

现金通常被称为非收益性资产，它用来支付劳动力和原材料、购买固定资产、支付税款、偿还贷款、支付红利等，然而现金本身没有利息。它是流动性最大的资产，高居所有资产之首，所有牵涉资金转换的决策，诸如资产的投资或成本的发生，到最后终究会使用现金，而且企业营运活动的最终结果，也终将会用现金的形式表现出来。因此管理当局无论是从偿付债务的观点还是支付报酬的观点来看，都应该把重点放在现金管理上。当然，就较广泛的偿债能力观点来看，一般债权人除重视企业的现金资产以外，还会考虑应收款项和存货等在短期内可变现的其他流动资产，这些能以相当的速度变现的资产也可作为偿付流动负债的担保。

现金无时无刻不在企业的各种交易事项中流入、流出。企业偶尔也会发生不影响现金流量的融资或投资活动。例如，企业也许会出售股票用来交换土地，这里涉及投资性活动（购买土地）和融资性活动（出售股票），只是并没有影响到现金流量。不过通常情况下，现金的收取和支付都会发生在企业的日常交易、投资和融资活动中，这些活动包括日常交易活动、投资性活动和融资性活动。

1. 日常交易活动

此类活动包括销售货物、生产产品以及提供服务等。这些日常活动所影响到的现金流量通常决定了利润的产生。日常交易活动中导致现金流入的交易事项一般有：

（1）销售产品或提供服务。

（2）债权报酬（利息）。

（3）权益性证券报酬（股利）。

日常交易活动中导致现金流出的交易事项一般有：

（1）购买存货。

（2）支付员工薪酬。

（3）向政府缴纳税收。

（4）支付利息费用。

（5）支付供应商其他费用。

2. 投资性活动

此类活动影响的是与企业长期性资产变化有关的现金流。其能导致现金流入的事项一般有：

（1）长期性债权收回。

（2）出售其他企业的权益性证券或债务。

（3）出售长期性资产。

投资性活动中导致现金流出的事项一般有：

（1）借款给其他企业。

（2）购买其他企业的权益性证券或债务。

（3）购买长期性资产。

3. 融资性活动

此类活动会影响到与企业负债和所有者权益相关的现金流。其能导致现金流入的事项一般有：

（1）发行权益性证券。

（2）发行公司债券、抵押债券、应付票据或其他长、短期借款。

融资性活动中导致现金流出的事项一般有：

（1）支付股利。

（2）回购企业发行在外的股票。

（3）偿还借款的本金。

现金流量与企业日常交易活动、投资活动和融资活动之间的关系随着产品和行业的生命周期的变化而发生变化，产品生命周期的不同阶段上现金流同日常交易、投资、融资活动的关系如图 5-1 所示。

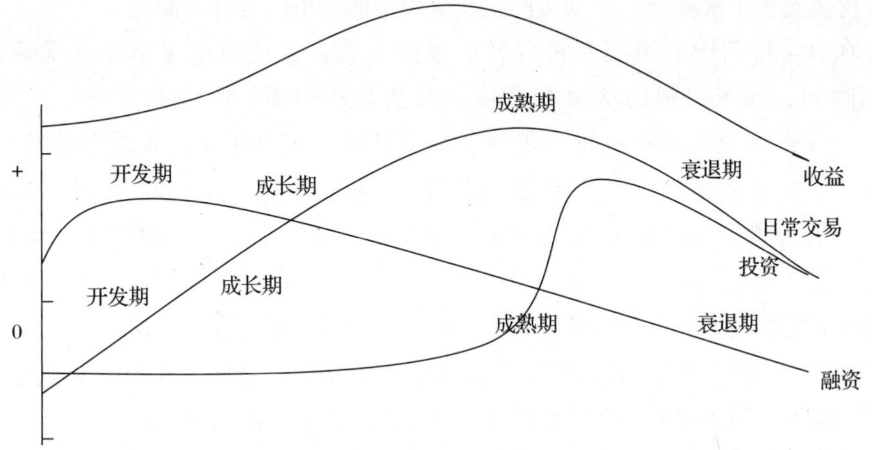

图 5-1　产品生命周期的不同阶段上现金流同日常交易、投资、融资活动的关系

在产品的开发期和成长早期，日常交易活动所产生的现金流是负的，反映了产品定位的初始成本以及市场接受该种产品的不确定态度，同时最低限度地开发该种产品的生产能力还需要一笔净的现金流出。在这一阶段，现金来源于企业外部融资（负债和所有者权益）。

随着成长速度加快以及收益的增加，日常交易变得有利可图而且有现金流入，但是产生的现金大部分被用于垫支应收账款和为预期的更高的销售水平而扩充存货。同样扩大生产能力还需要继续流出现金。从投资活动中所产生的负向现金流的多少依赖于产品成长速度和资本密集程度。同开发期一样，成长期所需的现金只能来源于企业外部融资。

当产品处于成熟阶段时，现金流的模式开始显著地改变。日常交易活动变成了现金的唯一提供者，这是由于市场已经普遍接受了此种产品，企业维持原有投资而不再扩张。在成熟阶段的后期投资活动出现了净现金流入，因为企业出售现有固定资产所得的现金收入会超过新的投资。利用日常交易活动和现有投资规模，缩减活动所产生的现金，企业可以归还其在产品开发期和成长期所欠下的债务，同时对外派发股利。

在产品衰退阶段，日常交易和投资活动所产生的现金流会随着销售下降而减少，剩余的债务也将获得全部清偿。

二、现金流量的意义

企业的经营活动离不开现金的收付。现金流量在满足企业各种需求中有着重要的意义。

（1）交易需求。企业在日常收支活动中所涉及的各种应付款项需要用现金支付，各种应收款项也是以现金的形式收回，这些都构成了企业对现金流量的交易需求。

（2）预防需求。市场需求和经济形势都是变化不定的。企业无法预知未来将要发生的各种资金需求，因此保持充足的现金收入、维持现金正常资金需求，保持充足的现金收入、维持现金流量正常流转，可以帮助企业应付可能发生的各种不测之需。

企业在日常经营中会遇到各种各样的风险，而且这些风险常常互相关联。例如，来源于国际的，如东道国的法规和态度、政治动荡因素、汇率升降等；来源于国内的，如经济危机、通货膨胀或货币贬值、利率升降、人口变动、政治变动等；来源于行业内部的，如技术条件、竞争形势、规则、原材料市场、企业联合等；来源于企业自身的，如管理者能力、战略决策导向、诉讼案件等，这些因素的变化，都构成了企业的环境风险。

尽管在一定程度上，企业可以控制上述这些风险中的某一部分，但是每一种风险最终都还是会对企业的现金流量和净利润产生影响。企业如果不能从内部产生足够的现金，或是不能从外部筹措到必需的现金以维持日常运作，企业就会濒临破产。

（3）银行需求。银行通过借出客户的存款而获利，存款额越高，银行的获利能力越强。因此，当银行向企业提供各种服务时（开户、贷款等），往往要求审查企业的现金流量状况，并要求企业在银行保持一定的存款余额作为回报。此外银行在向企业提供贷款时，有时还要求企业保留一定的存款余额作为担保。

除了满足上述需求外，管理好企业的现金流量对企业自身也有一定的好处。

（1）如果企业有足够的现金用于及时支付货款，则可以得到相应的价格优惠，降低购货成本。

（2）掌握一定量的剩余现金及现金等价物可以提高企业的流动比率和速动比率，提高企业的信用等级，使企业可以更容易得到供货商的优惠，并能够在必要时以较低的成本向银行申请临时贷款。

（3）掌握一定量的剩余现金及现金等价物有助于企业及时把握住稍纵即逝的投资机会，在竞争中取得有利的地位。

此外，现金流量这个概念本身也有很重要的经济含义。虽然期间收入是一项重要的财务数据，但那毕竟是基于传统会计权数基础下损益配比所得的结果，现金流量有着独特的重要性，例如：

（1）现金流量可以用来较好地衡量投资计划效益。经济价值的大小是制订计划应该接受还是拒绝的依据，而经济价值则与计划的经济投入（即成本）和产出（即效益）成函数关系。事实上，在计划实施之后，伴随而来的是现金流入与流出。净现金流入越大，其经济效益也就越高。现金流量要比其他指标更能忠实地衡量投资计划的效益。

（2）投资计划需要现金的投入。初次的投资计划需要大量现金的投入，以后陆续的投资和再投资计划都需要依赖现金的投入。所以评估投资决策采用现金流量概念，颇能收到一定的效果，可以避免概念上的相互混淆。

第二节 现金流量分析方法

一、现金流量分析概述

现金流量分析是指以现金流量表为主要依据，利用多种分析方法，进一步揭示现金流量信息，并从现金角度对企业财务状况做出评价。

1. 现金流量分析的作用

（1）评价企业获取现金的能力。一个正常经营的企业，在获取利润的同时必须获取现金收益。“现金及现金等价物净增加额”是由经营活动、投资活动和筹资活动这三类活动所产生的现金流量净额所组成。因此，分析现金流量情况必须分析其由哪一类活动产生，各类活动产生的现金流量净额是多少。一般来说，经营活动产生的现金流量净额最能反映企业获取现金的能力。通过对现金流入来源的分析，可以对企业获取现金能力做出评价，并可对企业未来获取现金能力做出预测。

（2）评价企业偿债的能力。现金流量信息可以从现金角度对企业偿还短期债务能力做出更全面的评价。一个企业在获取利润的同时又产生了大量的现金流量净额，就具备了较强的偿债与支付能力。如果企业在获取利润的同时，大量进行固定资产投资，同样会出现现金短缺，降低偿债能力和支付能力。相反，如果企业获取利润不多，但由于处置和变卖固定资产，或增加了直接融资等，就会增加现金流量净额，保持较强的偿债能力和支付能力。因此，通过对经营活动、投资活动和筹资活动所产生的现金流入和流出的信息进行分析，可以对企业的偿债能力做出更准确和更可靠的评价。

（3）评价企业收益的质量。在利润表中，企业的净利润是以权责发生制为基础计算出来的，而现金流量是以收付实现制为基础计算出来的。一般来说，净收益增加，现金流量净额也增加。但在某些情况下，比如虽然大量销售商品，但货款和劳务流入款项没有按时收回；又比如由于净收益增加而增加的现金用于别的方面，从而造成净收益增加而现金短缺的局面，这就是收益的质量不佳。因此通过现金流量和净利润的比较分析，可以对收益的质量做出评价。

（4）评价企业的投资、筹资和经营活动的效率。企业的投资、筹资和经营活动都以增加企业价值和股东财富为目标，投资、筹资和经营活动相互之间密切联系，又相互矛盾。经营活动以投资为前提，而为了投资和经营必须筹资。搞好经营活动，不仅可以为投资活动提供现金来源，也使得外部筹资业务变得更加容易。但是，从现金的分配来看，三类活动又相互矛盾，过度的投资会使日常营运的资金不足而失去盈利机会，而过度的筹资会提高资金成本并加重经营活动的负担。因此，企业必须统筹兼顾，使经营活动、投资活动和筹资活动协调平衡。通过现金流量表中显示的关于三类活动的现金流量信息，可以评价投资活动、筹资活动与经营活动的协调性，为投资决策和筹资决策提供依据。

2. 现金流量分析的局限性

尽管通过对现金流量表的分析，广大报表使用者能够获取大量有关企业财务方面尤其是有关现金流动方面的信息，但这并不意味着对现金流量表进行分析就能够替代其他财务报表的分析，现金流量表分析只是企业财务分析的一个方面。而且，同任何分析一样，现金流量表分析也有其局限性，这主要表现为以下几个方面：

（1）报表信息的有效性。报表中所反映的数据，是企业过去会计事项影响的结果，根据这些历史数据计算得到的各种分析结果，对于预测企业未来的现金流动只有参考价值，并非完全有效。

（2）报表信息的可比性。可比性一般是指不同企业，尤其是同一行业的不同企业之间，应使用相类似的会计程序和方法，将不同企业的现金流量表编制建立在相同的会计程序和方法上，便于报表使用者比较分析一企业在不同时期，以及企业和企业之间的偿债能力和现金流动状况的强弱和优劣。对于同一企业来说，虽然一致性会计原则的运用使其有可能进行不同期间的比较，但如果企业的会计环境和基本交易的性质发生变动，则同一企业不同时期财务信息的可比性便大大减弱。对于不同企业来说，它们之间可比性比单一企业更难达到。由于不同企业使用不同的会计处理方法，如存货的计价、折旧的摊提、收入的确认以及支出资本化与费用的处理等，为运用各种分析方法对各个企业的现金状况进行比较带来了一定的困难。

（3）报表信息的可靠性。可靠性是指提供的财务信息应做到不偏不倚，以客观的事实为依据，而不受主观意志的左右，力求财务信息准确可靠。事实上，编制现金流量表所采用的各种资料的可靠性往往受到多方面的影响，使得报表分析同样显得不够可靠。因此，投资者不能完全依赖于报表分析的结果，而应和其他有关方面的资料相结合进行综合评价。这主要表现在：① 全面、完整、充分地掌握信息，不仅要充分理解报表上的信息，还要重视企业重大会计事项的揭示以及注册会计师的审计报告，另外还要考虑国家宏观政策、国际国内政治气候、所处行业的变化情况等方面的影响；不仅要分析现金流量表，还要将资产负债表、利润表等各种报表有机地结合起来，这样才能全面而深刻地揭示企业的偿债能力、盈利能力、管理业绩和经营活动中存在的成绩和问题。② 特定分析与全面评价相结合。投资者应在全面评价的基础上，选择特定项目进行重点分析，如反映企业偿债能力的现金比率（经营活动中净现金流量或流动负债）等，并将全面分析的结论和重点分析的结论相互照应，以保证分析结果有效。

二、现金流量的结构分析

结构分析是将财务报表中某一关键项目的数字作为基数（即 100%），计算各项目的具体构成，并可以使结构完成情况明显地表现出来，从而揭示财务报表中各个项目相对地位和总体结构关系。

1. 现金流量的结构分析的概念

现金流量的结构分析是指在现金流量表有关数据的基础上，进一步明确现金流入的构成、现金支出的构成及现金余额是如何形成的。

2. 现金流量的结构

现金流量的结构分为现金流入结构、现金支出结构及现金余额结构三个方面。

（1）现金流入结构分析。现金流入结构分析是反映企业的各项业务活动现金流入，如经营活动的现金流入、投资活动的现金流入、筹资活动的现金流入等在全部现金流入中的比重以及各项业务活动现金流入中具体项目的构成情况，明确企业的现金来源，要增加现金流入主要应在哪些方面采取措施等。

【例 5-1】 W 公司 2015 年的现金流量表和现金流量表补充资料如表 5-1 和表 5-2 所示，W 公司 2015 年的现金流入结构分析表如表 5-3 所示。

表 5-1　现金流量表

编制单位：W 公司　　2015 年度　　单位：元

项　目	金　额
一、经营活动产生的现金流量：	
销售商品、提供劳务收到的现金	1 342 500
收到的税费返还	0
收到的其他与经营活动有关的现金	0
经营活动现金流入小计	1 342 500
购买商品、接受劳务支付的现金	412 266
支付给职工以及为职工支付的现金	350 000
支付的各项税费	179 250
支付其他与经营活动有关的现金	100 000
经营活动现金流出小计	1 041 516
经营活动产生的现金流量净额	300 984
二、投资活动产生的现金流量：	
收回投资收到的现金	15 000
取得投资收益收到的现金	31 500
处置固定资产、无形资产和其他长期资产收回的现金净额	300 300
处置子公司及其他营业单位收到的现金净额	
收到其他与投资活动有关的现金	0
投资活动现金流入小计	346 800
购建固定资产、无形资产和其他长期资产支付的现金	451 000
投资支付的现金	0
取得子公司及其他营业单位支付的现金净额	
支付其他与投资活动有关的现金	0
投资活动现金流出小计	451 000
投资活动产生的现金流量净额	−104 200

（续）

项　目	金　额
三、筹资活动产生的现金流量：	
吸收投资收到的现金	0
取得借款收到的现金	400 000
收到其他与筹资活动有关的现金	0
筹资活动现金流入小计	400 000
偿还债务支付的现金	1 250 000
分配股利、利润或偿付利息支付的现金	12 500
支付其他与筹资活动有关的现金	
筹资活动现金流出小计	1 262 500
筹资活动产生的现金流量净额	−862 500
四、汇率变动对现金及现金等价物的影响	0
五、现金及现金等价物净增加额	−665 716
加：期初现金及现金等价物余额	1 506 300
六、期末现金及现金等价物余额	840 584

表5-2　现金流量表补充资料

补充资料	金额
1. 将净利润调节为经营活动现金流量：	
净利润	231 750
加：资产减值准备	32 200
固定资产折旧、油气资产折耗、生产性生物资产折旧	100 000
无形资产摊销	60 000
长期待摊费用摊销	0
处置固定资产、无形资产和其他长期资产的损失（收益以“−”号填列）	−50 000
固定资产报废损失（收益以“−”号填列）	19 700
公允价值变动损失（收益以“−”号填列）	
财务费用（收益以“−”号填列）	41 500
投资损失（收益以“−”号填列）	−31 500
递延所得税资产减少（增加以“−”号填列）	0
递延所得税负债增加（减少以“−”号填列）	
存货的减少（增加以“−”号填列）	5 300
经营性应收项目的减少（减少以“−”号填列）	−100 000
经营应付项目的增加（减少以“−”号填列）	−100 000
其他	92 034
经营活动产生的现金流量净额	300 984

（续）

补充资料	金额
2. 不涉及现金收支的重大投资和筹资活动：	
债务转为资本	0
一年内到期的可转换公司债券	0
融资租入固定资产	0
3. 现金及现金等价物净变动情况：	
现金的期末余额	840 584
减：现金的期初余额	1 506 300
加：现金等价物的期末余额	0
减：现金等价物的期初余额	0
现金及现金等价物净增加额	-665 716

表 5-3　W 公司现金流入结构分析表

项　目	金额/元	结果百分比
经营活动的现金流入：	1 342 500	64.26%
其中：销售商品、提供劳务收到的现金	1 342 500	
收到的税费返还		
收到的其他与经营活动有关的现金		
投资活动的现金流入：	346 800	16.6%
其中：收回投资所收到的现金	15 000	
取得投资收益收到的现金	31 500	
处置固定资产等收回的现金净额	300 300	
筹资活动的现金流入：	400 000	19.14%
其中：吸收投资收到的现金		
取得借款收到的现金	400 000	
收到其他与筹资活动有关的现金		
现金流入合计	2 089 300	100%

从表5-3中可以看出，在企业当年流入的现金中，经营活动的现金流入占64.26%，筹资活动的现金流入占19.14%，投资活动的现金流入占16.6%。也就是说，企业当年的现金流入主要来自于经营活动，也有一部分来自于企业的筹资活动和投资活动。在经营活动的现金流入中，主要是来自销售的现金流入占100%；在投资活动的现金流入中，处置固定资产等收回的现金净额占86.59%，取得投资收益收到的现金占8.65%，收回投资所收到的现金占4.75%；在筹资活动的现金流入中，全部为借款所收到的现金。由此可见，该企业资金的筹集主要依靠借款。

(2) 现金支出结构分析。现金支出结构分析是指企业的各项现金支出占企业当期全部现金支出的百分比。它具体反映企业的现金用于哪些方面。

【例 5-2】根据 W 公司 2015 年的现金流量表（见表 5-1），计算该公司 2015 年的现金支出结构分析表中的数据（见表 5-4）。

表 5-4　W 公司现金支出结构分析表

项　目	金额/元	结果百分比
经营活动的现金支出:	1 041 516	37.80%
其中：购买商品、接受劳务支付的现金	412 266	
支付给职工以及为职工支付的现金	350 000	
支付的各项税费	179 250	
支付其他与经营活动有关的现金	100 000	
投资活动的现金支出:	451 000	16.37%
其中：购建固定资产等所支付的现金	451 000	
权益性投资所支付的现金	0	
债权性投资所支付的现金	0	
支付的其他与投资活动有关的现金	0	
筹资活动的现金支出:	1 262 500	45.83%
其中：偿还债务所支付的现金	1 250 000	
分配股利、利润或偿付利息支付的现金	12 500	
支付其他与筹资活动有关的现金	0	
现金支出合计	2 755 016	100%

从表 5-4 中可以看出，在企业当年支出的现金中，经营活动的现金支出占 37.80%，投资活动的现金支出占 16.37%，筹资活动的现金支出占 45.83%。在经营活动的现金支出中，购买商品、接受劳务支付的现金占 39.58%；投资活动的现金支出占 16.37%，购建固定资产等所支付的现金，说明该企业正在扩大生产经营规模。筹资活动的现金支出占 45.83%，其中偿还债务所支付的现金占 99%；分配股利、利润或偿付利息支付的现金占 1%。结论为：该企业现金流出主要是由经营活动和筹资活动所引起的，企业的债务不断减少，预计明年现金情况会更好。同时要重点关注商品成本的变动，提高职工的工作效率，降低成本支出。

(3) 现金余额结构分析。现金余额结构分析是指企业的各项业务，包括经营活动、投资活动、筹资活动及非常规性项目，其现金收支余额占全部现金余额的百分比，主要反映企业现金余额是如何形成的。

三、现金流量的趋势分析

趋势分析通常是采用编制历年财务报表的方法，即将连续多年的报表，至少是最近两三年，甚至五年、十年的财务报表并列在一起加以分析，以观察变化趋势。观察连续数期的财务报表，比单看一个报告期的财务报表能了解到更多的信息和情况，并有利于分析变化的趋势。

运用趋势分析法时通常应用计算趋势百分比。趋势百分比有定比和环比两种。所谓定比，是选定某一年作为基期，然后其余各年与基期进行比较，计算出趋势百分比。由于这样计算出的各会计期间的趋势百分比，均是以基期为计算基准的，所以能够明确地反映出有关项目和基期相比发生了多大变化。所谓环比，是指将项目本年数和前一年数相比较，从而计算出的趋势百分比，由于它以前一年作为基数，因而更能明确地说明项目的发展变化速度。

【例 5-3】 W 公司 2013 ~2015 年汇总现金流量表如表 5-5 所示，根据其资料进行现金流量的趋势分析。

表 5-5　W 公司三年的现金流量汇总表

单位：元

项目＼年份	2013 年度	2014 年度	2015 年度
现金流入：	3 828 965 252. 32	4 040 259 905. 36	7 027 139 419. 58
其中：经营活动现金流入	3 381 938 677. 40	3 643 072 771. 75	5 549 170 119. 71
投资活动现金流入	361 936 239. 57	397 187 133. 61	130 935 709. 27
筹资活动现金流入	85 090 335. 35	0	1 347 033 590. 60
现金支出：	4 757 594 656. 74	5 375 235 562. 57	6 787 784 718. 37
其中：经营活动现金支出	3 264 474 024. 25	3 145 896 989. 28	4 642 809 092. 14
投资活动现金支出	1 274 672 915. 43	1 755 069 508. 24	1 232 334 314. 98
筹资活动现金支出	218 447 717. 06	474 269 065. 05	912 641 311. 25

根据 W 公司 2013 ~2015 年汇总现金流量表的有关资料，可以计算出以 2013 年为基期的定比，W 公司的现金流量增长百分比如表 5-6 所示。

表 5-6　W 公司的现金流量增长百分比

项目＼年份	2013 年度	2014 年度		2015 年度	
		增加额/元	增长率/%	增加额/元	增长率/%
现金流入：	3 828 965 252. 32	211 294 653	5. 52	3 198 174 167	83. 53
其中：经营活动现金流入	3 381 938 677. 40	261 134 094	7. 72	2 167 231 442	64. 08
投资活动现金流入	361 936 239. 57	35 250 894	9. 74	-231 000 530	-63. 82
筹资活动现金流入	85 090 335. 35	-85 090 335. 35	-100	1 261 943 255	1 483. 06
现金支出：	4 757 594 656. 74	717 640 906	15. 08	2 030 190 061	42. 67
其中：经营活动现金支出	3 264 474 024. 25	-118 577 035	-3. 63	1 378 335 068	42. 22
投资活动现金支出	1 274 672 915. 43	580 396 593	45. 53	-42 338 601	-3. 32
筹资活动现金支出	218 447 717. 06	255 821 348	117. 11	694 193 594	317. 78

从表5-6中可以看到，该公司现金流入的绝对数在不断增加，2015年比2013年增加了83.53%，其中，经营活动现金流入增长较快，增长率达64.08%；投资活动现金流入在2014年比在2013年稍有增加，但在2015年有所减少，说明该公司在2015年的投资规模有所缩减，从而使投资活动现金流入减少；筹资活动现金流入在2015年大幅增长，增长了1 483.06%，说明企业对筹资的依赖性增加。现金支出也在不断增加，2015年比2013年增长了42.67%，其中，经营活动现金支出增长了42.22%，与总的增长速度基本保持一致；投资活动现金支出有所减少，正好对应于投资现金流入的减少，说明2015年用于对内投资和对外投资的规模都有所缩减；筹资活动现金支出快速增长，2014年与2013年相比增长了117.11%，2015年与2013年相比增长了317.78%，说明企业大量的借款到期，用于还款的现金支出比2014年增加了许多，或者企业以更多的现金用于发放股利以回报投资者。

在进行趋势分析时，不仅可以比较企业多期的现金流入和现金流出情况，以明确企业现金流动的总体趋势，而且还可以表示多期的财务比率变动情况以及现金流动的构成变动趋势。W公司的现金流量结构变动趋势如表5-7所示。

表5-7　W公司的现金流量结构变动趋势

单位：（%）

项目　　　　年份	2013年度	2014年度	2015年度
现金流入：	100	100	100
其中：经营活动现金流入	88.33	90.17	78.96
投资活动现金流入	9.45	9.83	1.87
筹资活动现金流入	2.22	0	19.17
现金支出：	100	100	100
其中：经营活动现金支出	68.62	57.46	68.40
投资活动现金支出	26.79	33.88	18.16
筹资活动现金支出	4.59	8.66	13.44

从表5-7中可以看出，该企业经营活动现金流入相对比率变动基本稳定，2014年略有上升，而2015年有所下降，但从总体情况来看，经营活动现金流入是该企业现金流入的主要来源，因此，必须重视经营活动；2015年投资活动现金流入有较大幅度的降低，筹资活动现金流入则有较大幅度的上升。在现金支出结构中，经营活动现金支出也是企业现金支出的主要部分，除2014年稍有下降外，各年现金支出基本稳定，与经营活动现金流入基本匹配；投资活动现金支出在2015年有所减少，而筹资活动现金支出却逐年上升，这表明该企业的投资规模以及投资收益都在减少，筹资规模及收益在逐渐上升。总之，该企业的现金流入状况基本良好，结构较为合理。

四、现金流量的比率分析

同其他财务报表分析一样，现金流量的分析也需使用若干比率指标，以反映和考察企业现金流量满足生产经营、投资与偿债需要的程度。

1. 现金流动性分析

现金流动性分析主要是考察企业经营活动所产生的现金流量与债务之间的关系，主要指标如下：

（1）现金流量与当期债务之比。现金流量与当期债务之比是年度经营活动产生的现金流量与当期债务的比值，表明现金流量对当期债务偿还程度的指标。其计算公式为

$$现金流量与当期债务之比=\frac{经营活动现金净流量}{流动负债}\times 100\%$$

从公式中可以看出，这项比率与反映企业短期偿债能力的流动比率有关。该指标数值越高，现金流入对当期债务清偿的保障越强，表明企业的流动性越好；反之，则表明企业的流动性较差。显然，债权人对该指标特别感兴趣。

【例5-4】 W公司2014年经营活动现金净流量为375 835元，流动负债为1 572 649.85元，则

$$现金流量与当期债务之比=\frac{375\ 835\ 元}{1\ 572\ 649.85\ 元}\times 100\%\approx 23.90\%$$

（2）债务保障率。债务保障率是以年度经营活动所产生的现金净流量与全部债务总额的比值，表明企业现金流量对其全部债务偿还的满足程度。其计算公式为

$$债务保障率=\frac{经营活动现金净流量}{流动负债+非流动负债}\times 100\%$$

与前一指标类似，现金流量与债务总额之比的数值也是越高越好。该比率越高，说明企业承担债务总额的能力越强。它同样也是债权人所关心的一种现金流量分析指标。两者的差别在于，现金流量与当期债务之比可能为短期债权人所重视，而现金流量与全部债务之比则更为长期债权人所关注。

【例5-5】 W公司2014年经营活动现金净流量为375 835元，流动负债为1 572 649.85元，非流动负债为1 160 000元，则

$$债务保障率=\frac{375\ 835\ 元}{1\ 572\ 649.85+1\ 160\ 000\ 元}\times 100\%\approx 13.75\%$$

2. 获取现金能力分析

分析获取现金能力的指标主要有：每元销售现金净流入、每股经营现金流量和全部资产现金回收率。

（1）每元销售现金净流入。每元销售现金净流入是指经营活动现金净流量与主营业务

收入的比值，它反映的是企业通过销售获取现金的能力。其计算公式为

$$每元销售现金净流入=\frac{经营活动现金净流量}{主营业务收入}$$

【例 5-6】W 公司 2014 年经营活动现金净流量为 375 835 元，主营业务收入为 1 250 000 元，则

$$每元销售现金净流入=\frac{375\ 835\ 元}{1\ 250\ 000\ 元}\approx 0.3\ 007$$

该公司每元销售可以提供 0.300 7 元的现金净流入。用该数据与同业的水平相比，可以评价该公司获取现金能力的强弱；与历史的水平相比，可以评价该公司获取现金能力的变化趋势。

（2）每股经营现金流量。每股经营现金流量是反映每股发行在外的普通股票所占有的现金流量，或者说是反映公司为每一普通股获取的现金流入量的指标。其计算公式为

$$每股经营现金流量=\frac{经营活动现金净流量-优先股股利}{发行在外的普通股股数}\times 100\%$$

该指标所表达的是作为每股盈利的支付保障的现金流量，因而每股经营现金流量指标越高，就越被股东们所接受。

每股经营现金流量反映了每股流通在外的普通股所产生的现金流量。它通常高于每股收益，因为现金流量中没有减去折旧等非付现成本。在短期经营中，每股经营现金流量在反映企业进行资本支出和支付股利的能力方面，要优于每股收益。但该比率不能替代衡量企业获利能力的每股收益，它是与投资者有关比率的补充比率。其中，发行在外的普通股股数的计算口径应与每股收益一致，以便该指标同每股收益进行比较。该指标可用来预测未来获取现金净流量的能力。

（3）全部资产现金回收率。全部资产现金回收率是指经营活动现金净流量与全部资产的比值，反映企业运用全部资产获取现金的能力。其计算公式为

$$全部资产现金回收率=\frac{经营活动现金净流量}{全部资产}\times 100\%$$

【例 5-7】W 公司 2014 年经营活动现金净流量为 375 835 元，全部资产为 8 058 335 元，则

$$全部资产现金回收率=\frac{375\ 835\ 元}{8\ 058\ 335\ 元}\times 100\%\approx 4.66\%$$

该比率表明，W 公司的每元投资可以产生 0.046 6 元现金，经过 20 年之后，才可以依靠主营业务收回全部投资。该指标与同业水平相比，可以评价每元资产获取现金的能力；与本企业历史水平相比，可以看出获取现金能力的变化。

3. 财务弹性分析

所谓财务弹性，是指企业自身产生的现金与现金需求之间的适合程度。如果自身产

生的现金少于现金需求，则企业的资金不足，只好从外部筹资。在出现投资机会时，财务弹性小的企业由于筹资困难往往不能迅速筹集必要的资金，从而失去盈利的机会。如果自身产生的现金能基本满足需要，那么筹资的压力就小得多，且可以保持较大的筹资能力。

反映财务弹性的财务比率主要有现金流量适合比率、现金再投资比率和现金股利保障倍数。

（1）现金流量适合比率。现金流量适合比率是指经营活动产生的现金净流量与同期资本净支出、同期存货净投资额及同期现金股利之和的比值，它反映经营活动现金满足主要现金需求的程度。其计算公式为

$$现金流量适合比率=\frac{一定时期经营活动产生的现金净流量}{同期资本净支出+同期存货净投资额+同期现金股利}\times 100\%$$

【例 5-8】 以 W 公司为例，2014 年经营活动产生的现金净流量为 300 984 元，同期资本净支出为 104 200 元，同期现金股利为 0 元，同期存货净投资额为 −5 300 元，则

$$现金流量适合比率=\frac{300\ 984\ 元}{(104\ 200-5\ 300+0)\ 元}\times 100\% \approx 304.33\%$$

上式可按一年或若干年度总和计算，若企业连续几年的现金流量适合比率均为 1，则表明企业经营活动所形成的现金流量恰好能够满足企业日常基本需要；若该比率计算结果小于 1，则说明企业经营活动产生的现金流入不能满足需要，应采取筹资措施；若计算结果大于 1，则意味着企业经营活动所产生的现金流入大于日常需要，企业可考虑偿还债务以减轻利息负担，扩大生产经营规模或增加长期投资。W 公司本年现金适合比率过大，说明经营现金流入净额足以支持本年的理财政策，并有大量剩余现金，可以考虑增加投资。不过，一年的数据往往不足以说明问题，如果用五年平均的数据计算现金流量适合比率，可以得出更有意义的结论。

（2）现金再投资比率。现金再投资比率是指经营活动现金净流量减去现金股利和利息支出后的余额，与企业总投资之间的比率。总投资是指固定资产原值、对外投资、其他资产和营运资金之和。这个比率可以反映有多少现金留下来，并投入公司用于资产更新和企业发展。其计算公式为

$$现金再投资比率=\frac{经营活动现金净流量-现金股利-利息支出}{固定资产原值+对外投资+其他资产+营业资金}\times 100\%$$

【例 5-9】 以 W 公司为例，其 2014 年经营活动现金净流量为 375 835 元，利息支出为 12 500元，固定资产原值为 2 401 000 元，无形资产及其他资产合计 740 000 元，对外投资合计 250 000 元，营运资金为 2 566 685.15 元（流动资产 4 139 335 元 − 流动负债 1 572 649.85元），则

$$现金再投资比率=\frac{(375\ 835-0-12\ 500)\ 元}{(2\ 401\ 000+250\ 000+740\ 000+2\ 566\ 685.15)\ 元}\times 100\% \approx 6.10\%$$

该公司的现金再投资率较低，则经营活动的净现金流入支付给投资人的部分更多一些。许多资产和企业发展所需现金的来源更多依靠外部融资或对外投资收益，这只能是权宜之计。为了更全面地了解企业的理财情况，该比率最好根据五年以上的平均数计算。

通常，现金再投资率应当在7%～11%之间，各行业有区别。同一企业的不同年份也有区别，高速扩张的年份此比率高一些，稳定发展的年份此比率低一些。

（3）现金股利保障倍数。现金股利保障倍数是指经营活动现金净流量与现金股利支付额之比，反映企业用年经营活动现金净流量支付现金股利的能力。支付现金股利率越高，说明企业的现金股利占结余现金流量的比重越小，企业支付现金股利的能力越强。其计算公式如为

$$现金股利保障倍数=\frac{经营活动现金净流量}{现金股利支付额}$$

W公司本年没有派发股利，但这只是说明该公司上年没有宣告发放股利，并不代表本年度决定不支付现金股利。因此，还是用五年或更长时间的平均数计算更能说明问题。

五、收益质量分析

评价收益质量的财务比率是营运指数，它是经营活动现金净流量与经营所得现金的比值。其计算公式为

$$营运指数=\frac{经营活动现金净流量}{经营所得现金}$$

其中，经营所得现金是指经营活动净收益减非经营活动净收益再加上非付现费用的数额。其计算公式为

$$经营所得现金=经营活动净收益-非经营活动净收益+非付现费用$$

计算非经营活动净收益和非付现费用的数据，可以从现金流量表的补充资料（见表5-1）中找到。

第三节　现金流量与财务预测

一、现金流量的基本模式

现金及现金等价物是企业清偿债务以及支付各项成本和费用的最后手段。几乎所有资产的投资或费用的支付，都会动用现金，而所有经济活动的结果，也会用现金的形式表现出来。现金的这种重要地位可以通过现金流量基本模式图显示出来，现金流动基本模式如图5-2所示。

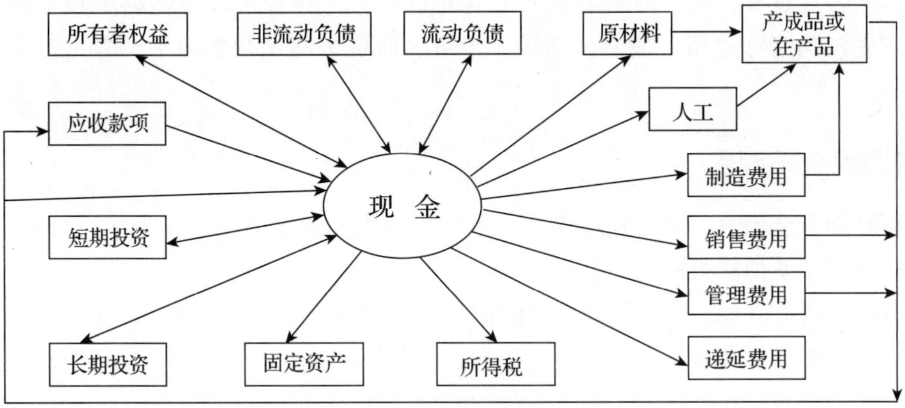

图 5-2　现金流动基本模式

在图 5-2 所示的现金流量基本模式中，中间的部分相当于现金的储水池，企业管理者如何维持水池里的合理水量，以及如何使其有效地流往获利性较高的渠道，这种收支之间合理的安排，是财务分析者最感兴趣的地方，也是评估管理人员理财能力的关键。

二、现金预测与财务预测

现金预测是指企业管理者对现金的调度安排以及将要采取的措施。所谓财务预测，是指用财务方式来表示企业各种活动的整体计划，也就是表示在某一个特定期间内一个企业的资源应如何取得及利用的计划。

就一个企业来说，财务预测是针对整个预测体系而言的，即由许多计划表和事前预测所组成的综合文件。财务预测通常由四个部分组成，包括利润计划、现金预测、预计资产负债表和利润表以及资本预测。现金流量是现金预测和资本预测编制的基础。企业财务预测体系与现金预测之间的关系如图 5-3 所示。

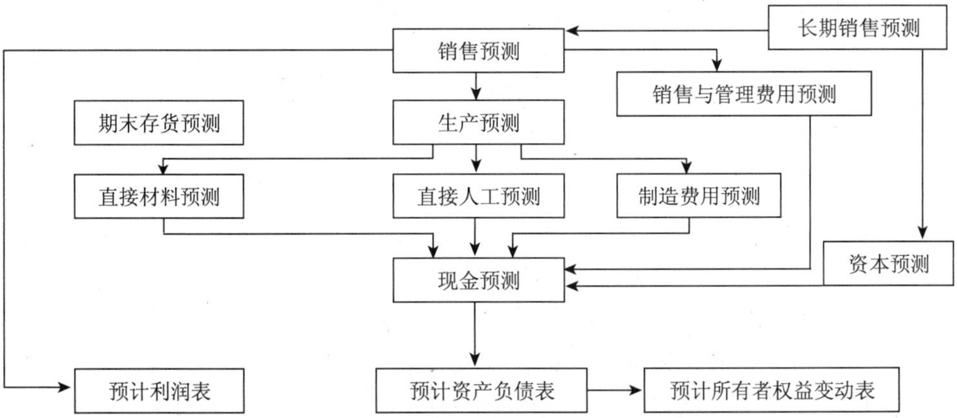

图 5-3　企业财务预测体系与现金预测之间的关系

从营运各观点看，现金预测是财务预测的一部分，并且可以说是财务预测体系的末端，只有先预测诸如存货、成本及费用、投资、融资等相关数据以后，方可汇集成现金预测。

三、短期现金预测

所谓短期现金预测，是指其对于企业未来短期内的现金收支，预先加以分析与估计，以了解企业短期偿债能力的大小。

就分析者角度来说，以短期现金预测衡量企业的短期流动性，是一项最彻底而又可靠的工具。在证券分析者对企业能否偿付其现有债务或股利发生怀疑时，也可进行短期现金预测，以了解事实真相。

不过短期现金预测仅在较短的时间内才比较有效，这是因为影响现金流量的因素不但很多，而且极为复杂，如果期间较长则无法获得可靠的数据。

短期现金预测应以销售预测为重心，因为任何现金预测均与销售预测有关，如果现金预测脱离销售预测而单独存在时，将无法获得正确的预测效果。

对于销售预算，应考虑以下因素：

（1）企业过去销售数量的方向和趋势。

（2）企业销售市场占有率的大小。

（3）各种影响销售潜在能力的外在因素，如未来经济趋势、国民人均收入、消费者购买力等。

（4）企业的生产能量、财力及推销能力等。

（5）市场竞争因素。

上述这些因素，应该针对企业销售的各种产品单独加以分析，以评估其对未来销售可能发生的影响。

预计财务报表对短期现金预测也很重要。预计财务报表是根据未来某特定期间内各项预算数字，汇编而成的一种财务报表，如预计利润表和预计资产负债表等。短期现金预测是否具备合理性与可行性，可以依赖预计财务报表予以查核。预计利润表涵盖了现金预测时间内各项预计的损益数字，预计资产负债表则是在现金预测的终了日，就各项预计财务资料汇编而成。根据预计财务报表所求得的各项比率关系，可以同过去的经常性数字资料相互对照，观察其消长趋势。

短期现金预测包括两个部分：短期现金收入预测和短期现金支出预测。短期现金收入预测包括销售收入、出售固定资产收入、各项服务性收入、投资收入、利息收入、借款收入等按未来预期发生时间的先后顺序排列的各种收入项目。短期现金支出预测则是根据各项产品的制造成本（包括直接材料、直接人工和制造费用）、销售费用、管理费用、资本支出、税收缴纳及其他各项支出等，综合加以预测，至于那些不影响预算期间内现金流出量的各项费用，如折旧、摊销及其他各项具有递延性质的分摊费用，则不包括在内。

从影响短期现金预测的因素（如企业的销售政策、销售能力、付款条件、付款方式等）角度分析，短期现金预测实际上是客户的付款行为、供应商的信用政策以及企业高层管理政策下的综合结果。

从内容上看，短期现金预测要解决两个关键问题：①有关现金流量的时间安排问题，为了维持企业的流动性，企业必须规划现金流入的时间，以支付预算期间内的现金需求。② 有关维持适当的现金余额问题。保留超额的现金将导致现金资源闲置，削弱企业的获利能力，现金太少，则又缺乏流动性。短期现金预测应该确认何时有现金流入，并允许做短期投资、借款、资本性支出及其他派发股利等自愿性支出，以期望能够保持最有利的现金余额。

下面举例说明短期现金预测及现金预测表的编制。

【例 5-10】 E 公司生产和销售一种产品，每季度的销售收入中，假定有 40% 可于当季收到现金，其余的 60% 将于下一季度收到现金。E 公司 2014 年度预期的销售数量、单位产品的销售价格、销售收入、现金收入及其每个季度的销售收入如表 5-8 所示。

表 5-8　销售预测（2014 年度）

项目	第一季度	第二季度	第三季度	第四季度	全年合计
预计销售数量/件	1 000	1 500	2 000	1 500	6 000
单位产品的销售价格/元	75	75	75	75	75
销售收入/元	75 000	112 500	150 000	112 500	450 000
应收账款（2013 年年末）	24 000				24 000
第一季度销售收入/元	30 000	45 000			75 000
第二季度销售收入/元		45 000	67 500		112 500
第三季度销售收入/元			60 000	90 000	150 000
第四季度销售收入/元				45 000	45 000
现金收入合计/元	54 000	90 000	127 500	135 000	406 500

设每季度末预计的产成品存货占次季度销售量的 10%，年末预计的产成品盘存数量为 110 件，各季度预计的期初存货为上季度末预计的期末存货。据此，E 公司 2014 年各季度的生产预算如表 5-9 所示。

表 5-9　生产预算（2014 年度）

项目	第一季度	第二季度	第三季度	第四季度	全年合计
预计销售量/件	1 000	1 500	2 000	1 500	6 000
加：预计期末存货/件	150	200	150	110	110
减：预计期初存货/件	100	150	200	150	100
预计生产量/件	1 050	1 550	1 950	1 460	6 010

设单位产品的材料用量是2kg，每千克为5元，季末预计的材料存货占次季度生产需用量的20%，年末预计的材料存货量为460kg。各季度预计的期初存货为上季度末预计的期末存货。季度的材料采购数，假定其中的50%应于当期支付现金，其余的50%可于下季度支付现金。据此，E公司2014年各季度的直接材料预算及预期的现金支出如表5-10所示。

表5-10　直接材料预算（2014年度）

项目	第一季度	第二季度	第三季度	第四季度	全年合计
预计生产量/件	1 050	1 550	1 950	1 460	6 010
单位产品材料用量/（kg/件）	2	2	2	2	2
生产需用量/kg	2 100	3 100	3 900	2 920	12 020
加：预计期末材料存货/件	620	780	584	460	460
减：预计期初材料存货/件	420	620	780	584	420
预计材料采购量/kg	2 300	3 260	3 704	2 796	12 060
每千克单价/元	5	5	5	5	5
预计材料采购额/元	11 500	16 300	18 520	13 980	60 300
应收账款（2013年年末）/元	6 000				6 000
第一季度采购额/元	5 750	5 750			11 500
第二季度采购额/元		8 150	8 150		16 300
第三季度采购额/元			9 260	9 260	18 520
第四季度采购额/元				6 990	6 990
现金收入合计/元	11 750	13 900	17 410	16 250	59 300

假定生产单位产品需要直接人工工时5小时，每小时直接人工成本是4元，则E公司2014年度直接人工预算如表5-11所示。

表5-11　直接人工预算（2014年度）

项目	第一季度	第二季度	第三季度	第四季度	全年合计
预计生产量/件	1 050	1 550	1 950	1 460	6 010
单位产品直接人工工时/h	5	5	5	5	5
各期需用的直接人工工时/h	5 250	7 750	9 750	7 300	30 050
每小时的直接人工成本/元	4	4	4	4	4
各期的直接人工成本/元	21 000	31 000	39 000	29 200	120 200

E公司2014年度制造费用预算及预期的现金支出如表5-12所示。

表 5-12　制造费用预算（2014 年度）

单位：元

变动性制造费用：	
间接人工	12 000
间接材料	18 000
维修费	8 000
水电费	15 000
润滑剂	7 100
合　计	60 100
固定性制造费用：	
维修费	14 000
折旧	15 000
管理人员工资	25 000
保险费	4 000
财产税	2 000
合　计	60 000

预期的现金支出如表 5-13 所示。

表 5-13　预期的现金支出

变动性制造费用	60 100
固定性制造费用	60 000
减：折旧	15 000
全年需用现金支付的费用	105 100
每季度需用现金支付的费用	26 275

E 公司 2014 年度销售与管理费预算如表 5-14 所示。

表 5-14　销售与管理费预算表（2014 年度）

单位：元

变动费用：	
销售人员工作及佣金	22 000
广告费	5 500
文具费	2 500
合　计	30 000
固定费用：	
行政人员工资	30 000
保险费	8 000

（续）

财产税	4 000
合　计	42 000
总　计	72 000
每季度需用现金支付的费用	18 000

综合上述资料，E 公司 2014 年度各季度的现金预算如表 5-15 所示。

表 5-15　现金预算（2014 年度）

单位：元

项目	第一季度	第二季度	第三季度	第四季度	全年合计
期初现金余额	12 000	10 975	10 800	10 115	12 000
加：从客户收现	54 000	90 000	127 500	135 000	406 000
合　计	66 000	100 975	138 300	145 115	418 500
减：直接材料	11 750	13 900	17 410	16 250	59 310
直接人工	21 000	31 000	39 000	29 000	120 200
制造费用	26 275	26 275	26 275	26 275	26 275
销售与管理费用	18 000	18 000	18 000	18 000	72 000
所得税	4 000	4 000	4 000	4 000	16 000
购买设备	0	16 000			
股　利	2 000	2 000	2 000	2 000	8 000
合　计	83 025	111 175	106 685	95 525	396 610
现金余额或不足	(17 025)	(10 200)	31 615	49 390	21 890
向银行借款	28 000	21 000			49 000
偿还银行借款			(20 000)	(29 000)	(49 000)
利息（年利率为 10%）			(1 500) *	(2 375)	(3 875)
合　计	28 000		(21 500)	(31 375)	(3 875)
期末现金余额	10 975		10 115	18 015	(18 015)

注：$* = (1\ 500 = 20\ 000 \times 10\% \times \frac{9}{12})$

第六章 资本结构与长期偿债能力分析

企业的长期偿债能力不仅取决于企业在长期内的盈利能力，也受企业资本结构的重要影响。资本结构分析侧重于企业债务的风险分析，也就是债权人债权的保障程度分析。

企业的短期偿债能力已在第四章做过分析。短期偿债能力主要受企业的流动资产、流动负债及其相互关系和企业短期内盈利能力或现金流量的影响。对于短期内的现金流量，企业一般可合理估计。然而在长期内，这种估计则比较困难，因为长期的现金流量受众多的不确定性因素的重大影响，其中包括许多企业难以控制的因素，如宏观的经济政策、税收政策、市场条件的变化等。因而，长期偿债能力分析侧重于对资本结构的分析，即企业资产对其债务的保障程度分析。资本结构分析是对企业总资产、总负债和所有者权益及其相互关系的分析，其中包括流动资产和流动负债。在长期内，对企业的债务偿还而言，长期性项目与流动性项目的地位基本是一致的。

本章的分析主要以各种比率为基础，同时结合趋势分析、共同比分析和其他的分析方法。最后，将谈到有关长期偿债能力的其他一些问题，如账外融资、资本的杠杆作用等。

第一节　资本结构和长期偿债能力概述

所谓资本结构，是指一个企业中，总资产及对总资产的要求权的各种组合因素间的比例关系，即企业的资产、负债、所有者权益及各构成要素间的比例关系。

资本结构可以用所有者权益与负债的比例关系表达，也可以用资产与负债或资产与所有者权益的比例关系表达。这几种比例关系虽然数字不同，但所阐明的事实是一致的。

企业的资金有不同的来源，各种来源的比例关系形成企业的资本结构。企业的资金又有不同的占有形式，即企业的资产有不同的形态，这可以称为企业的资产结构。企业的资产结构与资本结构及其相互关系如图 6-1 所示。

图 6-1　企业的资产结构与资本结构及其相互关系

从图 6-1 中可以看出，企业的资金主要有两类来源：① 所有者权益部分，包括所有者投资（即实收资本、资本公积）和留存收益（即盈余公积和未分配利润）；② 负债部分，包括短期性负债（即流动负债和非流动负债）。其中，所有者投资是企业资金最原始、最基本的来源，是企业从事生产经营活动并获取利润的最基础的部分。留存收益是企业盈利形成的，是企业内部积累的结果。这两类共同构成企业的所有者权益，是企业存在和稳定发展的基石。负债也是企业资金的一类比较重要且比较灵活的来源，企业举借债务所受的限制比筹措权益资本要少得多。在现实经济中，没有任何一个企业不存在负债，特别是长期性负债（可供企业在较长的一段时期内使用），与所有者权益共同构成企业的长期性资本。

然而，不同的资本来源，其获取的成本、企业承受的风险、企业可使用的期限等各不相同。企业的资本成本是指企业为获取某类资本所要付出的代价，如从银行借款的利息费用、发行债券的发行费用和利息费用、发行股票的发行费用和股利等。企业承受的风险是指企业由于筹措资本对资金的供给者承担义务而受到的压力，包括盈利能力和偿债能力等方面。一般而言，非流动性负债的资本成本比较低，只需支付利息，并且利息费用可以在税前扣除；但它的风险较高，非流动性负债都有固定期限，到期必须偿还，不论企业的经营状况如何，若附有利息则必须支付，这是对企业盈利能力的重要考验。企业以非流动性负债投资的项目，若总投资报酬率高于借款利息率，企业可获得财务杠杆作用的好处，但若总投资报酬率低于借款利息率，企业将遭受损失。所有者投资的风险比较低，股利一般不是固定的、必须支付的，而是视企业的经营状况与资金需要而定，并且所有者投资无到期日，企业可永久使用而不需偿还；但所有者投资的成本可能会很高，如以发行股票方式取得的资本的发行费用可能很高，某些优先股需支付固定的股利，而且股利是从税后净利中扣除。留存收益的成本最低，风险也不高，它是从企业内部积累起来的，取得时无须花费额外成本，并且可供企业存续期内永久使用。

企业资金各种来源之间的比例关系及其与总资产的比例关系，表达了一个企业的资本结构。这种比例关系表明了企业的总资金或总资产中，有多少是自有的可永久使用的，有多少是需要到期偿还的。从企业资金所有者的角度来看，这种资本结构是否健康，对其权益的保障具有重大影响。所有者权益既无固定偿还期限，其权益地位也缺乏稳定的保障。如果企业遇到经营不善或遭受意外的外来打击时，损失必先由所有者承担，负债需到期偿还，大部分还有利息，其权益地位优于所有者权益，较有保障。但若企业亏损，以全部所有者权益仍不能弥补时，债权人的权益亦将遭受损失。因此，负债在资本结构中的比例越大，企业还本付息的负担也就越大。所有者权益是企业举借债务和偿还债务的重要基础和保障，它对于企业的偿债能力及风险承担具有重大的稳定作用。

对股东尤其是普通股股东而言，负债的增加，固然会使企业的财务风险增大。但是，由于负债的利息费用可在税前扣除，举债不会稀释其股东权益，并且当债务成本远低于投资报酬率时，财务杠杆效应将使企业股东获得较高的报酬率。因此，股东可能愿意承担较高的财务风险。但是当企业的负债比率过高并且由此导致的财务风险过大时，可能会严重危及企业股东的权益地位。因此，健康的资本结构是股东权益地位稳定的基础。

对债权人而言，所有者权益在资本结构中所占的比例越高，其债权越有保障，债权人借款给企业的风险越低，对债权人越有利；相反，结果亦相反。因此，债权人在借款给企业时，应对其资本结构的健康状况加以分析，综合权衡借款所承担的风险和期望获得的收益。欲对股份公司的债券进行投资的投资者，基于同样的理由，也有必要分析公司的资本结构。

第二节　资本结构和长期偿债能力的比率分析

资本结构分析的目的，在于衡量企业的长期偿债能力。评价企业的长期偿债能力时，不仅要分析企业偿还本金的能力，也要分析其支付利息的能力。分析企业的长期偿债能力一般有三种途径：资本结构类别比率分析、资本结构项目比率分析以及纯益为利息倍数分析。

一、资本结构类别比率分析

所谓资本结构类别比率分析，是指资产、负债和所有者权益三大类别之间比例关系的分析。这种分析，主要利用三个比率：负债对总资产的比率、股东权益对总资产的比率和负债对股东权益的比率。

为了详细说明，现以 ABC 公司为例，其 2013 ~ 2015 年的资产负债表如表 6-1 所示。

表 6-1 资产负债表

编制单位：ABC 公司　　　　单位：元

项目	2013 年度	2014 年度	2015 年度
流动资产	124 566 500	157 342 800	152 530 800
长期投资	23 099 600	22 965 700	25 378 900
固定资产	85 558 100	82 601 600	78 112 100
无形资产	43 000		
递延资产	887 700	1 739 800	1 876 300
其他资产	27 435 000	6 903 600	8 635 500
资产总额	261 589 900	271 553 500	266 533 600
流动负债	156 630 000	139 366 400	125 182 200
非流动负债	522 900	130 000	134 000
递延收入	2 633 300	2 924 100	3 642 300
负债总额	159 786 200	142 420 500	128 958 500
实收资本	72 000 000	105 000 000	108 675 000
资本公积	17 250 200	12 152 100	6 255 400
盈余公积	8 369 000	8 985 600	15 096 400
未分配利润	4 184 500	2 995 300	7 548 300
所有者权益总额	101 803 700	129 133 000	137 575 100
负债及所有者权益总额	261 589 900	271 553 500	266 533 600

1. 负债对总资产的比率

负债对总资产的比率，又称负债比率，是企业的负债总额与资产总额间的比例关系。其计算公式为

$$负债比率 = \frac{负债总额}{资产总额}$$

ABC 公司的负债比率如表 6-2 所示。

表 6-2 ABC 公司的负债比率

单位：元

项目	2013 年度	2014 年度	2015 年度
负债总额（a）	159 786 200	142 420 500	128 958 500
资产总额（b）	261 589 900	271 553 500	266 533 600
负债比率（$a \div b$）	61.08%	52.45%	48.38%

负债对总资产的比率，用以衡量企业总资产中由债权人提供的比率有多大。对债权人而言，负债对总资产的比率越小，表示股东权益的比率越大，则企业的资金力量越强，债权的保障越高；反之，结果亦相反。但对股东而言，则希望以较高的负债比率，扩大企业

获利的基础，并以较少的投资即可控制整个企业，但若负债比率很高，且企业状况良好，则通过财务杠杆作用可使股东获得较高的报酬率，但是当企业状况不佳时，利息费用将使之不堪重负，得不偿失。

从表 6-2 中可以看出，ABC 公司的负债比率一直在比较高的水平上，其中 2013 年末和 2014 年末负债比率超过 50%，分别达到 61.08% 和 52.45%，2015 年末负债比率为 48.38%，也接近到 50%，企业所承担的财务风险比较高，债权人的权益保障程度不高。同时还可以看出，ABC 公司 2013 年～2015 年的负债比率呈下降趋势，这使得公司的财务风险不断降低，债权人的债权保障程度不断提高，财务杠杆作用不断降低。

以上仅就数字本身进行分析，这自然并不充分。具体分析时还要结合其他一些因素，如公司所处行业的平均负债水平、行业的状况、企业自身的经营状况以及经济形势等，并可通过分析阐明公司处于这种状况的原因。例如，如果该行业是一个新兴的处于上升中的行业，行业平均的负债比率比公司的高或与之相接近，则该负债比率是可以接受的；如果公司的成长速度高于行业平均的成长速度，即使公司负债比率高于行业平均水平，那么也可接受，因为上升中的行业在扩张中资金需求量比较大，负债比率可能会高。相反，如果该行业正处于衰落阶段，那么较高的负债比率是不正常的，值得引起警惕。

2. 股东权益（所有者权益）对总资产的比率

股东权益对总资产的比率，又称权益比率或净值比率，是公司股东权益与总资产间的比例关系。其计算公式为

$$权益比率=\frac{股东权益总额}{资产总额}$$

ABC 公司近三年的权益比率如表 6-3 所示。

表 6-3　ABC 公司的权益比率

单位：元

项目	2013 年度	2014 年度	2015 年度
股东权益总额（a）	101 803 700	129 133 000	137 575 100
资产总额（b）	261 589 900	271 553 500	266 533 600
权益比率（$a \div b$）	38.92%	47.55%	51.62%

由会计恒等式：资产＝负债＋股东权益

可以得出：

$$\frac{负债}{资产}+\frac{股东权益}{资产}=1$$

即负债比率＋权益比率＝1

由此可知，权益比率是负债比率的反面，在实际应用时，仅求其一即可。

3. 负债对股东权益的比率

负债对股东权益的比率是指负债总额与股东权益总额间的比例关系。其计算公式为

$$负债对股东权益的比率 = \frac{负债总额}{股东权益总额}$$

ABC 公司近三年的负债对股东权益的比率如表 6-4 所示。

表 6-4 ABC 公司负债对股东权益的比率

单位：元

项目	2013 年度	2014 年度	2015 年度
负债总额（a）	159 786 200	142 420 500	128 958 500
股东权益总额（b）	101 803 700	129 133 000	137 575 100
负债对股东权益的比率（$a \div b$）	156.96%	110.29%	93.74%

负债对股东权益的比率表明了股东权益对债权人权益的保障程度。这一比率与前两个比率的意义基本一致，分别从不同角度表达了同一事实。由会计恒等式：

$$资产 = 负债 + 股东权益$$

可以得出：

$$\frac{资产}{股东权益} - \frac{负债}{股东权益} = 1$$

$$或负债对股东权益的比率 = \frac{1}{权益比率} - 1 = \frac{负债比率}{权益比率} = \frac{1 - 权益比率}{权益比率}$$

同时，这一比率还表明了股东对企业乃至债权人承担的义务大小。对债权人而言，此比率越低，则表示股东对债权人所承担的责任越大，企业长期偿债能力越强，则债权人的权益越安全。

此外，由于某些资产的价值不稳定，如无形资产、递延资产等，因此，这些资产对于企业的偿债能力意义不大，故而有些人认为，应将其从企业资产中扣除，据以计算“负债对有形资产”比率或“负债对有形净值比率”，其计算公式为

$$负债对有形净值比率 = \frac{负债总额}{有形净值总额}$$

其中

有形净值总额 = 股东权益 - 无形资产 - 递延资产等

显然，这一比率比负债对股东权益的比率要保守，在某些情况下，此比率对于衡量一个企业的长期偿债能力更有意义，特别是当企业陷入财务危机并有倒闭的危险时，有形资产是偿债的主要源泉，无形资产与递延资产相比之下则缺乏可靠的价值。此项比率越低，则表明企业有形资产对其负债的保障程度越高。

二、资本结构项目比率分析

上述三个比率是以资产、负债、所有者权益总额为基础计算的。有时对资产、负债、所有者权益的各组成项目之间的比例关系进行分析，对于了解企业的资本结构是否健全、长期偿债能力是否充分，可能更有意义。

资本结构分析中几个比较有意义的比率之间的关系如图 6-2 所示。

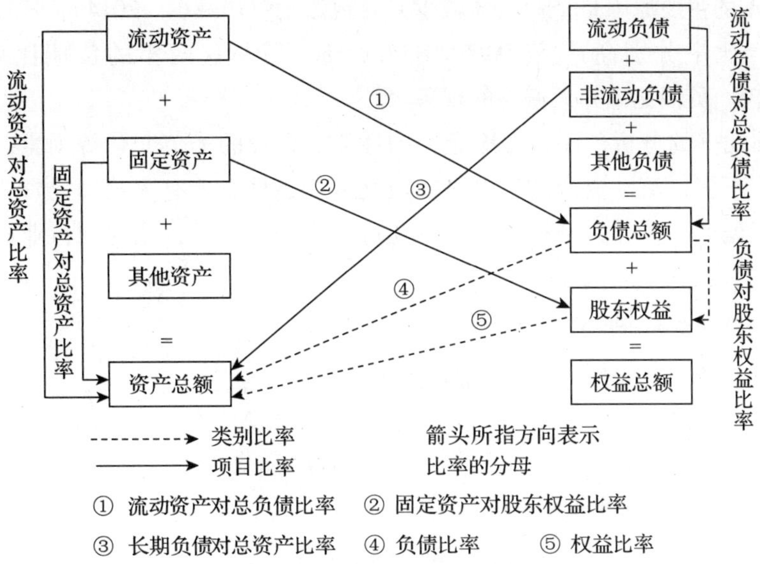

图 6-2　资本结构分析中几个比较有意义的比率关系

1. 流动资产对总资产比率

流动资产对总资产比率，又称流动资产比率，其计算公式为

$$\text{流动资产比率} = \frac{\text{流动资产}}{\text{总资产}}$$

流动资产是企业短期内可动用的资产，即企业短期即可用于偿债的资金。这一比率，可显示在企业资本结构中分配于流动资产的比例有多少。流动资产的市场价值波动比较频繁，但由于各种会计方法的采用，其账面价值与市场价值的差距不是很大。而大部分长期性资产由于采用历史成本反映，其账面价值可能并不能代表其实际的价值。同时，企业的负债不论是短期性还是长期性，到期一般都需用流动资产，特别是货币资金进行偿付。因此，流动资产比率的大小，对企业实际偿还债务的能力有重要意义。在企业经营状况良好（即无亏损）的情况下，随着固定资产逐渐折旧、无形资产和递延资产逐渐摊销以及企业盈利，企业流动资产比率一般是逐渐上升的。因而这一比率的高低可能并不形成对企业长期偿债能力的限制。

ABC 公司近三年流动资产比率如表 6-5 所示。

表 6-5　ABC 公司流动资产比率

单位：元

项目	2013 年度	2014 年度	2015 年度
流动资产（a）	124 566 500	157 342 800	152 530 800
资产总额（b）	261 589 900	271 553 500	266 533 600
流动资产比率（$a \div b$）	47.62%	57.94%	57.23%

由上表可以看出，ABC 公司的流动资产比率基本呈上升趋势。2015 年的流动资产比率低于2014 年的主要原因是企业负债减少并导致流动资产减少。2014 年年末和 2015 年年末的流动资产比率分别高达 57.94% 和 57.23%，但与这两年的负债比率 52.45% 和 48.38% 相比较，负债比率并无偏高的现象。

对于此项比率的分析，还要考虑企业的性质、营业的季节变化等因素。例如商业企业长期性资产不多，流动资产的比例可能较高。制造性企业有大量固定资产存在，流动资产比率可能偏低。另外，分析这一比率还应结合趋势分析，或与同行业相比较才更有意义。

2. 固定资产对总资产比率

固定资产对总资产比率，也称固定资产比率。其计算公式为

$$固定资产比率 = \frac{固定资产}{资产总额}$$

ABC 公司固定资产比率如表 6-6 所示。

表 6-6　ABC 公司固定资产比率

单位：元

项目	2013 年度	2014 年度	2015 年度
固定资产（a）	85 558 100	82 601 600	78 121 000
资产总额（b）	261 589 900	271 553 500	266 533 600
固定资产比率（$a \div b$）	32.71%	30.42%	29.31%

固定资产是企业生产经营不可缺少的物质基础，但它一般不直接用于偿还企业的债务。固定资产比率过高，将影响企业资金的流动性，并将影响企业的偿债能力。

从表 6-6 中可以看出，ABC 公司的固定资产比率在 30% 左右，并呈下降趋势。具体分析时，也要结合行业特点、行业一般水平等因素。制造业固定资产比率可能比较高，商业企业固定资产比率则相对较低。企业在刚创立时固定资产比率可能会高，而随着时间推移这一比率可能会逐渐降低。

3. 非流动负债对总资产比率

非流动负债对总资产比率，也称非流动负债比率。其计算公式为：

$$非流动负债比率 = \frac{非流动负债}{资产总额}$$

ABC 公司非流动负债比率如表 6-7 所示。

这一比率表明了企业的长期全部资金来源中，非流动负债形式占多少，也表示企业的总资产对非流动负债的负担能力。此比率越高，则总资产对非流动负债的负担越高，企业经营依赖外来资本的程度越深。若该比率过低，如 ABC 公司显示的那样，则说明企业可能缺乏举借长期资金的能力，或不擅长利用长期借款的杠杆效应，或原有资金的利用程度可能不高。

表 6-7　ABC 公司非流动负债比率

单位：元

项目	2013 年度	2014 年度	2015 年度
非流动负债（a）	522 900	130 000	134 000
资产总额（b）	261 589 900	271 553 500	266 533 600
非流动负债比率（$a \div b$）	0.2%	0.05%	0.05%

在企业的总资产中，有一部分是流动负债形成的。流动负债在短期内就需要偿还，导致资产流出。因此，这部分资金对非流动负债的意义不大。为使比率更有意义，可将部分流动负债从总资产中扣除，从而计算非流动负债对长期资金比率，其计算公式为

$$\text{非流动负债对长期资金比率}=\frac{\text{非流动负债}}{\text{长期资金}}$$

其中，长期资金为企业总资产减去流动负债的差额，包括非流动负债及股东权益，是企业可以在较长时期内使用或永久使用的资金来源。要注意的是，这里所谓的长期资金是从资金来源与使用年限角度而言，不同于长期性资产。

4. 流动资产对总负债比率

流动资产对总负债比率的计算公式为

$$\text{流动资产对总负债比率}=\frac{\text{流动资产}}{\text{负债总额}}$$

如前所述，企业的负债不论是短期的还是长期的，一般都要通过流动资产加以偿还。企业的长期性资产如固定资产，一般供企业经营中长期使用，其变现能力较差，并且变卖时可能发生变卖损失，因此除非发生财务危机，企业一般不想变卖固定资产以清偿债务。这一比率在于衡量企业在不变卖长期性资产的前提下，以流动资产偿还全部债务的能力。

ABC 公司流动资产对总负债的比率如表 6-8 所示。

表 6-8　ABC 公司流动资产对总负债的比率

单位：元

项目	2013 年度	2014 年度	2015 年度
流动资产（a）	124 566 500	157 342 800	152 530 800
负债总额（b）	159 786 200	142 420 500	128 958 500
流动资产对总负债的比率（$a \div b$）	77.96%	110.48%	118.28%

从表 6-8 中可以看出，ABC 公司流动资产对总负债的比率呈逐渐上升趋势，由 2013 年年末的 77.96% 上升至 2014 年年末的 110.48%，再上升至 2015 年年末的 118.28%。上升的原因，一方面由于负债总额的逐年下降，尤其是流动负债的逐年下降；另一方面由于企业固定资产折旧而价值下降使流动资产增加，并且股东追加投资和企业盈余也使企业的流动资产增加。表 6-8 同时还显示，2013 年年末流动资产少于负债总额，此项比率为

77.96%，似乎有偏低之感。但前面已讲过，这一比率并不构成对长期偿债能力的限制，在企业总资产中，流动资产比率有上升趋势。2014 年年末和 2015 年年末该比率超过 100%，显示企业有足够的流动资产用于偿还所有负债。

5. 流动负债对总负债比率

流动负债对总负债比率的计算公式为

$$流动负债对总负债比率=\frac{流动负债}{负债总额}$$

这一比率表明企业的短期性流动负债在企业负债总额中的比重，表明了企业的负债结构。流动负债一般是指在一年内需偿还的负债，此项越高，企业短期内的偿债压力越大，企业负债中可供长期使用的部分越少。同时，这一比率也表明了企业对银行或其他短期债权人的依赖程度。

ABC 公司流动负债对总负债比率如表 6-9 所示。

表 6-9 ABC 公司流动负债对总负债比率

单位：元

项目	2013 年度	2014 年度	2015 年度
流动负债（a）	156 630 000	139 366 400	125 182 000
负债总额（b）	159 786 200	142 420 500	128 958 500
流动负债对总负债比率（$a \div b$）	98.02%	97.86%	97.07%

从表 6-9 中可以看出，ABC 公司的流动负债对总负债比率接近 100%，也就是说，公司的负债几乎全由流动负债构成。这显示公司对短期债权依赖程度非常高，短期内公司承受的偿债压力非常大。由于缺乏非流动负债融资，因而一旦公司的短期融资能力受到限制，将严重影响企业的正常生产经营活动。但结合较高的流动资产比率，这一较高的比率并不形成现实威胁。

6. 固定资产对股东权益比率

固定资产对股东权益比率的计算公式为

$$固定资产对股东权益比率=\frac{固定资产}{股东权益}$$

固定资产是供企业经营中长期使用的物质基础。为使企业能够长期稳定经营，固定资产一般由企业长期资金形成，特别是由股东权益部分形成。对企业而言，以短期借款购入固定资产是危险的，是财务危机的潜在根源。这一比率表明企业的固定资产是否有可能全部由股东权益提供，或者股东权益中有多少用于或可能用于固定资产，股东权益扣除固定资产账面价值后还剩多少可用于其他资产。固定资产由于长期使用，则市场价值有很大不确定性，特别是多年前购入的，其价值更难以确定。因此，若该比率过高，则说明企业负债缺乏充分的保障。

ABC 公司固定资产对股东权益的比率如表 6-10 所示。

表 6-10　ABC 公司固定资产对股东权益的比率

单位：元

项目	2013 年度	2014 年度	2015 年度
固定资产（a）	85 558 100	82 601 600	78 121 000
股东权益（b）	101 803 700	129 133 000	137 575 100
固定资产对股东权益的比率（$a \div b$）	84.04%	63.97%	56.78%

从表 6-10 中可以看出，ABC 公司的股东权益账面价值超过固定资产的账面价值。并且从 2013 ~ 2015 年，ABC 公司的股东权益逐年增加，而固定资产由于折旧而逐年下降，使得此项比率逐年下降。对这一比率进行分析时，还要结合行业特点、行业平均水平等因素。

7．固定资产对长期资金比率

固定资产对长期资金比率的计算公式为

$$固定资产对长期资金比率 = \frac{固定资产}{长期资金}$$

其中，长期资金为股东权益与非流动负债之和。

这一比率的意义，同固定资产对股东权益比率基本类似。企业购置固定资产，一般应通过长期资金，而不应用短期负债。

ABC 公司固定资产对长期资金比率如表 6-11 所示。

表 6-11　ABC 公司固定资产对长期资金的比率

单位：元

项目	2013 年度	2014 年度	2015 年度
股东权益	101 803 700	129 133 000	137 575 100
非流动负债	522 900	130 000	1 340 000
长期资金（a）	102 326 600	129 263 000	138 915 100
固定资产（b）	85 557 100	82 601 600	78 112 100
固定资产对长期资金比率（$b \div a$）	83.61%	63.90%	56.23%

三、纯益为利息倍数分析及扩展

如前所述，企业举借债务不仅要偿还本金，还要支付利息。纯益为利息倍数表明了企业支付利息的能力。作为纯益为利息倍数的扩展，纯益为固定支出倍数和资金流量为固定支出倍数则表明了企业纯益支付固定支出的能力以及企业营运资金流量应付固定支出的能力。

1．纯益为利息倍数

纯益为利息倍数是指企业在一个会计期间内获得的利润与固定利息费用的倍数关系，表明了企业盈利能力与利息费用支付能力之间的关系，一般又称利息保障倍数，或收益付息倍数。

前面谈到的各种比率有一共同的缺点，就是未能就企业每期支付固定利息费用的能力做出分析，而仅提供一些结构性指标。企业负债比率越高，支付固定利息及到期偿还本金的负担越重，因此必须有足够的利润作为支付利息的正常来源。纯益为利息倍数是以动态的盈利能力的角度，判断企业借债是否适当的重要指标。

计算纯益为利息倍数时，首先应确定企业纯益的数额，纯益并不等同于净利润。企业可供用以支付利息的纯益包括：

（1）税前利润。利息费用一般在税前支付，企业是否缴纳所得税应视为在扣除利息费用之后是否还有盈利，因此，计算该比率时，所得税应包括在内。

（2）特殊损益项目。特殊损益项目是企业净利润的项目之一，应包括在纯益中。但衡量正常情况下的纯益为利息倍数时，对某个年度单独的特殊损益项目可忽略不计。

（3）优先股股利。优先股股利支付顺序次于利息费用，优先股股利是否支付，无强制性规定，因此，计算纯益时，不必扣除优先股股利。但对于子公司，其净利润被并入合并报表时，该净利润应在计算纯益时扣除优先股股利，因为子公司优先股股利优于母公司。

（4）利息费用。计算纯益时，应将固定利息费用加回，以即时扣除固定利息费用前的纯益为基础，计算纯益为利息倍数。

其次，计算纯益为利息倍数时，还要确定企业的固定利息支出。这一项目通常包括下列内容：

（1）非流动负债的利息费用。非流动负债的利息费用是企业在较长时期内比较固定的利息负担，是计算纯益为利息倍数的最直接最明显的因素。这种利息费用应包括企业债券折溢价的摊销额，即债券折价摊销额为利息费用的加项，而债券溢价摊销额为利息费用的减项。

（2）已资本化利息。企业负担的利息支出，一部分已作为费用计入当期损益；可能还有一部分已被资本化计入资产的成本，如企业为购建固定资产所借长期债务在建造期间的利息支出。这部分利息支出，应在计算纯益为利息倍数时计入利息费用。

（3）未资本化长期租赁负债的隐含利息。企业租赁固定资产包括经营租赁与融资租赁两种方式。以融资租赁方式租入的固定资产，在会计上应作为企业的固定资产。以经营租赁方式租入的固定资产，则不列入企业的资产之内。企业应付的租金与租入固定资产公允价值间的差额，实际上是一种利息费用，有时列为隐含利息。对这种隐含利息，未资本化长期租赁负债部分应计入纯益为利息倍数的利息费用。

（4）其他。其他因非流动负债或承诺而产生的具有固定性的利息费用，及所有归属当期负担的已支付或应付未付利息，均应包括在内。

例如，某公司的税前净利润为660 000元，2015年度的利息费用（包括已资本化部分）为210 000元，则该年度公司的纯益为利息倍数为

$$\frac{660\,000\text{元}+210\,000\text{元}}{210\,000\text{元}}=4.1\text{倍}$$

也有学者认为,计算纯益为利息倍数时，应以税后利润为基础，才能获得比较保守的数字。本例中，假设所得税税率为30%，则

$$纯益为利息倍数=\frac{660\ 000\ 元\times(1-30\%)+210\ 000\ 元}{210\ 000\ 元}=3.2\ 倍$$

2. 纯益为固定支出倍数

企业每期不仅有利息费用，还有许多其他的固定支出。因此，可以将纯益为利息倍数予以扩展，计算纯益为固定支出倍数，以衡量企业支付各种固定支出的能力。

计算此比率时，纯益的概念与之前基本相同，但要将各项固定支出加回到纯益中。企业的固定支出一般种类繁多，如利息费用、租金费用等。

由于优先股股利一般具有固定性质，因此有人认为将优先股股利包括在固定支出之内，可能更符合实际。此时，由于优先股股利为税后支付，因此应将其转为税前支出的数额，以与其他固定支出有相同的计算基础。其计算公式为

$$税前支出=\frac{税后支出}{(1-税率)}$$

3. 资金流量为固定支出倍数

企业的各种固定支出都是以资金（或现金）予以支付的。因此，从资金流量的角度而言，纯益可能并非是衡量企业应付固定支出的最佳数字。决定纯益的两个主要因素收入与费用，与企业营运资金流量之间并不完全一致。决定纯益的收入项目可能并非立即获得营运资金的流入，而费用也并非立即导致营运资金的流出。因此，以营运资金净流量为基础确定企业应付固定支出的能力更切合实际。

此比率的计算公式为

$$资金流量为固定支出倍数=\frac{营运资金净流量+成本或费用的固定支出}{全部固定支出}$$

企业每年的全部固定支出中，有一些不属于成本或费用支出。例如，企业按照借款合同为偿还借款而每年提存的一笔固定偿债基金，它实际并未支付但应按年提取。所以计算时，应将其计入固定支出基数中，但加回营运资金净流量时应将其从固定支出中扣除。

第三节　资本结构与长期偿债能力分析的相关问题

本节主要介绍资本结构与长期偿债能力分析的其他方法，以及影响资本结构与长期偿债能力的其他因素。

一、资本结构与长期偿债能力分析的其他方法

一般而言，资本结构的比率分析能够揭示企业在某一时点上的资本结构关系，并能反映企业对长期债务的保障能力与偿还能力。但单纯依靠某一个或几个简单的比率，对于分析企业的长期偿债能力可能并不充分。下面将结合各种比率，介绍有关企业长期偿债能力

分析的其他方法。

1．图形分析

由资产负债表可知，企业的总资本由三大部分构成，其之间的关系如图 6-3 所示。

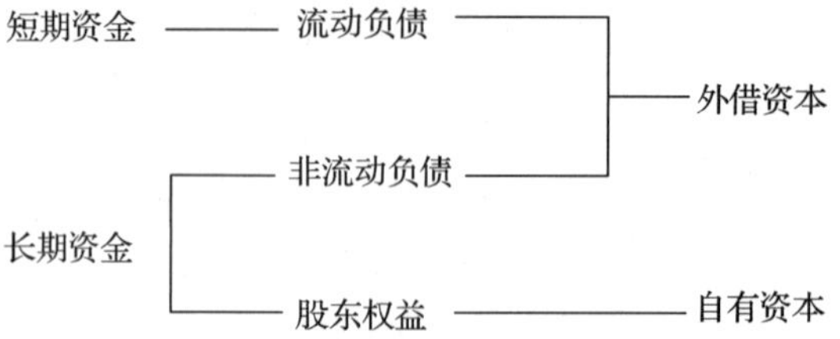

图 6-3 流动负债、非流动负债和股东权益之间的关系

在某一时刻，流动负债、非流动负债和股东权益之间的比率关系如图 6-4 所示。

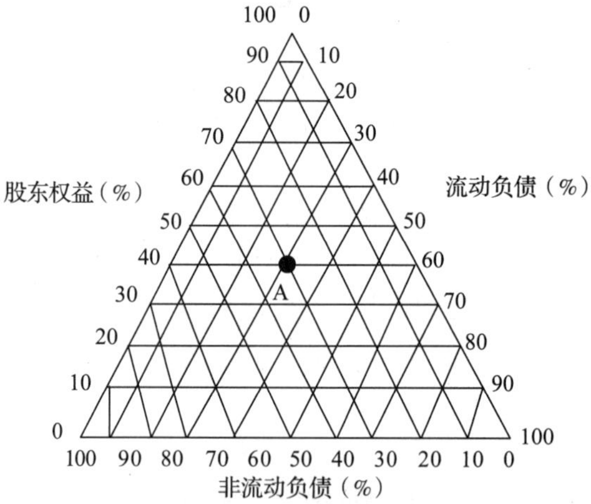

图 6-4 流动负债、非流动负债和股东权益之间的比率关系

图 6-4 中任意一点，表示一种可能的资本结构。

2．比较分析

比较分析包括横向比较与纵向比较。

横向比较是指将企业资本结构的有关数字同同行业其他企业做横向的比较，可以与行业中经营较好的企业相比，与经营较差的企业相比，与本企业类似的企业相比，或与企业的平均水平相比。通过比较，找出差异，并分析其原因，为相关决策提供有力的支持。

纵向比较是指将同一企业不同时期的资本结构做比较。通过纵向比较可以对较长时期内企业的资本结构的稳定状况、变化趋势做出评价，并对企业较长时期内的偿债能力及其变化趋势做出更合理的评价。多期的纵向比较分析即趋势分析。趋势分析一般以五年以上的数据为基础，更长时期分析可以对十年甚至二十年的数据做出比较分析。趋势分析可以使我们了解企业资本结构变化的基本趋向，以及较长时期以来企业的筹资政策，有助于我们预测企业未来的资本结构状况。

更复杂的比较是将横向比较与纵向比较结合为一，比较分析不同企业的资本结构在较长时期内的变化趋势。

例如，R 公司 2011 年 ~ 2015 年年末的资本结构如表 6-12 所示。

表 6-12　R 公司 2011 年 ~ 2015 年年末的资本结构

项目 \ 年份	2011 年度	2012 年度	2013 年度	2014 年度	2015 年度
股东权益	31%	24%	35%	28%	44%
流动负债	10%	24%	28%	38%	34%
非流动负债	59%	52%	37%	34%	22%
合计	100%	100%	100%	100%	100%

可以看出，R 公司五年以来股东权益逐渐增加，非流动负债不断下降，而流动负债也逐渐增加。大致看来，R 公司的资本结构趋于稳定，出现财务危机的可能性较小。但是仅靠相对数也难以说明问题，若再配合有绝对数字将更有说服力。

二、资产结构与资本结构

企业的资产结构是指企业各种资金占有形式间的比例关系。资本结构是指各种资金来源间的比例关系。

对资产结构而言，流动性越强，越有利于企业的偿债能力；相反，如果企业资产的流动性较差，那么势必影响企业实际偿债的能力。

对资本结构而言，如果外借资本比较高，那么企业资金成本可能较低但财务风险很高；反之，如果自有资本比较多，则资金成本虽然高但风险较低。并且，企业短期资金越多则受到的财务风险越大，长期资金越多则受到的财务风险越小。

企业的资产结构与资本结构是事物的两个方面。虽然二者不可能也没有必要一一对应，但是企业在安排资产结构与资本结构时，也要注意某种程度的互相配合。例如，企业最好以流动负债弥补流动资产的不足，因为非流动负债的成本比较高；企业的长期性资产最好以长期资本购置，以短期资本购置会使企业承受很大的财务风险；当企业负债率过高时，为解决资金的不足，应考虑发行权益资本，而不应再进行举债。

另外，企业在选择资产结构与资本结构时还应考虑其行业特点、企业规模、经济形势、市场状况以及企业其他特点等因素，借以最佳的资产结构与资本结构的均衡模式，为企业奠定生存与成长的基础。

三、资产的价值

有关资本结构各种比率的计算基础是企业资产的账面价值。资产的账面价值主要以历史成本数字为基础，并通过某些人为的会计方法而得出来的。

这些资产的账面价值能否代表资产的实际价值，还存在许多可疑之处。资产的账面价值与实际价值不一致的地方主要表现在：

（1）企业的资产账面价值不会被高估或低估。如上所述，资产账面价值是历史的数字，而市场处于不断的变化中，账面价值可能已不能完全反映其实际价值。例如，一幢楼房的建造成本在十年前是100万元，而现在的建造成本已涨至700万元。另外有些资产，如某些设备由于技术进步，新的更先进的设备出现以后，该设备的市场价值已大大低于其账面价值。

（2）某些入账的资产实际上已毫无价值，不应作为资产入账。这类项目包括某些递延费用。它们作为费用支出，仅是因为会计上配比的原则才作为资产保留在账面上，其流动性几乎为零，对于企业的偿债能力毫无意义。

（3）企业存在未入账的资产。企业的资产并非全部都在资产负债表中得到反映，还是存在一些非常重要的项目未被作为资产入账，如商标权、专利权等，它们若是自行开发并且直接成本很低时可能不作为会计上的资产入账，但是它们的价值都是不容忽视的。

（4）企业存在未入账的负债。企业实际的或潜在的负债也并非都在资产负债表中得到反映。有时，管理当局为压低负债、粉饰报表，可能采取一些特殊的融资方式借款而不列入企业的账面负债中，这就是所谓的账外融资，或称表外融资，如出售应收账款、产品融资协议等。

因此，报表分析者在应用上述各个比率时，应保持清醒的头脑，不应过度相信数字，应该认识到上述种种限制，利用其他途径或方式，收集额外的信息，使各种信息相互配合，以便透彻地了解企业的财务状况、资本结构和长期偿债能力，从而做出科学、合理的决策。

第七章 投资报酬分析

企业是以盈利为目的的经济组织，企业存在的目的主要是为了获得利润。一个企业只有不断赚取利润，才能持续存在、不断发展。因此，与企业利益相关的各界人士，如投资者、债权人、政府、企业职工等，无不对企业的盈利能力给予极大的关注。

评价一个企业盈利能力的方法与标准有很多。前面章节已介绍过若干方法与指标。本章主要从投资报酬的角度来分析一个企业的盈利能力，并详细介绍每股盈余的计算与分析方法。

第一节　投资报酬概述

根据经济学的观点，投资是一种消费的延迟，目的是为了增加未来财富。投资都要求有一定的报酬，但投资一般都要冒风险。理性的投资者都是风险的回避者，也就是说，在一定的风险水平下要求投资报酬最大化，或在一定的投资报酬下要求风险最小化。因此，不同风险的投资，要求的投资报酬率不同。投资风险越高，要求的回报率也就越高。

分析投资报酬的目的，在于通过对投资报酬率的分析，了解对企业的投资是否得到了合理的回报，了解企业在现有投资水平下的盈利能力，评价企业管理者的业绩，以帮助投资者做出相关决策。

一、投资报酬率的概念

投资报酬率是指企业投资报酬与投资基数之间的比例关系，一般又称为资本报酬率。投资基数是指对一个企业投资的数额，一般有三种不同的观念：总资产观念、非流动负债与所有者权益观念以及所有者权益观念。投资报酬率在不同的观念下有不同的内容，一般投资报酬率都是以会计上的净利润为基础而得到的，所以有时投资报酬率又称为会计投资报酬率。

二、投资报酬率的意义

投资报酬率是计量一个企业盈利能力的重要指标。不同企业的投资基数可能不同，同一企业也可能由于投资基数的变动而使前后期不一致。在判断企业的投资是否获得了合理的报酬和企业是否有充分的获利能力时，单纯的绝对利润数字说明不了问题，而投资报酬率作为一个相对的指标，是一个良好的标准。

投资报酬率也是评价企业管理当局业绩的重要指标。企业经营的好坏，很大程度上依赖于管理者的素质与努力程度。因此，投资报酬率作为衡量企业经营成果的一个重要指标，也反映了企业管理当局的经营业绩。

投资报酬率是企业过去的资本与报酬之间的关系，此数字可用于预测未来的投资报酬率并作为企业利润规划的依据。同时，任何一个利润目标的实现，都是由若干个不同的投资方案结合完成的。企业最终的投资报酬率，也是由若干个方案的不同投资报酬率集合而成。因此，企业可通过投资报酬率，帮助完成其决策、计划与控制过程。例如，对每一个“利润中心”的投资报酬率都加以严格控制，完成投资报酬率目标的，给予奖励；反之，则给予处罚。

第二节 投资报酬的比率分析

一、投资报酬率的计算因素

投资报酬率的计算公式为

$$投资报酬率 = \frac{投资报酬}{投资基数}$$

投资报酬率的含义虽然简单，但在不同的立场上，其投资基数不同，从而投资报酬内容也不同，因而得出的投资报酬率也不同。

1. 投资基数

投资基数有三种不同的观念：总资产观念、非流动负债与所有者权益观念以及所有者权益观念。

（1）总资产观念。企业的总资产虽来源不同，但都可供企业经营使用。因此，以总资产为投资基数计算的投资报酬率，是衡量一个企业经营业绩的最佳指标。

在企业中，一些非生产性资产与企业经营无直接关系，因此，有学者主张在计算投资报酬率时应将其排除在投资基数之外。这些非生产性资产包括闲置资产、超额存货、超额现金等。另外，供将来使用的资产，如未完工的工程与递延费用，与创造当年度的利润的经营活动也无直接关系，所以也应排除在当年度的投资基数之外。虽然从利润与资产的关系而言，非生产性资产不能直接用于创造利润，不包括在投资基数中是可以理解的，但从投资者的立场而言，任何一笔投资都应该获得相应的报酬。投资者之所以愿意投资于企业，因为其相信企业管理者的经营能力，相信他们能够充分合理地利用各项资产，以使其获得合理的投资报酬。因此，以投资报酬率评价企业盈利能力和企业管理者的业绩时，所有的投资都应包括在内。并且，从企业长期盈利能力的观点看，企业拥有的资产，有时不能对某一会计年度的利润创造有所贡献，但长期内必定有所贡献，否则就不应列入企业的资产之内。因此，在评价企业的盈利能力与企业管理者的经营业绩时，应以全部资产额作为投资基数，而不应做某种不合理的扣除。但对固定资产而言，以扣除折旧后的净额计量比较合理。

（2）非流动负债与所有者权益观念。在非流动负债与所有者权益观念下，投资基数不包括流动负债。非流动负债与所有者权益都是可供企业长期使用的资金，统称长期资金。而流动负债必须在短期内偿还，无法长期使用，因此，从长期资金投资报酬率的角度来看，流动负债所形成的资金应从企业总资产中扣除。在本观念下，投资报酬率的计算是从长期债权人与所有者的立场出发，以长期债权投资和所有者投资为基数。

（3）所有者权益观念。非流动负债虽然可在较长时期内使用，但当期仍需偿还，并且长期债权人一般都有固定的利息收入，并不十分重视企业的投资报酬率。企业的投资报酬无论多少，最终都归所有者拥有。因此，从所有者的立场出发，投资报酬率的计算以所有者权益为基数。

所有者权益观念下的投资报酬率，其投资基数包括实收资本、资本公积、盈余公积和未分配利润。另外，从普通股股东的角度来看，投资基数应将优先股股东权益排除在投资基数之外，这可称为投资基数的普通股股东权益观念。

2. 投资报酬

在计算投资报酬率时，投资基数不同，投资报酬的内容也不一致。

（1）在总资产的观念下，投资报酬包括属于所有者的净利润和付给债权人的利息支出，即投资报酬等于税后净利润加上利息费用。

投资报酬率的计算公式为

$$投资报酬率=\frac{税后净利润+利息费用}{总资产}$$

利息费用包括短期债务和长期债务的利息。由于利息费用是税前支付，可抵减所得税，因此为了考虑到所得税的影响，并以平均投资基数为标准，上述公式可修正为

$$投资报酬率=\frac{税后净利润+利息费用\times(1-税率)}{平均总资产}$$

（2）在非流动负债与所有者权益的观念下，投资报酬为税后利润与调整所得税后的非流动负债利息费用之和。本观念下的投资报酬与总资产观念下的投资报酬唯一不同的是不包括短期负债的利息费用。投资报酬率的计算公式为

$$投资报酬率=\frac{税后净利润+非流动负债利息费用(1-税率)}{平均非流动负债+平均所有者权益}$$

（3）在所有者权益的观念下，投资报酬仅包括属于所有者的净利润。投资报酬率的计算公式为

$$投资报酬率=\frac{税后净利润}{平均所有者权益}$$

在普通股所有者权益观念下，投资报酬为税后净利润扣除优先股股利后的余额。投资报酬率的计算公式为

$$投资报酬率 = \frac{税后净利润 - 优先股股利}{平均普通股所有者权益}$$

3. 其他因素

计算投资报酬率，除要确定投资基数与投资报酬外，还要考虑如下因素的影响：

（1）所得税扣除。计算投资报酬率时，一般要以扣除所得税税后的净额为投资报酬。但不同国家、不同地区的所得税税率可能不同，同一国家或地区的所得税也可能会有变化，从而所得税是企业不能控制的因素，从而在评价企业经营业绩时，不同的所得税税率将使不同国家或地区的企业之间的可比性降低。并且所得税税率的变动也将使同一企业前后期的投资报酬受到影响，从而使投资报酬率失去可比性。

同时，根据税法的规定，某一年度发生亏损时，该亏损可予以递延，在以后年度税前利润中扣除。在这种情况下，如果计算投资报酬是考虑所得税的影响，则以后年度还要加以调整，增加了计算的复杂性。

因此，在计算投资报酬率时，也可以以税前的数额（包括利润、利息费用）作为投资报酬。

（2）投资基数的账面价值与市场价值。财务报表分析者受到各种限制，难以获得企业资产的详细资料时，在计算投资报酬率时可直接以财务报表中所列的资产账面价值为依据，而不必考虑市场价值或公允价值。

但是，资产账面价值有时难以反映资产的市场价值或公允价值。特别是在通货膨胀的环境中，资产的市场价格可能上升很快，而以历史成本为基础的账面价值与其市价已相差甚远。企业有些资产由于技术进步、市场条件变化，其市场价格可能已大大下降。另外，企业某些具有未来价值的经济资源可能未被确认为资产，因此其价值未在账面中反映。所以，以账面价值为基础计算的投资报酬率，并非是最可靠的数字。如果分析者能够搜集更详细的信息，并对账面价值加以适当调整，则计算的数据更可靠。

（3）投资者与企业对投资基数的不同理解。在计算投资报酬率时，投资者与企业对投资基数的理解可能并不一致。在企业看来，投资基数或是其总资产，或是其长期资金，或是其所有者权益。然而从投资者的角度而言，投资基数可能是其为取得该投资所花费的代价，即投资的成本。从财务报表分析者的角度来看，计算投资报酬率，主要是为了衡量企业的盈利能力，从而评价其管理业绩。因此，投资基数是从企业的角度去计量，而不是从个别投资者的角度去计量。

（4）平均投资基数。投资基数是一个存量，是企业在某一时点上的总资产额或长期资金额或所有者权益额。而投资报酬则是一个流量，是一定期间内报酬的累计额。两者的比率，即投资报酬率，因而缺乏可靠的基础。为此，可以将存量调整为“准流量”，即将投资基数以某个时期的平均值计量。这一平均值，通常是期初数额与期末数额的平均，用公式表式为

$$平均投资基数 = \frac{期初投资基数 + 期末投资基数}{2}$$

对于一年的投资基数，可以将 12 个月的月初数或月末数加以平均，或先将每月初与每月末数字加以平均，再求 12 个月的再平均数字。

三种观念的投资基数，包括总资产、长期资金与所有者权益，都可以用这种方法加以调整。

二、投资报酬率的计算

下面以具体实例介绍各种观念下投资报酬率的计算。

【例 7-1】 假设 Z 化学工业股份有限公司是生产化学制剂的企业，该公司 2013 ~ 2015 年的有关资料如下：

（1）利润表。Z 化学工业股份有限公司利润表如表 7-1 所示。

表 7-1　利润表　　单位：元

项目＼年份	2013 年度	2014 年度	2015 年度
一、营业收入	117 115 600	131 479 600	143 766 600
减：营业成本	77 894 000	91 002 800	107 079 800
销售费用	21 239 200	23 764 000	25 986 800
产品销售利润	17 982 400	16 712 800	10 700 000
减：管理费用	5 953 200	7 103 400	7 120 600
财务费用	198 000	199 800	179 000
二、营业利润	11 831 200	9 409 600	3 400 400
加：营业外收入	850 000	872 800	748 800
减：营业外支出	5 011 800	3 945 600	3 943 200
三、利润总额	7 669 400	6 336 800	206 000
减：所得税费用（25%）	1 917 350	1 584 200	16 995
四、净利润	5 752 050	4 752 600	154 500

（2）利息费用。该公司三年内发生的财务费用全部是借款的利息费用，其长期与短期借款的利息费用如表 7-2 所示。

表 7-2　利息费用表　　单位：元

项目＼年份	2013 年度	2014 年度	2015 年度
短期借款利息	24 200	10 700	136 800
长期借款利息	173 800	189 100	42 200
合　计	198 000	199 800	179 000

（3）资产负债表。Z 化学工业股份有限公司三年内各年的简化资产负债表如表 7-3 所示。

表 7-3　资产负债表

编制单位：Z 化学工业股份有限公司　　单位：元

项目＼年份	2013 年度	2014 年度	2015 年度
资产总额	115 779 800	123 291 000	111 199 000
流动负债	41 094 800	49 420 000	37 173 400
非流动负债	4 027 600	3 938 000	3 833 000
优先股股本（10%）	10 000 000	10 000 000	10 000 000
普通股股本	50 000 000	50 000 000	50 000 000
留存收益	10 657 400	9 032 800	10 159 600

（4）股利发放情况。股利发放情况如表 7-4 所示。

表 7-4　股利发放情况表

单位：元

项目＼年份	2013 年度	2014 年度	2015 年度
优先股股利	1 000 000	1 000 000	0
普通股股利	2 600 000	4 100 000	0
合　计	3 600 000	5 100 000	0

根据上述资料，在三种不同的投资基数观念下，投资报酬率的计算如下：

（1）总资产观念。总资产观念下投资报酬率的计算如表 7-5 所示。

表 7-5　总资产观念下投资报酬率的计算

单位：元

项目＼年份	2013 年度	2014 年度	2015 年度
净利润（税后）	5 138 498	4 245 656	138 020
利息费用	198 000	199 800	179 000
合　计	5 336 498	4 445 456	317 020
总资产	115 779 800	123 291 000	111 199 000
投资报酬率	4.6%	3.6%	0.285%

如果利息费用考虑所得税的影响，并以平均资产总额为计算标准，那么 2013 年度投资报酬率的计算为

$$投资报酬率 = \frac{税后净利润 + 利息费用 \times (1 - 税率)}{\frac{1}{2}（期初总资产 + 期末总资产）}$$

$$= \frac{5\ 138\ 498\ 元 + [198\ 000 \times (1 - 33\%)]元}{\frac{1}{2}(115\ 779\ 800 + 123\ 291\ 000)\ 元}$$

$$= 4.4\%$$

其余各年度计算的方法类似。

另外，投资报酬也可以以税前利润为标准。那么，2013 年度投资报酬率的计算为

$$投资报酬率 = \frac{(7\ 669\ 400 + 198\ 000)元}{\frac{1}{2}(115\ 779\ 800 + 123\ 291\ 000)元}$$

$$= 6.58\%$$

如果该行业 2013 年度 ~ 2015 年度的投资报酬率分别为 8%、9% 与 8.2%，那么 Z 公司的投资报酬率明显偏低。经进一步分析发现，该公司投资报酬率偏低的原因大致有三点：① 管理不善，营业外支出过多；② 竞争日趋激烈，为促销不得不下调价格，但销售费用不断上升；③ 生产成本上升，部分是由于设备更新，部分是由于原材料价格上升。因此，企业应采取相应措施，加以改进。

（2）非流动负债和股东权益观念。这一观念下的投资基数为非流动负债与股东权益，投资报酬是净利润与非流动负债的利息费用之和。计算投资报酬率时，可以用税前投资报酬数额，也可以用税后投资报酬数额；同时，投资基数可以用期初与期末的平均数额，也可以只用期末的数额。

Z 公司 2013 年度的投资报酬率，以平均投资基数为标准，并调整所得税后的计算为

$$投资报酬率 = \frac{净利润 + 非流动负债利息费用 \times (1 - 税率)}{平均非流动负债 + 平均股东权益}$$

$$= \frac{5\ 138\ 498\ 元 + [173\ 800 \times (1 - 33\%)]元}{\frac{1}{2}(4027\ 600 + 3\ 938\ 000 + 115\ 779\ 800 + 123\ 291\ 000)元}$$

$$= 4.25\%$$

（3）股东权益观念。股东权益包括优先股股东权益与普通股股东权益。投资报酬为公司的利润，可以用税前的利润总额，也可以用税后的净利润。投资基数可以用平均值，也可以用期末数额。

Z 公司 2013 年度的投资报酬率，用税后利润和平均投资基数计算为

$$投资报酬率 = \frac{净利润}{\frac{1}{2}(70\ 657\ 400 + 69\ 932\ 800)元}$$

$$= \frac{5\ 138\ 498\ 元}{\frac{1}{2}(70\ 657\ 400 + 69\ 932\ 800)元} = 7.3\%$$

根据总资产观念及股东权益观念的投资报酬率，可以计算公司的财务杠杆系数，即

$$财务杠杆系数=\frac{股东权益投资报酬率}{总资产投资报酬率}=\frac{7.3\%}{4.4\%}=1.659$$

另外，以普通股股东权益观念，Z 公司 2013 年度的投资报酬率的计算为

$$投资报酬率=\frac{净利润-有限股股利}{平均普通股股东权益}=\frac{(51\ 384\ 498-1\ 000\ 000)元}{\frac{1}{2}(60\ 657\ 400-59\ 932\ 800)元}=6.86\%$$

三、投资报酬分析的其他比率

除上述投资报酬率外，还有若干其他比率，它们能够分别从不同角度分析评价企业的投资报酬。投资报酬率是从企业的角度，以企业投资的账面价值为基础计算得到的。下面一些比率则主要从企业所有者（股东）的角度，计算他们从企业利润中可获得的收益率。

1. 盈余报酬率与市盈率

盈余报酬率与市盈率是两个相对的比率。

盈余报酬率是每股盈余与每股市价间的比率，反映了股权投资人所持有股权的每股所得与每股市价间的关系，可用以预测股票的未来可能价值。其计算公式为

$$盈余报酬率=\frac{每股盈余}{每股市价}$$

市盈率是每股市价与每股盈余间的比例关系，是盈余报酬率的倒数。其计算公式为

$$市盈率=\frac{每股市价}{每股盈余}$$

一般而言，市盈率越高，则说明相对于每股盈余而言，市价越高，公司未来成长机会可能越大，但经营风险也越高。

2. 股利报酬率与市价股利比率

股利报酬率与市价股利比率也是一对相对的比率，二者互为倒数关系。

股利报酬率是每股股利与每股市价间的比率。其计算公式为

$$股利报酬率=\frac{每股股利}{每股市价}$$

市价股利比率是每股市价与每股股利间的比率，其计算公式为

$$市价股利比率=\frac{每股市价}{每股股利}$$

这两个比率反映了股票的市场价格与企业发放的股利间的关系。股票的市价是指投资

人取得投资要付出的成本，股利是指投资者持有投资所能获得的收益。因此，这两个比率表明，如果投资者购入股票并计划长期持有，那么他需要多少期才能收回投资成本，每期成本收回的比例是多少。

3. 股利支付率

股利支付率是指在企业的年度净利润中，有多大比例用于支付股利。其计算公式为

$$股利支付率=\frac{每股股利}{每股盈余}$$

或
$$股利支付率=\frac{净利润股利总额}{税后利润总额（净利润）}$$

显然
$$股利支付率=股利报酬率\times市盈率$$

或
$$股利报酬率=盈余报酬率\times股利支付率$$

因此，投资者从股利获得的报酬率取决于股票价格、企业盈利情况和股利支付率。

4. 股东权益成长率

股东权益成长率反映了一个公司的股东权益由于公司的盈利情况而增减的程度，其计算公式为

$$股东权益成长率=\frac{税后净利润-优先股与普通股股利}{\frac{1}{2}（期初股东权益+期末股东权益）}$$

另外，还可以计算普通股股东权益成长率。其计算公式为

$$普通股股东权益成长率=\frac{税后净利润-优先股与普通股股利}{\frac{1}{2}（期初普通股权益+期末普通股权益）}$$

5. 收益留存比率

收益留存比率与股利支付率是相对的一个比率，它反映了公司的净利润中有多少被分配而留存在企业。其计算公式为

$$收益留存比率=\frac{税后净利润-股利}{税后净利润}$$

或
$$收益留存比率=\frac{每股盈余-每股股利}{每股盈余}$$

可以看出，如果不考虑优先股的影响，那么收益留存比率与股利支付率之和应为 1。如果考虑优先股的影响，将优先股股利从税后净利润中扣除，那么二者之和也应为 1。

第三节　每股盈余分析

每股盈余（Earnings Per Share，简称 EPS），是指股份有限公司在某一会计年度中所获得的净利润平均每一普通股所占的份额。每股盈余可以代表一个企业盈利能力的大小，并对股票价格、股利支付能力等有重要影响，是投资者最关心的重要指标之一。

美国财务会计准则委员会（FASB）在1978年4月发布的21号会计准则公告中规定，公开发行股票或上市公司，必须提供每股盈余的资料；非公开股或非上市公司，可以不揭示有关每股盈余的数据，但若要披露，必须遵循公认会计准则。中国证监会也规定，上市公司应提供其每股盈余的数字。每股盈余的计算与分析，对于公司及投资者而言，都具重要意义。

本节主要就简单资本结构与复杂资本结构下每股盈余的计算、表达及分析做详细的介绍。

一、简单资本结构每股盈余

股份有限公司为筹措资本，往往发行各种各样的证券，如普通股、优先股、公司债券等，并且这些证券还可能附有各种条件或权利，如认股权、认股证或转为普通股的权利。因此公司的资本结构往往变得比较复杂。但如果一个公司仅发行普通股，或虽发行其他证券，但无潜在的稀释作用，或是有稀释作用，但对每股盈余的稀释作用不显著，因而计算每股盈余时可不必考虑该稀释影响，而仅计算发行在外的普通股每股盈余即可，则这种资本结构，称为简单资本结构。否则，称为复杂资本结构。

也就是说，简单资本结构是指下列情况之一：

（1）仅发行在外普通股。

（2）除普通股外，还发行在外无潜在稀释作用的其他证券。

（3）除普通股外，还发行在外潜在稀释作用不显著的其他证券。

所谓稀释作用，又称淡化作用，是指公司发行在外的可转换证券（债券和优先股）一旦转为普通股，或流通在外的认股权或认股证一旦被用于购买普通股时，将使流通在外的普通股股数增加，从而导致普通股每股盈余减少。所谓显著的稀释作用，根据美国会计准则规定，一般认为普通股增加对每股盈余的稀释影响不低于3%。

在简单资本结构下，若某公司某年度流动在外的普通股股数没有变动，则该年度每股盈余计算公式为

$$每股盈余=\frac{净利润}{普通股流通在外股数}$$

如果该公司还发行在外有优先股（无潜在稀释作用或这种影响不显著），则优先股股利应从当年度的净利润中扣除，因为它不属于普通股股东。此时，若其他条件不变，则每股盈余计算公式为

$$每股盈余=\frac{净利润-优先股股利}{普通股流通在外股数}$$

如果该公司在某一会计年度中增资发行新股，或发行股票股利，或进行股份分割、股份反分割，或其他原因，将使流通在外的普通股股数发生变动时，每股盈余应以流通在外的普通股加权平均股数作为计算基础，其计算公式为

$$每股盈余=\frac{净利润-优先股股利}{流通在外的普通股加权平均股数}$$

所谓流通在外的普通股加权平均股数，是指对某一会计期间不同日期发行的普通股，

按照其在该会计期间内的流通在外日数进行加权平均的数量。即不同流通时期的普通股，乘以其在该会计期间内的流通日数，再将积数加总求和，然后除以权数（总流量日数），得出加权平均股数。

普通股流动在外股数变动的原因主要包括：

（1）增资发行新股。

（2）履行对认股权、认股证的承诺发行普通股。

（3）发放股票股数或进行股票分割。

（4）可转换证券转为普通股。

（5）企业合并。

（6）库藏股票的购买与再发行。

这些原因对于每股盈余的计算，可分为需追溯调整与无需追溯调整两大类。

无需追溯调整的股数变动是指普通股流动在外的股数变动时，仅考虑该变动后所增加的股数实际流通在外的时间即可，而不必追溯该变动以前可能存在的潜在变动。这些因素主要包括增资发行新股、履行对认股权或认股证的承诺增发普通股、采用购买法处理的企业合并及库藏股票的购买与再发行等。

【例7-2】 某公司2015年度流通在外的普通股股数的变动情况如表7-6所示。

表7-6 某公司2015年度流通在外的普通股股数的变动情况

日期	普通股变动事项	股数/万股
1月1日	期初流动在外股数	1 200
3月1日	增资发行新股	600
5月1日	履行对认股权的承诺增发股数	300
7月1日	购入库藏股	（300）
10月1日	发行股份合并另一公司	500
11月1日	出售库藏股	150
12月31日	期末流通在外股数	2 450

则2015年度该公司流通在外的普通股加权平均股数如表7-7所示。

表7-7 该公司2015年度流通在外的普通股加权平均股数计算

期间	变动事项	变动股数/万股	总股数/万股	日数/天	积数/万股·天
1月1日~2月28日	流通在外股数	-	1 200	59	70 800
3月1日~4月30日	增资发行新股	600	1 800	61	109 800
5月1日~6月30日	履行对认股权的承诺	300	2 100	61	128 100
7月1日~9月30日	购入库藏股	（300）	1 800	92	165 600
10月1日~10月31日	发行股份合并另一公司	500	2 300	31	71 300
11月1日~12月31日	出售库藏股	150	2 450	61	149 450
合计	—	—	—	365	695 050

该公司2015年度流通在外的加权平均股数为

$$\frac{695\ 050\text{ 万股·天}}{365\text{ 天}}=1904.246\text{ 万股}$$

需要追溯调整的股数变动是指在计算流通在外的普通股加权平均股数时，以最近的资本结构为基础，对这一变动予以追溯变动，然后以调整后的加权平均数作为计算每股盈余的基础。需要追溯调整的股数变动包括发放股票股利、股票分割或反分割、可转换证券转为普通股及采用权益法处理的企业合并等因素引起的流通在外的普通股股数变动等。

【例7-3】 X公司除发行在外普通股外，还发行在外不可转换优先股200 000股，每股面值为100元，股利率为10%。该公司2013～2015年普通股变动情况如表7-8所示。

表7-8 X公司2013年～2015年普通股变动情况

日期	事项	股数/万股
2013年1月1日	期初流动在外股数	20 000
2013年7月1日	增长发行新股	10 000
2013年8月1日	与其他公司合并发行新股（权益法）	5 000
2014年4月1日	增资发行新股	4 000
2014年6月1日	股票分割为1:2	3 900
2015年5月1日	股票股利率为10%	7 800
2015年7月1日	购买库藏股	（800）
2015年12月31日	期末流通在外普通股	85 000

则三年内各年度流通在外的普通股加权平均股数计算如表7-9～表7-11所示。

表7-9 2013年度流通在外普通股加权平均股数计算

单位：万股

期初流通在外股数	20 000
7月1日增资发行新股（$10\ 000\times\frac{6}{12}$）	5 000
8月1日企业合并发行新股（权益法下视为期初已发行流通在外）	5 000
合计	30 000

表7-10 2014年度流通在外普通股加权平均股数计算

单位：万股

期初流通在外股数	35 000
4月1日增资发行新股（$4\ 000\times\frac{9}{12}$）	3 000
6月1日股票分割（1:2）	38 000
合计	76 000
加：2015年5月1日股票股利（10%）	7 600
2014年流通在外普通股加权平均股数	83 600

表 7-11　2015 年度流通在外普通股加权平均股数计算

单位：万股

期初流通在外股数	78 000
加：5 月 1 日股票股利（10%）	7 800
减：7 月 1 日购买库藏股票（$800\times\frac{6}{12}$）	400
2015 年流通在外普通股加权平均股数	85 400

由上述计算可以看出：

（1）增资发行新股时，不做追溯调整，而从发行日计算，因为股份发行后才增加营运资金。

（2）购买库藏股票或出售库藏股票时不做追溯调整，因为购买或出售后才减少或增加企业的净资产。

（3）企业合并如采用权益法处理，则因合并而发行的股份，应视为期初已流通在外，需要追溯调整；但若采用购买法处理，则以发行日起算，不做追溯调整。

（4）股票分割与股票股利，需要追溯调整至以前各年度，因为股票分割或股票股利并不增加或减少企业的净资产，只是股票数量上的变动，若不做追溯调整，则各年度计算的每股盈余的计算基础不一致，数字将失去可比性。

若该公司 2013 ~2015 年度的净利润分别为 1 386 万元、2 304. 8 万元、2 732. 8 万元，则三个年度的每股盈余如表 7 – 12 所示：

表 7-12　该公司三个年度的每股盈余

项目	2013 年度	2014 年度	2015 年度
净利润/万元	1 386	2 340. 8	2 732. 8
优先股利/万元	200	200	200
普通股净利/万元	1 186	2 140. 8	2 532. 8
加权平均股数/万股	66 000	83 600	85 400
每股盈余/元	0. 018	0. 0256	0. 0297

二、复杂资本结构每股盈余

与简单资本结构相对的是复杂资本结构。所谓复杂资本结构，是指公司除发行在外普通股之外，还发行在外可转为普通股的其他证券，如可转换优先股、可转换债券、认股权、认股证等，并且这些证券的潜在稀释作用是显著的，即不低于 3%。这些证券形式上虽然不是普通股，但可以转化为普通股，因此一般称之为约当普通股。

约当普通股一旦转为普通股，将使普通股每股盈余降低。而且这些证券是否将转为普通股，是发行公司难以控制、难以预测的。因此，在计算每股盈余时，应考虑具有潜在稀释作用的约当普通股。

美国注册会计师协会会计原则委员会第 15 号意见书认为，约当普通股一般包括可转换证券、认股权、认股证、认股契约、参加性证券、或有股份及子公司证券等。现分别说明如下：

1. 可转换证券

可转换证券是指公司发行的可转为普通股的证券，通常包括可转换优先股与可转换债券两种。可转换证券并非一定是约当普通股，其是否为约当普通股，应于发行时即予以确定；一旦确定，不能再改变。根据美国的一般公认会计准则，公司发行可转换证券，如果以市价或公允价值为基础计算的现金收益率，低于同期银行利率的三分之二时，应视为约当普通股。投资者之所以愿意以如此低的收益率购买证券，主要原因在于计划将来转为普通股，因而这种证券极有可能转为普通股。另外，在以前发行的可转换证券发行时未确认为约当普通股，但后来又发行相同证券时确认为约当普通股，则应在该发行日起，将先前发行的证券一起确定为约当普通股。相反，若以前年度发行的可转换证券被确认为约当普通股，而以后又发行的相同证券虽不符合约当普通股的认定条件，但仍然应自发行起将其确认为约当普通股。

例如，某公司 2013 年 7 月 1 日发行利率 10% 的可转换证券，发行时银行基本利率为 15%，因该债券的收益率（10%）不低于银行基本利率的三分之二（$15\% \times \frac{2}{3} = 10\%$），则不得将其确认为约当普通股。若该公司 2014 年 1 月 1 日又发行同样的可转换证券，而当时银行基本利率上升至 18%，则应将其以及 2013 年 7 月 1 日发行的同类债券一起自 2014 年 1 月 1 日起确认为约当普通股。

在计算流通在外的普通股加权平均股数时，对于确认为约当普通股的可转换债券，假定发行日起已转换为普通股，其后各期也同样如此。实际转换期究竟在何时，并不重要。

2. 认股权、认股证、认股契约

公司如有流通在外的认股权、认股证或认股契约，则均视为约当普通股，除非其具有的潜在稀释影响低于 3%，或具有反稀释作用。

确定认股权、认股证或认股契约是否具有稀释作用时，一般采用库藏股票法。此法假定认股权、认股证或认股契约在发行日即用以购买普通股，公司以所得现金在各期按当期普通股的平均市价购回库藏股票，则约当普通股的股数为

$$约当普通股 = 可认购股数 - \frac{认股权证认购价格 \times 认购数}{普通股每股市价}$$

例如，假定某公司期初流通在外的认股权为 10 000 股，可按每股 6 元的价格购买普通股，当年度公司普通股平均市价为每股 10 元。利用库藏股票法，假定该认股证期初即被用于购买普通股，公司可得价款 60000 元，然后公司将该款项用于从市场上购回库藏股票 6 000 股（60 000 ÷ 10），因此约当普通股为 4 000 股。通过假定的这种交易，公司的资产

未有任何变化，也就是公司的经营条件没有变化。

如果认股权、认股证或认股契约所规定的认购价格，超过普通股的市场价格时，可以合理预期这些证券的持有者不会行使认购普通股的权利，因此对每股盈余不产生稀释作用。所以，美国会计原则委员会（APB）第 15 号意见书认为，除非每股盈余所属期间（会计年度）的最后连续三个月内，普通股的市价都远远超过认股权证所规定的认购价格，否则不应假定认股证已用于购买普通股，这时，不应视之为约当普通股。

但是，应用库藏股票法时，也有若干限制。根据 APB 第 15 号意见书的规定，在下列情况下，应对该法加以修正：

（1）履行认股权、认股证或认股契约而使公司获得资金的用途受到限制。例如，公司在发行认股权、认股证或认股契约的条款中规定应将履行权利所得价款的全部或部分用于偿还债务；债券发行时附有认股证，其条款中规定所得资金用于偿还该债券；可转换证券转换为普通股时发行公司需要支付给转换者若干现金。在上述各种情况下，利用库藏股票法时，应假定所获得的款项先依条件规定的用途进行使用，剩余资金再用以购买库藏股票。

（2）持有人履行认股证的权利而使公司所增发的股数超过期末流通在外普通股股数的 20% 时，应假定所有认股证都被履行，所得款项按以下两个步骤使用：

1）按库藏股票法的方式，以当期平均市价购买不超过期末实际流通在外股数的 20% 的库藏股票。

2）购买流通在外普通股的 20% 以后，还有剩余资金，则假定用以偿还各种长短期债务；若之后还有剩余，则假定投资于政府债券或商业本票。这时要将偿还负债所节省的利息费用与投资所得的收益计入当期的净利润中，并考虑所得税的影响。

3. 参加性证券

有些公司除发行普通股外，可能还发行一些具有固定股利或利率，并且有权参加普通股利润分配的证券，如参加优先股、参加债券等。这些证券从利润分配的角度而言，其性质与普通股类似，因此，即使它们不能转换为普通股，也应在计算每股盈余时，将其视为约当普通股。

4. 或有股份

某些公司可能规定在满足某种条件时将发行股份，例如若当年度的净利润增加 1 000 万元，则发行 100 万元股份。股份是否发行，要看特定条件是否得以满足而定，则此种股份称为或有股份。如果某一年度内该条件得以满足，则公司就应发行规定的股份，即使应发股份尚未发行，在计算每股盈余时，也应将其视为已发行股份。

5. 子公司证券

编制合并报表，计算合并的每股盈余时，子公司的下列证券应视为约当普通股：

（1）子公司自身的约当普通股。

（2）子公司的可转换证券虽非约当普通股，但在计算充分稀释每股盈余（后面要讲到）时，应包括该证券。

（3）子公司可转换为母公司普通股的证券。

（4）子公司发行的可以购买母公司普通股的认股权或认股证。

6. 反稀释作用

在计算每股盈余时，某些约当普通股加入后将使每股盈余增加或每股损失减少，这称为反稀释。对于具有反稀释作用的约当普通股在计算每股盈余时，不应列入计算基数，以避免出现反稀释效果。

【例 7-4】 某公司 2013 年年末流通在外的普通股为 10 000 000 股，2014 年初发行股利率为 9% 的可转换优先股 500 000 股，每股面值为 100 元。每一优先股可调换一普通股。若当年度的银行基本利率为 15%，2014 年度公司普通股无其他变动，当年度公司净利润为7 500 000元。那么普通股每股盈余在优先股不转换的前提下为

$$\frac{(7\ 500\ 000-100\times 9\%\times 500\ 000)\text{元}}{10\ 000\ 000\ \text{股}}=0.3\ \text{元/股}$$

若假定优先股全部转为普通股，那么每股盈余为

$$\frac{7\ 500\ 000\ \text{元}}{10\ 500\ 000\ \text{股}}=0.71\ \text{元/股}$$

显然，该可转换优先股不仅未稀释每股盈余，反而使每股盈余由 0.3 元/股上升至 0.71 元/股，即具有反稀释作用。在这种情况下计算每股盈余时，不应将该可转换优先股计入，也就是说，每股盈余应为 0.3 元/股，而不是 0.71 元/股。一般约当普通股每股盈余（简单资本结构下）小于可转换证券的每股股利（利息）时，可转换证券对每股盈余有反稀释作用。

考虑到上述具有稀释或反稀释作用的约当普通股的影响，在复杂资本结构下，每股盈余有两种形态：基本每股盈余与充分稀释每股盈余。

基本每股盈余是指仅考虑上述具有潜在稀释作用的约当普通股的影响而计算的每股盈余。其计算公式为

$$\text{基本每股盈余}=\frac{\text{属于普通股及约当普通股的净利}}{\text{普通股流通在外加权平均数}+\text{约当普通股流通在外加权平均数}}$$

属于普通股及约当普通股的净利，包括公司盈利中属于普通股股东与约当普通股持有人的部分，如属于普通股的净利润和属于约当普通股的可转换债券的利息与可转换优先股的股利等。因此，以上公式又可列示为

$$\text{基本每股盈余}=\frac{\text{净利润}+\text{可转换债券利息(税后)}-\text{无稀释作用的优先股股利}}{\text{普通股与约当普通股流通在外的加权平均数}}$$

【例 7-5】 假设某公司 2015 年度有关证券事项如表 7-13 所示。

表 7-13　某公司 2015 年度有关证券事项

日期	事　项	股数/万股
1 月 1 日	期初流通在外普通股数	6 000
1 月 1 日	发行认股权（认购价格为 15 元）	800
4 月 1 日	利率 8% 的可转换债券转为普通股（金额为 40 000 万元）	1 000
4 月 1 日	发行股利率 9% 可转换优先股（每股可换一普通股）	800
12 月 31 日	期末流通在外普通股股数	7 000

其他有关资料如下：

（1）利率 8% 的可转换债券发行时确认为约当普通股。

（2）2015 年 4 月 1 日的银行基本利率为 15%。

（3）2015 年度普通股平均每股市价为 20 元。

（4）2015 年度公司的净利润（税后）为 15 000 万元。

（5）所得税税率为 30%。

根据上述资料，该公司的基本每股盈余的计算如下：

属于普通股及约当普通股的盈余为

$$15\,000\text{万元}+40\,000\text{万元}\times 8\%\times\frac{3}{12}\times(1-30\%)=15\,560\text{万元}$$

普通股与约当普通股的加权平均数为

1 月 1 日，流通在外股数 $=6\,000\text{万股}\times\frac{12}{12}=6\,000\text{万股}$

1 月 1 日，发行认股权 $=800\text{万股}-\frac{800\times 15}{20}\text{万股}=200\text{万股}$

4 月 1 日，可转换债券转为普通股 $=1\,000\text{万股}\times\frac{12}{12}=1\,000\text{万股}$

4 月 1 日，发行可转换优先股 $=800\text{万股}\times\frac{9}{12}=600\text{万股}$

加权平均数：$=(6\,000+200+1\,000+600)\text{万股}=7\,800\text{万股}$

所以，基本每股盈余 $=\frac{15\,560\text{万元}}{7\,800\text{万股}}=2.21\text{元/股}$

充分稀释每股盈余在计算时不仅考虑具有潜在稀释作用的约当普通股，还考虑到非约当普通股具有的稀释作用。例如可转换证券的收益率高于当时银行基本利率的三分之二时，为非约当普通股，但它具有潜在的稀释作用，因此在计算充分稀释每股盈余时，应考虑到这种稀释作用。

计算充分稀释每股盈余是基于稳健性原则，以充分反映公司潜在的对每股盈余的最大稀释效果。因此，具有潜在稀释影响的证券，不论其是否为约当普通股，都假定在发行日已转换为或已发行了普通股。但如果某种证券具有反稀释作用，则予以排除。同时在计算时，对于流通在外的认股权或认股证，同样采用库藏股票法计算，但如果期末市价高于当年度平均市价，则在计算充分稀释每股盈余时应假定按期末市价购回库藏股。

对于简单资本结构，仅需计算单一的每股盈余。但对于复杂资本结构，则不仅需要计算基本每股盈余，还需要计算充分稀释每股盈余，以反映公司在最可能的情况下与最稳健的情况下的每股盈余。提供每股盈余的资料，是公司管理当局的责任。

上述每股盈余的计算方法，是以美国注册会计师协会（AICPA）会计原则委员会第15号意见书为依据的。这种计算方法，考虑到了各种因素对每股盈余的影响，是一种比较科学可靠的方法。但是这种方法也存在一些不足之处，受到了人们的批评。

（1）计算每股盈余时，将若干种证券列为约当普通股，但在资产负债表中，都不列为所有者权益。因而，财务报表的分析者以相同的利润数字对每股盈余与负债杠杆作用进行分析时，如何相互结合是一大问题。

（2）判断认股权与认股证是否为约当普通股时，若假定将所获资金全部用于购买流通在外的普通股，则无法充分反映其潜在的稀释作用。但20%的限制则纯粹是任意的规定，缺乏逻辑基础。

（3）判断可转换证券是否为普通股，是以发行时的收益率是否低于当时银行基本利率的三分之二为标准。但银行基本利率的确定是一个难题。譬如选择存款利率还是贷款利率，短期利率还是长期利率，是值得考虑的问题。

（4）认股权与认股证一般均被视为约当普通股，但是否有稀释作用，则视认购价格与股票市价的大小而定。股票价格将影响每股盈余，而每股盈余也将影响股票价格。因此，对于每股盈余的预测，不仅要考虑将来的利润水平，还要考虑将来的股票价格。

第四节　投资报酬的其他分析方法

在进行投资报酬分析时，单纯的比率不具有说服力。不同的行业、不同的时期、不同的经济环境，使得各个比率的数字显得苍白乏力。在对投资报酬进行分析时，结合其他一些分析方法，可以使结果更合理可靠、更有说服力。

一、比较分析

比较分析包括横向比较与纵向比较两种。横向比较是指与同一行业的其他企业比较、与同行业的平均水平或大多数企业的平均水平比较，以及与其他行业的平均水平比较。通过比较，可以看出本企业在行业中所处的地位、与其他企业的差别以及行业之间的差别，并可以分析发生这种情况的原因是由于经济形势所致，行业内部原因所致还是本企业经营不利所致。

【例7-6】某公司2015年度的投资报酬率与行业内其他企业及其他行业的比较如表7-14所示。

表 7-14　某公司 2015 年度的投资报酬率与行业内其他企业及其他行业的比较

投资基数观念	总资产观念（%）	长期资金观念（%）	股东权益观念（%）
公司	8. 77	6. 62	5. 53
行业平均水平	8. 20	9. 36	10. 25
行业最好水平	9. 85	11. 38	15. 74
行业最差水平	6. 40	-3. 31	-4. 24
其他行业最好水平（平均）	12. 51	17. 84	21. 27
其他行业最差水平（平均）	0. 45	1. 32	1. 17

通过比较可以看出：

（1）该公司的投资报酬率随投资基数范围的变小而逐次下降，总资产观念下为 8. 77%，长期资金观念下为 6. 62%，而股东权益观念下又降为 5. 53%，此数据显示该公司的投资报酬不充分，低于其借款的利息率。财务杠杆系数为 0. 755（6. 62% ÷8. 77%）。

（2）该公司的投资报酬率低于行业平均水平，虽然不是行业中最差水平，但与最好水平差距很大。这显然与该公司的经营有关，公司应从内部分析原因，采取措施加以改进。

（3）与其他行业相比，本行业处于中游水平。这主要是由于本行业是一个较成熟稳定的行业。

纵向比较是指同一企业各期投资报酬率的比较与分析。纵向比较是一种趋势分析，一般要将多期的数字（一般至少 5 年的数字，可以为 10 年期至更多期）加以比较分析。在比较的时候，可以以第一年的投资报酬率为基数，计算各期投资报酬率对基数的相对比率，借以了解各期变动的幅度。也可以用环比数列，即将每一期的投资报酬率与其前一期的数字相比较，逐一算出各个比率。还可以求出各年与前一年投资报酬率的增减幅度，并进行比较分析。

【例 7-7】某公司投资报酬率的多期趋势分析如表 7-15 所示。

表 7-15　某公司投资报酬率的多期趋势分析

年份 项目	2012 年度	2013 年度	2014 年度	2015 年度
总资产报酬率（%）	11. 39	11. 39	6. 84	-1. 55
趋势百分数（%）	100. 00	100. 00	60. 05	-13. 61
长期资产报酬率（%）	13. 29	12. 87	7. 30	-3. 85
趋势百分数（%）	100. 00	96. 84	54. 93	-28. 97
股东权益报酬率（%）	19. 05	17. 57	8. 24	-10. 24
趋势百分数（%）	100. 00	92. 23	43. 25	-53. 75

企业在具体分析时，可同时结合使用横向比较与纵向比较，即不仅对本企业做趋势比

较，同时与其他企业、企业平均水平及其行业等的趋势与发展做比较分析。这样，分析的结果将更有生命力。

二、图形分析

用于分析投资报酬的图形方式有很多，如无差异曲线图、趋势分析图等。

1. 无差异曲线图

投资报酬率的无差异曲线图如图 7-1 所示。

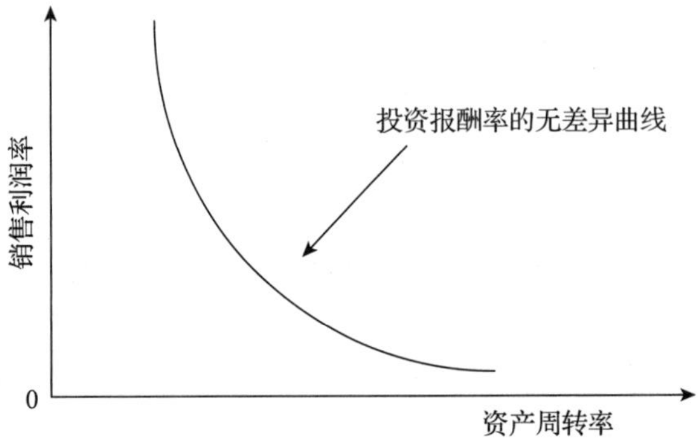

图 7-1 投资报酬率的无差异曲线图

在该曲线上，各点代表的投资报酬率是一致的。该曲线表明，为保持既定的投资报酬率，当资产周转率变动时，销售利润率应如何随之变动。

2. 趋势分析图

在进行趋势分析时，结合图形会使分析更直观、更形象。

例如，表 7-12 中的投资报酬率可以用趋势分析图表示，其如图 7-2 所示。

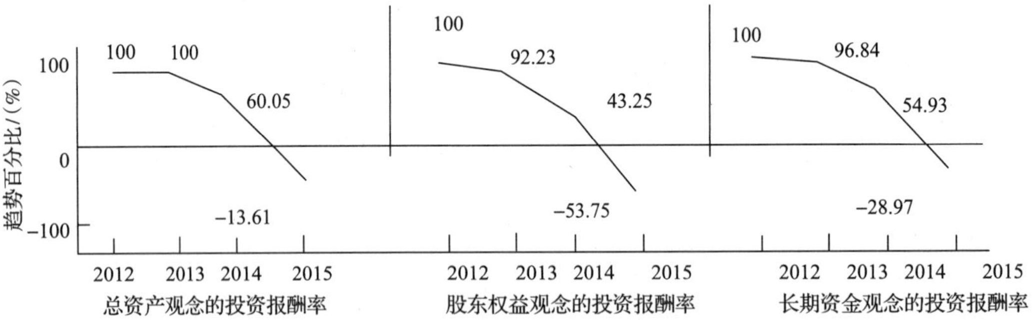

图 7-2 投资报酬率趋势分析图

三、特殊分析

对投资报酬的特殊分析，主要是对某些特定指标做进一步的深入分析。分析的目的在于揭示各项目或比率间的影响关系，或阐明指标形成与变动的原因，使分析结果更深刻、更详细。例如，将总资产投资报酬率分解为销售利润率与资产周转率是一个典型例子。

下面以每股盈余的变动分析为例，说明特殊分析的一些方法，HD公司每股盈余变动分析如表7-16所示。

表7-16　HD公司每股盈余变动分析

单位：元

2015年度每股盈余		11.08
公司经营导致的增加额		
销售量增加	4.80	
原材料价格下降	0.24	
生产成本节省	1.48	
合计		6.52
公司经营导致的减少额		
销售量下降	1.00	
销售与销售管理费用上升	0.40	
公司研究开发费用增加	1.56	
合计		(2.96)
营业外收支项目		
营业外收入		1.08
营业外支出		(0.40)
本年度发行股份的影响		(0.44)
2016年度每股盈余		14.88
每股盈余增加额		3.80

第五节　投资报酬分析的应用

投资报酬分析是财务报表分析的基本方法之一。这种分析方法在投资者的投资决策、企业内部管理与决策、企业业绩评价等各个方面有广泛的应用。投资报酬的各种比率，提供了各方面进行决策的比较可靠、实用的指标。

下面简单介绍几个有关投资报酬率分析的具体实例。

一、投资决策

投资报酬率代表了某个企业一定投资基数的盈利能力。投资者面对不同的被投资企业，在选择投资对象时，投资报酬率是一个非常有效的指标。

【例7-8】 有A、B、C三家公司，其股票的市价相同。三家公司2016年度合理预计的息前税前利润都是2 500万元。2015年年末，三家公司的资本结构如表7-17所示。

表 7-17　三家公司的资本结构

单位：万元

项目	A	B	C
应付公司债券（利率 10%）	—	—	15 000
优先股（股利率 8%）	—	15 000	—
普通股（面值 10 元）	30 000	15 000	15 000
留存收益	2 400	2 400	2 400
合　计	32 400	32 400	32 400

假设三家公司的所得税税率均为 30%，那么三家公司的股东权益投资报酬如表 7-18 所示。

表 7-18　三家公司的股东权益投资报酬

项目	A	B	C
息前税前利润/万元	2 500	2 500	2 500
减：利息费用/万元	0	0	1 500
减：所得税费用/万元	750	750	300
税后净利润/万元	1 750	1 750	700
减：优先股股利/万元	0	1 200	0
普通股净利润/万元	1 750	550	700
普通股每股盈余	0.058	0.037	0.047
普通股投资报酬率	0.054	0.031 6	0.040 2
股东权益投资报酬率	0.054	0.054	0.040 2
长期资金投资报酬率	0.054	0.054	0.054

通过比较可以看出，三家公司的长期资金投资报酬率相同，但 A 公司普通股投资报酬率最高，普通股每股盈余也最高，因此，如果这三家公司的股票供投资者选择，理性的投资者将选择 A 公司的股票。

但是，当三家公司 2016 年度预期的息税前利润达到 8 000 万元时，投资者的选择将有变化，显然，投资者将选择 C 公司的股票。三家公司 2016 年的股东权益投资报酬率如表 7-19 所示。

表 7-19　三家公司 2016 年的股东权益投资报酬率计算表

单位：万元

项目	A	B	C
息前税前利润	8 000	8 000	8 000
减：利息费用	0	0	1 500
减：所得税费用	2 400	2 400	1 950

（续）

项目	A	B	C
税后净利润	5 600	5 600	4 550
减：优先股股利	0	1 200	0
普通股净利润	5 600	4 400	4 550
普通股每股盈余	0. 187	0. 293	0. 303
普通股投资报酬率	0. 173	0. 253	0. 261
股东权益投资报酬率	0. 173	0. 173	0. 261
长期资金投资报酬率	0. 173	0. 173	0. 173

二、租赁决策

【例 7-9】假设 X 公司 2010 年末的股东权益包括普通股股本 2 000 万元，留存收益 400 万元。该公司打算于 2011 年初添置设备一套，估计成本为 1 600 万元，可用 5 年，无残值。

对此，该公司有两个方案：

（1）购买。发行股利率 10% 的优先股 1 600 万元用于购置设备，设备用直线法折旧。

（2）租赁。租赁该设备 5 年，每年年末支付租金 400 万元；同时，从 2011 年开始，每年年初从银行借款 400 万元，银行借款利率为 10%。

假设该设备投入使用后，X 公司每年可获得税前利益 1 000 万元（未扣除利息费用及新设备的折旧或租金）

另外，该公司计划每年发放普通股现金股利 10%。

本例中，我们应用普通股股东权益观念的投资报酬率，对两个方案进行比较与评价。

1. 购买方案对各年度损益及留存收益的影响

购买方案对各年度损益及留存收益的影响如表 7-20 所示。

表 7-20　购买方案对各年度损益及留存收益的影响

单位：万元

项目	每年增加额
税前利润（扣除折旧前）	1 000
减：折旧	(320)
减：所得税费用	(204)
税后利润	476
减：优先股股利	(160)
普通股净利润	316
减：普通股股利	(200)
留存收益	116

2. 租赁方案对各年损益及留存收益的影响

该设备以融资租赁方式租入的，根据一般会计原则，融资租赁方式租入的固定资产应作为自有资产入账，同时确认应付租赁额为非流动负债，确认的金额为各期应付租赁款的现金。即该设备与非流动负债的确认金额为：

$$400\text{ 万元}\times P(A,5,10\%)=1\ 516.4\text{ 万元}$$

其中，$P\ (A, 5, 10\%)$ 为贴现率10%的5年期年金现值系数。

X公司每年支付的租金400万元中，一部分为非流动负债的利息费用，其余为偿还负债本金。具体计算如表7-21所示。

表7-21　X公司每年支付租金及利息计算表

单位：元

日期	年租金	利息费用	偿还本金	租金负债余额	借款利息	总利息费用
	(1)	(2) = (4) ×10%	(3) = (1) - (2)	(4)	(5)	(6) = (2) + (5)
2011年	—	—	—	15 164 000	—	—
2011年年末	4 000 000	1 516 400	2 483 600	12 680 400	400 000	1 916 400
2012年年末	4 000 000	1 268 040	2 731 960	9 948 440	800 000	2 068 040
2013年年末	4 000 000	994 844	3 005 156	6 943 284	1 200 000	2 194 844
2014年年末	4 000 000	694 328	3 305 672	3 637 612	1 600 000	2 294 844
2015年年末	4 000 000	362 388	3 637 612	0	2 000 000	2 362 388
合　计	20 000 000	4 836 000	15 164 000	—	6 000 000	10 836 516

因此，租赁方案对各年损益影响计算如表7-22所示。

表7-22　租赁方案对各年损益影响计算表

单位：元

项　目	2011年	2012年	2013年	2014年	2015年	合　计
税前利益	10 000 000	10 000 000	10 000 000	10 000 000	10 000 000	50 000 000
减：折旧	3 032 800	3 032 800	3 032 800	3 032 800	3 032 800	15 164 000
利息费用	1 916 400	2 068 040	2 194 844	2 294 328	2 362 800	10 836 000
税前利润	5 050 800	4 899 160	4 772 356	4 672 872	4 604 812	24 000 000
减：所得税费用	1 515 240	1 469 748	1 431 706	1 401 862	1 381 444	7 200 000
税后利润	3 535 560	3 429 412	3 340 650	3 271 010	3 223 368	16 800 000
减：普通股股利	2 000 000	2 000 000	2 000 000	2 000 000	2 000 000	10 000 000
留存收益	1 535 560	1 429 412	1 340 650	1 271 010	1 223 368	6 800 000

这两个方案对各年度普通股股东权益的影响如表7-23和表7-24所示。

表 7-23　购买方案对各年度普通股股东权益的影响

单位：万元

项目	2011 年年初	2011 年年末	2012 年年末	2013 年年末	2014 年年末	2015 年年末
股东	2 000	2 000	2 000	2 000	2 000	2 000
留存收益	400	516	632	748	864	980
合　计	2 400	2 516	2 632	2 748	2 864	2 980

表 7-24　租赁方案对各年度普通股股东权益的影响

单位：元

项目	2011 年年初	2011 年年末	2012 年年末	2013 年年末	2014 年年末	2015 年年末
股东	20 000 000	20 000 000	20 000 000	20 000 000	20 000 000	20 000 000
留存收益	400 000	5 535 560	6 964 972	8 305 622	9 576 632	10 800 000
合　计	2 400 000	25 535 560	26 964 972	28 305 622	29 576 632	30 800 000

因此，两个方案各年度的普通股股东权益投资报酬率如表 7-25 所示。

表 7-25　两个方案各年度的普通股股东权益投资报酬率

项目	2011 年	2012 年	2013 年	2014 年	2015 年	平均
购买（%）	12.86	12.28	11.75	11.26	10.81	11.79
租赁（%）	14.27	13.06	12.09	11.30	10.68	12.28

从上表可以看出，从普通股股东的角度看，2011 年～2014 年租赁方案的投资报酬率均高于购买方案，并且租赁方案的投资报酬率的五年平均水平也高于购买方案，只有 2015 年，购买方案的投资报酬率稍高于租赁方案。而且从留存收益的增长看，租赁方案也比购买方案优。因此，如果从普通股股东的利益出发，那么该公司应该选择租赁方案。

可以看出：

（1）Q 公司投资报酬率不高，主要由于销售利润率偏低，所以应提高售价或降低成本。

（2）S 公司投资报酬率偏低的主要原因是资产周转率太高，应提高销售额或充分利用各项资产，淘汰闲置或低效率的资产。

三、投资报酬率分析的局限

投资报酬率是报表分析者常用的一个指标，主要用于决策与业绩评价。但这一比率也存在明显的不足，即在用其进行投资决策时，没有考虑资金的时间价值，对于一个投资方案，用该种方法计算的投资报酬率只是该方案的账面收益率，而不是实际收益率。因此，用投资报酬率进行投资方案的选择，可靠性难以保证。

考虑到资金的时间价值，在进行投资决策时，一般选用内部收益率作为投资方案的实际投资报酬率。内部收益率是使投资方案各期现金流量的现值和等于初始投资的折现率。

第八章

资产运用效率分析

第一节　资产运用效率概述

一、资产运用效率的概念

资产运用效率是指企业的总营业收入（包括销售收入、加工收入以及其他各项服务收入）净额与各项营运资产的比例关系。它属于资产负债表和利润表的联合分析，也就是对资产负债表和利润表内相关的各个项目进行比率分析，来评估企业运用各项资产的效率高低，如果企业仅有销售收入，则以销售收入净额代替营业收入净额。

二、资产运用效率的意义

一般而言，对于一个企业的经营，其销售收入越多，所需投入的资产也就越多。企业的各项资产是否与销售收入保持合理的比例关系，各项资产对收入的贡献达到何种程度，有无过分投资于各项资产的现象，这些问题对于企业投资报酬率均有重大的影响。有关这些问题，财务分析者通常可以通过资产运用效率给予分析。

企业经营的目的在于有效地运用各项资产来获取合理的利润。因此，为了有效衡量企业的经营绩效，一般财务分析者均以投资报酬率作为评价的标准，因为其更为直接，而将资产运用效率的各项比率作为投资报酬的补充比率。

通常，如果一个企业其他条件不变，当销售收入下降时，资产周转率越低，则表明企业对各项资产的运用效率不佳，这可能是因为管理者缺乏管理绩效。反之，当销售收入上升时，资产周转率越高，则表示该企业对各项资产的运用效率越高，说明管理者有着良好的管理业绩。所以资产运用效率各项比率是评价与考核企业管理当局业绩的一项有用工具。

当然，作为管理者自身来讲，他们也会利用这些指标来确定和实现企业经济资源的最佳配置。

第二节　资产运用效率的比率分析

资产运用效率各项比率的计算，通常按下列公式求得

$$资产运用效率各项比率=\frac{销售净额}{各项资产}$$

在实务中，对于销售收入的计算，要以销售收入扣除销售折让与退回、销售折扣以后的销售净额为准。至于各项资产，则以其账面价值（各项资产的账列成本扣除备抵与折旧或摊销后的净额）作为计算的根据。当各项资产在计算期内发生剧烈变化时，应该改按期初资产与期末资产价值的平均数作为计算根据才更合理。此时，资产运用效率比率的计算公式应修正为

$$资产运用效率比率=\frac{销售净额}{\frac{1}{2}（资产期初余额+资产期末余额）}$$

资产平均值也可用资产 12 个月末的余额加总后再除以 12 求得。

一般常用的资产运用效率比率，主要有以下各项：销售对现金比率、销售对应收账款比率、销售对存款比率、销售对营运资金比率、销售对固定资产比率、销售对总资产比率。下面将给予分别讨论，一家公司的利润表和资产负债表如表 8-1 和表 8-2 所示。

表 8-1　利润表

编制单位：长城公司　　　　单位：千元

项　目	2014 年度	2013 年度
销售收入	3 074	2 567
减：销售成本	2 088	1 711
毛利	986	856
减：经营费用		
销售费用	100	108
管理费用	229	222
折旧费用	239	223
合计：	568	553
经营利润	418	303
减：利息费用	93	91
税前利润费用	325	212
减：所得税费用	94	64
税后净利	231	148
减：优先股股利	10	10
可分配盈余	221	138
每股盈余/元	2. 9	1. 81

表 8-2　资产负债表

单位：千元

项　目	2014 年 12 月 31 日	2013 年 12 月 31 日
资产		
流动资产：		
货币现金	363	288
有价证券	68	51
应收账款	503	365
存货	289	300
合计：	1 223	1 004
固定资产	4 669	4 322
减：累计折旧	2 295	2 056
固定资产净值	2 374	2 266
资产总计	3 597	3 270
负债及所有者权益		
流动负债：		
应付账款	382	270
应付票据	79	99
应付利息	159	114
合计：	620	483
非流动负债	1 023	967
负债合计	1 643	1 450
所有者权益：		
优先股	200	200
普通股	191	190
资本公积	428	418
留存收益	1 135	1 012
合计：	1 954	1 820
负债及所有者权益总计	3 597	3 270

一、销售对现金比率

这一比率是用来衡量企业运用现金效率的高低，同时也显示企业是否保持足够的现金，以应付营业上的需要。

销售对现金比率的计算公式为

$$\text{销售对现金比率} = \frac{\text{销售收入}}{\text{现金}} = \frac{3\ 074\ \text{千元}}{363\ \text{千元}} = 8.5$$

一般来说，不论任何行业，销售收入与现金之间必定会保持某种程度的关系，也就是说，不论其销售收入为多少，均会拥有某一水准的现金数额，以维持正常的营业周转。若这一比率过高，并且不能迅速获得贷款而又无其他资金可用时，可能导致现金的短缺，无法应付日常现金交易的需要，从而造成财务上的混乱，使企业经营陷于瘫痪。反之，如果企业的销售对现金比率偏低，则意味着企业有闲置资金存在。现金是不生息资产，企业之所以储备过量现金，可能是针对某一特定未决事项，不得已而为之。因此，对这一比率的把握，实际上就是在流动性与盈利性之间做一权衡。

二、销售对应收账款比率

这一比率又称为应收账款周转率，它是分析企业应收账款变现速度的一个重要指标，体现了企业销售信贷以及收款政策的成效。

销售对应收账款比率的计算公式为

$$\text{销售对应收账款比率}=\frac{\text{赊销净额}}{\text{应收账款}}$$

由于企业公开披露的会计资料中很少标明赊销数字，在这种情况下，一般用销售总额取代，但必须注意的是，这样会高估销售对应收账款比率或缩短应收账款的账龄。

$$\text{长城公司销售对应收账款比率}=\frac{3\ 074\text{ 千元}}{503\text{ 千元}}=6.1$$

对于销售具有较强季节性的企业来说，在运用这一比率时，以季度或月度数字取代年度平均数字更有意义。

原则上，由于销售收入或营业上其他收入所发生的应收票据，也可包括在其中，一并计算销售对应收账款比率。

与这一指标相连的是应收账款收账期，其计算公式为

$$\text{应收账款收账期}=\frac{365}{\text{应收账款周转率}}=\frac{365\text{ 天}}{6.1}=59.8\text{ 天}$$

这一比率意味着，长城公司从销售实现到收回现金，公司要平均等待 59.8 天。

企业发生赊销时，借记“应收账款”，贷记“营业收入”。这种赊销也许能收回，也许不能收回。客户欠账时间越长，越不可能收回，从而发生坏账损失的风险越大。

这一比率低，意味着企业过分扩充信用或收账部门效率低，信用调查和催收账款不力，同时也说明客户缺乏偿债能力，这样就使企业资金滞留在外不能对资金加以灵活运用，增加了企业的风险。比率高，意味着企业收款成效较好，但也可能是企业过分收缩信用所致。

这一比率受市场影响较大，一般而言，市场不景气时，银行信用紧缩，企业商品滞销，增加了收款难度，这一比率就会下降。而市场繁荣时，商品畅销，收款容易，这一比率就会上升。同时，它也和企业产品种类、商业习惯等因素相关联。因此这一比率的评价，须因地制宜，考虑客观因素的影响。

三、销售对存货比率

这一比率又称为存货周转率，它是测定企业营业期间存货的销售进度，借以了解存货控制的效能，是一个衡量企业销货能力强弱和存货是否过量的重要指标。

这一比率的计算公式为

$$存货周转率=\frac{销售成本}{存货}=\frac{2\ 088\ 千元}{289\ 千元}=7.2$$

通过这种方法计算出的周转率，是全部商品的周转次数，而不是某一商品。如果企业的销售具有明显的季节性，还应使用平均存货。

与这一指标相连的是存货周转期，其计算公式为

$$存货周转期=\frac{365}{存货周转率}=\frac{365\ 天}{7.2}=50.7\ 天$$

这就是说，从购进到销售，公司的存货在库里平均存放了50.7天。

这一比率高，说明企业的销售效率高，库存积压少，对存货控制发挥了高效能，会提高企业经济效益。但若过高，可能暗示企业投资于存货的资金不足，有脱销的风险，从而使销售机会丧失，最终造成企业重大损失。比率低，则说明企业存货管理不严，这可能是由于存货过时，不适应市场需要等原因造成的，此时应调整存货的账面价值；也可能是对销售过于乐观，囤积了过量存货。

存货的多少，受企业不同性质及其他各种因素的影响，如产品生产过程长短、产品种类或形态等，从而有很大的差异。企业要维持某一特定水准的销售收入，必须有一定数量的存货，但究竟多少才算合理，并无确定标准，应视实际情况而定。

在企业经营期间内，从投入现金、购买商品、销售商品到回收现金，周而复始地运转，就是营业循环。每完成一次营业程序所需时间，被称为营业循环周期，它由应收账款收账期和存货周转期构成，其计算公式为

$$\begin{aligned}营业循环周期&=应收账款收账期+存货周转期\\&=59.8\ 天+50.7\ 天=110.5\ 天\end{aligned}$$

这一数字意味着，长城公司从现金付出，经过存货，再从应收账款中收回现金要花费110.5天的时间。

四、销售对营运资金比率

营运资金是指企业流动资产扣除流动负债之后的余额。

企业所拥有的资产总额，可供营业上短期所使用的，仅有流动资产一项而已。但是，由于流动负债必须在短期内动用一部分流动资产来偿还，所以只有剩余的部分可供营业使用。这一比率可用来观察企业经营者运用营运资金的效率，其计算公式为

$$销售对营运资金比率=\frac{销售收入}{营运资金}=\frac{3\ 074\ 千元}{(1\ 223-620)\ 千元}=5.1$$

这一比率高，表示该企业以较少的营运资金获得较多的销售收入，营运资金运用有效率，但比率过高，可能是营运资金不足，在没有其他资金可利用时，最后将造成不利的结果。反之，则意味着存在营运资金呆滞的现象，未能有效地运用营运资金。

五、销售对固定资产比率

这一比率又被称为固定资产周转率，是企业衡量企业利用其长期可使用的土地、厂房、机器、办公设备等创造销售收入的能力。

这一比率的计算公式为：

$$销售对固定资产比率=\frac{销售收入}{固定资产净值}=\frac{3\ 074\ 千元}{2\ 374\ 千元}=1.29$$

这一比率能体现出销售与营业设备之间增减变化关系，以了解固定资产增减是否随着营业扩张而成比例增减，一般来说，营业扩大，这一比率就会上升，若营业未扩大，而固定资产增加，则会滞留资金，不利于企业经营。因此，这一比率高，则说明企业能有效运用其资产，而且如果固定资产相对比例较低，则折旧费比例也会降低，从而使企业盈亏平衡点降低，有利于企业经营。

这一比率会受固定资产原始成本、折旧政策以及企业购买与租用固定资产比重的影响。同时，这一比率也会因行业不同而呈现出很大差异，如零售业的比率会大大高于制造业。对于劳动密集型企业，这一比率比较的意义不大。因此，这一比率只有在企业营业性质与营业资本大体相同的情况下做比较分析，结论才会较为准确。

六、销售对总资产比率

这一比率又称为总资产周转率，表明企业投资的每元资产在一年中可创造多少销售收入，从总体上反映企业利用资产的效率。

这一比率的计算公式为

$$销售对总资产比率=\frac{销售收入}{总资产}=\frac{3\ 074\ 千元}{3\ 597\ 千元}=0.85$$

企业的资产是由债权人投资和业主投资这两个方面构成的，这一比率越高就越说明投资所发挥的效率越大，经营者对企业的整体资产能做有效的运用，反之，则说明资产运用效率不佳，企业有许多闲置资产，管理者应考虑缩减投资规模或调整自己的经营战略。

上面是我们对资产运用效率各项比率所做的分析，并计算了长城公司 2014 年各项比率的结果，我们下面给出长城公司 2013 年的计算结果和搜集到的 2012 年的数据，同时给出行业 2014 年的水平，做一下行业比较和趋势分析，从而使大家对长城公司资产运用效率的状况有个全面的认识。我们选取了较有代表性的四项比率，存货周转率、应收账款收账期、固定资产周转率、总资产周转率，评价分为：好、一般、差三类，具体情况如表 8-3 所示。

表 8-3 长城公司相关指标计算表

比率	年份			行业均值	评价	
	2012 年度	2013 年度	2014 年度	2014 年度	行业比较	趋势分析
存货周转率	5.1	5.7	7.2	6.6	好	好
应收账款收账期	46.9 天	51.2 天	59.8 天	44.3 天	差	差
固定资产周转率	1.5	1.13	1.29	1.35	一般	一般
总资产周转率	0.94	0.79	0.85	0.75	一般	一般

第三节 资产运用效率分析的实际运用

一、资产运用效率在投资报酬比率体系中的应用

$$投资报酬率=\frac{税后净利润}{总资产}=\frac{税后净利润}{销售收入}\times\frac{销售收入}{总资产}=净利润率\times总资产周转率$$

从分析中可以看出：总资产周转率对投资报酬率有着直接影响。企业即使净利润率很高，若资金周转不利的话，投资报酬率自然也不会很高，从而也影响了股东权益报酬率。

二、影响资产运用效率分析的因素

从资产运用效率分析的作用上看，它是以周转次数的多寡作为测定各项资产运用效率的工具，而且一般认为周转次数越多，效率越高。但企业经营的最终目标在于获取利润，如果不能产生报酬，再高的资产运用效率也没有任何意义。因此，这一比率只反映资产的利用情况而不反映利用结果，即资产所呈现的利润状况，它与利润率指标相结合，才可全面反映企业经营业绩，为正确的投资决策做出参考。

就资产运用效率分析自身而言，在使用过程中，有两方面需要引起注意：一是企业销售收入受许多因素影响，如企业销售政策、价格、产品质量、广告效应、推销员素质等，它们都会对销售产生直接影响，而不受资产运用效率左右。因此，财务分析者进行上述比率分析时，不能忽视这些因素对销售收入可能造成的影响。二是在物价波动时期，用反映当期平均物价水平的营业收入除以原始成本资产，比率会有高估的倾向，若用现实成本取代原始成本作为资产基础，比率则更为科学。

除此以外，资产是运用时点值还是均值，以及这些比率的企业间比较，都要结合企业的实际情况，不可盲目套用照搬。

第九章 经营业绩分析

第一节 经营业绩概述

一、经营业绩的基本概念

在谈论企业的经营管理时，我们经常提到经营业绩这个词。经营业绩究竟是指什么呢？其包含这样两个方面的含义：一个是效率，即投入与产出间的比例关系。高效率则意味着以较少的投入得到较高的产出。另一个是效果，是指达到的程度。一种通常的讲法是，效率是指把事情做对，而效果是指做正确的事。很显然，如果我们做事不讲求效果的话，效率再高也是在做无用功。就企业经营而言，首先要确定自己的经营战略，选定自己的目标，然后应选取达到这一目标的捷径，只有这二者同时达到，企业才能在竞争中立于不败之地。所以定期地进行经营业绩评估，对企业而言是十分重要的。

二、经营业绩的意义

经营业绩有以下目的：

1. 评估过去的经营成果

经营业绩是企业管理者运用企业资源达到经营目标的具体表现。业绩好坏不仅关系到企业是否能实现预期目标，更可能影响企业的长远发展。因此，当企业活动结束之后，应依照各种活动资料，按照各种公式和指标进行分析与评估，从而奖优惩劣，使管理者更能尽职尽责。

2. 作为预测未来发展的基础

企业在制订长期发展计划时，一般要以过去的经营业绩为基础，考虑各种变数，逐步修正未来发展方向及营业计划，尽可能正确把握未来的发展趋势。比如通过对过去某产品销售利润的回顾，来确定该产品究竟属于明星产品、金牛产品还是瘦狗产品，从而做出追加投资，维持现状或放弃，以做决策。

第二节　收入与费用的分析

报表的外部使用者通常透过利润表来考察企业管理当局的经营业绩，因为利润表所反映的是企业在某特定期间的经营结果。其项目不仅包含收入与费用，还有利得和损失。关于这些项目的含义，前面章节已有论述。本节主要介绍收入与费用的确认问题及利润表的一些特殊项目。

一、收入的确认

确认是指正式在账簿上予以记录并在财务报表上予以表达的过程。会计上对于交易事项的确认方式，以文字和数字来表现。

一般而言，收入的发生是由一系列的交易活动所组合而成，这一系列的活动即收入的赚取过程。虽然涉及收入的发生有一系列的交易活动，但是会计上对于收入的确认，是以是否符合下列两项条件作为判断依据的：

1. 产生收入实现的交易已发生

实现是指将非现金资产转化为现金或对现金请求的过程，其中包含两层含义：一是已实现，是指转化为现金或对现金请求权的过程已发生，而且已成为事实。二是可实现，是指非现金资产转换为特定货币数量的状态已存在，但尚未发生转换的事实。

2. 赚取收入的交易已发生

已“赚取”是指获利过程已完成或已大致完成，也就是说企业为获取利益所必须履行的义务已经履行完毕或已大致履行。

目前会计实务上，都在出售商品或提供劳务时才认列收入，但是为了增强会计资讯的预测价值和忠实表达性，可能将收入提前或延后认列，这主要是考虑下面几个原因：

1. 实质重于形式

当经济实质与法律形式不一致时，会计上以经济实质作为判断依据，因为法律上重视所有权的转移，但所有权并不能反映企业经营的全貌。这就使得：①在资本租赁时，虽然出租人依旧拥有租赁资产的所有权，但因其实质上符合收入确认原则，因此在租赁开始日立刻确认销售毛利。②在长期工程合约的情况下，工程所有权在完工后才转移给卖方，由于合约价格已于签约时确定（收入可实现），假若工程成本能够合理地估计（收入已赚得），那么在建造过程中，会计上允许按各期的完工进度确认收入。③在产品融资协议情况下，卖方已将商品的所有权转给买方，因此就形式而言，已符合法律上的销售条件，但卖方于出售的同时，同意日后按高于原价购回，因此只能将其视为以产品做担保的融资交易。

2. 应收账款的收现性

商品出售后，若应收账款的收现性无法合理确定，那么就不符合“收入实现”的条件，因而收入应递延确认。比如：①在分期收款销售情况下，原则上以普通销售法处理，但若日后收取应收账款的可能性不确定，则应将销售毛利递延到收款时或于成本已回收之后才予确认。②出售不动产时，如果应收账款是否能收现视未来某事项是否成就而决定，就不能立即确认收入，而应采用成本回收法处理。③出售特许权的一方，如果未履行大部分的售后义务，而应收账款收现性又无法合理估计时，不能将其视为销售，应将预先收得的款项列为预收收入。

3. 所有权的利益风险是否已转移给买方

如前面所述，获利过程如果已经完成或已大致完成，表示该交易已无重大未决事项，有关获取收入所必须支付的成本已能合理估计，也就是与所有权有关的风险已经或大部分已经转移给买方；风险既然转移，其相对的所有权利益自然应一并转移。例如：①融资租赁于租赁开始日立即确认收入，只因该租赁资产所附随的利益风险，会计上视为已转移给承租人，即使出租人持有该资产的所有权。②长期工程合约可以采用完工百分比法，因为会计上视该工程所附随的利益与风险，随完工进度逐次转移给委托方。③利用应收账款融资时，如果在具有追索权的情况下，原则上不能视为处分资产，因为坏账风险并未转给融资人。④出售特许权时，如果尚未履行大部分义务，除获利过程未完成外，也意味着特许权所附的利益与风险尚未转移给卖方，因而递延确认收入。

二、费用的确认

费用是因为企业的主要业务所引起的，企业为了衡量特定期间的经营绩效，有关费用的确认，依据了配比原则。其主要表现在：

1. 因果关系

有些费用的发生与收入具有直接可归属的关系，在收入确认时，该项费用也应确认，如销售成本、运费或佣金等。

2. 合理而系统的分摊

当费用支出给企业所带来的经济利益所跨期间在一年以上，但不知各期应分摊的费用为多少时，会计上只能以一般所认可的方法，作为分摊该费用的依据，如折旧、折耗。

3. 立即确认

有些支出如果确认对未来期间没有经济利益，则可立即确认为当期费用，如管理费用。

三、利得和损失的确认

利得和损失为企业边缘性及偶发性的交易所产生，前者为权益的增加，后者为权益的减少。上述交易不是企业的主营业务，而且往往也不是企业所能控制的，大体来说有以下三类：①偶发的交易事项，如出售资产所发生的损益。②所拥有的经济资源价值发生变动，如存货股票投资成本按市价调整。③企业与非业主之间非等价的资产转移，如意外损失、诉讼等。

在表中，收入与费用按总额列示，而利得和损失按净额列示。

四、利润表的特殊项目

1. 停业部门损益

停业是指企业某部门经出售、废弃、拆除等方式撤销，或虽在经营中，但已有计划将其撤销。而对于部门，则有较为严格的定义，其包含两方面标准：①企业的一个组成部分，其活动代表一个主要行业或客户类别；②其经营结果及其资产，在实质经营上及财务会计报告中，与企业其他部门资产、营业结果及业务活动可明确划分。

停业部门损益包含两部分：①停业部门处分期间营业损益；②停业部门直接处分损益。二者在利润表上都要以扣除所得税后的净额列示。关于损益确认，要特别强调稳健性原则，即预期有损失发生，应估计损失在衡量日入账，而预计利得，必须等实现日方可入账。

2. 非常损益

会计上所称非常损益，必须符合两项条件：①性质特殊；②不经常发生。此外，在实际运用时，还必须考虑企业所处的环境。属于这种非常损益的例子有：天灾人祸造成的损失，被外国政府没收资产，因订立新法令而被征用资产，提前清偿债务所发生的损失等。而不属于非常损益的例子包括资产的部分或全部冲销，外币兑换损益，处分固定资产损益，罢工造成的损失等。它们可能只符合上述标准中的一条，因此必须列为继续营业部门中的其他收入与其他费用。

五、会计原则变更

会计原则变更是指由一种可选用的一般公认会计原则，转化为另一种可选用的公认会计原则，会计上虽主张一贯性原则，要求相同的会计事项，其会计处理前后年度应一致，以确保不同年度的可比性，但如果情况有所变动，则采用新方法比采用原有方法更能充分表达其经济实质，仍可以改变会计处理方法。但在利润表上，必须表达此项改变的理由与影响。

第三节　经营业绩的比率分析

这类比率主要衡量企业创造利润的能力，获取利润是企业最基本的目标，是企业能否生存和成长的关键所在。由于利润关系到债务人利息和本金的偿还、所有者投资收益、股票的市价以及对企业管理当局的业绩评价，因此这类比率是考察企业经营的基本指标，它主要包括以下三个内容：

我们以皮克公司 2015 年利润表（见表 9-1）为例进行计算。

1. 毛利率

毛利润是指销售收入扣减产品销售成本后的余额，它反映的是企业生产效率的高低，

是企业利润的源泉。这一比率的计算公式为

$$毛利率 = \frac{毛利}{销售收入} = \frac{255\ 387\ 千元}{479\ 077\ 千元} = 53.3\%$$

与此相关联的是销售成本率，其计算公式为

$$销售成本率 = \frac{销售成本}{销售收入} = 1 - 毛利率 = 46.7\%$$

表 9-1　利润表

编制单位：皮克公司　　　　单位：千元

项目 \ 年份	2012 年度	2013 年度	2014 年度	2015 年度
销售收入	223 780	347 322	375 088	479 077
销售成本	148 127	161 478	184 507	223 690
毛利	175 653	185 844	190 581	255 387
销售费用	79 399	98 628	103 975	125 645
管理及其他费用	43 573	45 667	45 275	61 719
费用合计	122 972	144 295	149 250	187 364
息税前收益	52 681	41 549	41 331	68 023
其他收益	1 757	4 204	2 963	3 017
税前收益	54 438	45 753	44 294	71 040
所得税费用	28 853	22 650	20 413	32 579
税后净利润	25 585	23 881	23 881	38 461

毛利率的变化与多种因素有关，是营业收入与产品成本变动的综合结果，当经济形势发生变化，产品成本上升时，产品售价往往难以及时随之调整，从而表现为毛利率下降，如果企业通过改善经营管理、加强技术改造等措施降低了产品成本，则相应地表现为毛利率上升，企业产品结构变化对毛利率也会产生很大的影响。当企业从生产微利产品转向生产高利产品时，毛利率将显著上升。

2. 经营利润率

经营利润率是衡量企业管理和销售活动在内的整体经营效益的高低。这一比率的计算公式为

$$经营利润率 = \frac{息税前收益}{销售收入} = \frac{68\ 023\ 千元}{479\ 077\ 千元} = 14.2\%$$

经营利润率的变化也受多种因素的影响，如广告费、研究与开发费用的支出也会影响经营利润率，不过需要指出的是，削减广告费与研究开发费率可暂时减少销售费用和管理费用，提高经营利润率，但却可能伤害企业的长远盈利能力。此外，由于经营利润率未减去利息支出，所以这一指标排除了资本结构对企业获利能力的影响，可以进行同行业不同

资本结构企业之间盈利能力的对比。

3. 净利润率

净利润率反映了销售收入对净利润的贡献程度，也是反映股东（包括优先股股东和普通股股东）从销售收入中获得收益的比率。这一比率的计算公式为

$$净利润率 = \frac{税后净利润}{销售收入} = \frac{38\ 461\ 千元}{479\ 077\ 千元} = 8.0\%$$

净利润率低说明企业管理当局未能创造足够的销售收入或未能控制好成本、费用或者两者皆有。净利润率被广泛地用来衡量管理的绩效。

在利用这一比率时，我们不仅要注意净利润的绝对数量，也要注意到它的质量问题：①在会计处理方面，有的企业在会计处理方面比较谨慎，坏账准备、商品削价准备、折旧费提得多些，因此净利润就会比提得少的企业低，但这不意味着前者的绩效比后者差，如果从现金的角度去考察，二者是一样的，因为各种准备以及折旧的计提，对现金流动不会产生什么影响。②在构成项目上，前面已经介绍了利润表的特殊项目，它们都不是由企业主营业务发生的，因此不能反映出企业的经营实力。如果本期净利润率的上升是由于拍卖掉一个部门所导致的，这并不是一件值得乐观的事，更不能以此认为管理水平有所提高。这一比率因行业不同而异，一般来说，越是资本密集的行业，其产品附加值越高，其净利润率也就越高；反之，资本密集程度相对低的行业，产品附加值低，净利润率也低。

在对利润表的分析中，还可计算出一些有用的比率，如销售退回和折让比率，即用销售退回和折让除以销售收入，这一比率高，说明生产或销售部门出现问题，应及时检查另一比率，即销售折扣比率，是用销售折扣除以销售收入，销售折扣是指企业为提早收现，允许客户在规定的期间内付款，而给予一定比例的折扣，如 2/10，n/60 表示，若客户在 10 天内付款，则给予 2% 的折扣，但最迟在 60 天内付款，因为以折扣方式的融资成本一般高于银行贷款利率，因此对销货企业而言，这一比率低一些为好。其他企业也可以用这一比率来了解其竞争对手的销售政策，从而调整自己的销售战略。

第四节　经营业绩的其他分析方法

一、比较分析

表 9-1 给出了皮克公司四年的损益情况，我们可以从中看出皮克公司的各项收入与费用绝对金额增减变动情况。

二、趋势分析

【例 9-1】 我们以皮克公司 2012 年作为基期，计算 2013 年、2014 年、2015 年每一期间各项目对基期同一项目的趋势百分比，皮克公司利润表趋势分析如表 9-2 所示。

表 9-2　皮克公司利润表趋势分析

单位：千元

年份 项目	2012 年度	2013 年度	2014 年度	2015 年度
销售收入	100.0	107.3	115.8	148.0
销售成本	100.0	109.0	124.6	151.0
毛利	100.0	105.8	108.5	154.4
销售费用	100.0	124.2	131.0	158.2
管理及其他费用	100.0	104.8	103.9	141.6
费用合计	100.0	117.3	121.4	152.4
息税前收益	100.0	78.9	78.5	129.1
其他收益	100.0	239.3	168.6	171.7
税前收益	100.0	84.0	82.4	130.5
所得税费用	100.0	78.5	70.7	112.9
税后净利润	100.0	90.3	93.3	150.3

由表 9-2 可以看出，虽然 2014 年的利润水平与 2013 年相比有所回升，但涨幅不大，而且仍低于 2012 年的利润水平，但 2015 年的净利润有了较大增长，而且超过了销售收入的增幅，说明公司在成本费用控制方面也取得了进展。

三、共同比分析

我们把 2012～2015 各年的销售收入算作 100%，皮克公司利润表内各项目销售收入的比重如表 9-3 所示。

表 9-3　皮克公司利润表内各项目销售收入的比重

年份 项目	2012 年度	2013 年度	2014 年度	2015 年度
销售收入	100.0%	100.0%	100.0%	100.0%
销售成本	45.7%	46.5%	49.2%	46.7%
毛利	54.3%	53.5%	50.8%	53.3%
销售费用	24.5%	28.4%	27.7%	26.2%
管理及其他费用	13.5%	13.1%	12.1%	12.9%
费用合计	38.0%	41.5%	39.8%	39.1%
息税前收益	16.3%	12.0%	11.0%	14.2%
其他收益	0.5%	1．2%	0.8%	0.6%
税前收益	16.8%	13.2%	11.8%	14.8%
所得税费用	8.9%	6.5%	5.4%	6.8%
税后净利润	7.9%	6.7%	6.4%	8.0%

从表 9-3 中可以看出，公司的毛利润率一直在波动，虽然 2015 年有所回升，但仍未恢复到 2012 年的水平，经营利润率也是一样，只是由于这期间发生了税率调整，最终才使得净利润率高于 2012 年的水平。

第五节 经营业绩的内部分析

前面介绍的利润表以及所使用的分析方法，主要是针对企业的外部人员而言的，报表的编制是依据一般的公认会计原则，把企业的许多资料汇总加工并且用货币金额表示出来，所以所使用的分析方法也比较简单。对于企业内部经营管理而言，这些方法也是适用的，但仅有这些是不够的，深入到企业内部的经营业绩分析，所考虑的问题要更加复杂，下面就一些主要问题给予介绍。

一、成本内涵的扩展

成本是企业生产和销售产品所发生的以货币形式表现的活动和物资消耗的总和，在前面使用的对外报告的利润表中，只提到了销售成本、销售费用和管理费用，当深入到企业内部后，成本内涵要比从前丰富了。为了以后能方便地探讨问题，我们首先把成本的分类做一简要说明。

成本按管理职能划分，可以分为生产成本和非生产成本（主要针对工业企业），生产成本是指生产制造过程中的成本，由直接材料、直接人工和制造费用组成。非生产成本是指不属于生产领域，但仍为企业服务所发生的成本，主要包括销售费用和管理费用。

成本按其归属的难易程度划分，可分为直接成本和间接成本。直接成本是指可以直接计入某一产品的成本，如直接人工、直接材料。间接成本是指不能计入某一产品的成本，如制造费用。

成本按时间归属划分，可分为产品成本和期间成本。产品成本是指同生产制造有直接关系的成本，即生产成本，它随产品流动。期间成本是指随时间的推移在某一期间发生的成本，由当期损益来负担，不结转至下期，非生产成本也就是期间成本。

成本与产量之间的依存关系称为成本性态。成本按性态可划分为固定成本、变动成本和混合成本。固定成本是指在一定的产量范围内，发生额不随产量变动的成本，由于固定成本在一定时期内保持不变，从产品的单位成本看，则恰恰相反，随产量的增加，每单位产品分摊的份额相应减少。变动成本是指其总额随产量变动而变动的成本，如直接材料、直接人工都是和单位产品直接相连的，其总额会随产量的增减成正比例增减，但每单位的变动成本是固定不变的。混合成本是指发生额虽受产量变动的影响，但其幅度并不同产量的变动保持严格的比例，它通常有个初始量，类似于固定成本，在这个基础上，产量增加，成本也增加，类似于变动成本。

在决策时，还要使用一些成本概念：①相关成本与无关成本，凡是在决策中对方案选择有影响、有关联的成本称为相关成本，反之为无关成本；②沉落成本，是指由过去的决策所引起的，过去已经投入的不论采用哪种方案均不能改变的成本；③边际成本，是指产量每增加一个单位，成本总额的变动在一定范围内，就是单位产品的变动成本。

二、成本—产量—利润关系分析

成本—产量—利润关系，就是我们通常所说的本量利分析，它主要依据变动成本法，来揭示成本、产品（也可以是销量、业务量）之间内在联系的一种方法，这一方法首先出现在20世纪30年代的美国。当时由于生产力的不断发展，资本规模和经营规模逐渐扩大，同时，管理机构也在迅速扩大，这使得企业成本中固定成本逐渐上升，企业销售收入能否维持固定成本的支出，能否保本，越来越成为面临竞争的企业所日益关注的问题，因此这一方法日益得到重视。

1. 基本模型

本量利这三者之间的关系可以用下面的公式来表示：

$$利润 = 销售收入 - 变动成本 - 固定成本 \tag{9-1}$$

或者

$$利润 = (单位售价 - 单位变动成本) \times 销售数量 - 固定成本 \tag{9-2}$$

销售收入减去变动成本所得金额为边际贡献，单位售价减去单位变动成本额为单位边际贡献，边际贡献与销售收入的比值称为边际贡献率。

2. 盈亏平衡分析

从上面的公式中可以很容易地看出，边际贡献首先要用来补偿固定成本，补偿固定成本之后还有余额才能为企业提供最终的利润。否则，就会发生亏损，当边际贡献刚好与固定成本相等时企业是处于不盈不亏的状态，此时，企业达到了盈亏平衡点，通过盈亏平衡点分析，可以判定企业产品产量或销量达到什么水平，才能保证企业不亏损。

盈亏平衡点分析可以有两种方法，一是数量式，二是金额式。

（1）数量式：

令式（9-2）等于零：

$$(单位售价 - 单位变动成本) \times 销售数量 - 固定成本 = 0$$

$$盈亏平衡点销售量 = \frac{固定成本}{单位售价 - 单位变动成本} = \frac{固定成本}{单位产品边际贡献}$$

（2）金额式：

令式（9-1）等于零：

$$销售收入-变动成本-固定成本=0$$

$$盈亏平衡点销售额 = \frac{固定成本}{边际贡献率}$$

【例9-2】某厂生产一种产品，单位售价为400元，单位变动成本为250元，年固定成本为1 500 000元，则

$$盈亏平衡点销售量=\frac{1\ 500\ 000元}{(400-250)元/件}=10\ 000件$$

$$盈亏平衡点销售额=\frac{1\ 500\ 000元}{\frac{(400-250)元}{400元}}=4\ 000\ 000元$$

3. 有关因素变动对盈亏平衡点的影响

（1）销售价格变动对盈亏平衡点的影响 。当产品单位售价提高时，基于同样的成本水平，盈亏平衡点就会降低，例如上例中当单位售价涨到450元时，盈亏平衡点销售量只有7 500件，即

$$盈亏平衡点销售量=\frac{1\ 500\ 000元}{(450-250)元/件}=7\ 500件$$

（2）变动成本变动对盈亏平衡点的影响。其他因素不变，若变动成本提高，盈亏平衡点销售量也会上升。上例中，若单位变动成本上涨到300元，则盈亏平衡点销售量为15 000件，即

$$盈亏平衡点销售量=\frac{1\ 500\ 000元}{(400-300)元/件}=15\ 000件$$

（3）固定成本变动对盈亏平衡点的影响。其他因素不变，若固定成本上升，盈亏平衡点销售量也会上升。上例中，若固定成本增至1 650 000元时，盈亏平衡点销售量为11 000件，即

$$盈亏平衡点销售量=\frac{1\ 650\ 000元}{(400-250)元/件}=11\ 000件$$

4. 利润预测

利润反映了生产经营活动的好坏、管理水平的高低，管理者要达到预定的利润指标，可以利用本量利分析的方法，寻找实现利润目标的途径。

从前面的公式9-2中可以看出，为了实现企业目标利润，可以有以下四个途径：①提高单位售价；②降低单位变动成本；③降低固定成本；④提高销售量。例［9-2］企业目前产销产品1 000 000件，每件售价2.5元，单位变动成本为2元，当期固定成本为200 000元。若使现有利润增长20%，那么产品单位售价、变动成本及产品销量、固定成本各应达到多少呢？（假定其他条件不变）

目前现有利润为：

$$利润=[(2.5-2)\times 1\ 000\ 000-200\ 000]元=300\ 000元$$

则目标利润为：

$$目标利润=300\ 000元\times(1+20\%)=360\ 000元$$

（1）若提高单价：

$$\begin{aligned}单价&=\frac{固定成本+目标利润}{销售量}+单位变动成本\\&=\frac{200\ 000+360\ 000元}{1\ 000\ 000件}+2元/件\\&=2.56元/件\end{aligned}$$

（2）若降低单位变动成本：

$$\begin{aligned}单位变动成本&=单价-\frac{固定成本+目标利润}{销售量}\\&=2.5元/件-\frac{(200\ 000+360\ 000)元}{1\ 000\ 000件}\\&=1.94元/件\end{aligned}$$

（3）若降低固定成本：

$$\begin{aligned}固定成本&=(单价-单位变动成本)\times销售量-目标利润\\&=[(2.5-2)\times 1\ 000\ 000-360\ 000]元=140\ 000元\end{aligned}$$

（4）若提高销售量：

$$\begin{aligned}销售量&=\frac{目标利润+固定成本}{单价-单位变动成本}\\&=\frac{(360\ 000+200\ 000)元}{(2.5-2)元/件}\\&=1\ 120\ 000件\end{aligned}$$

可见，为了实现目标利润，销售单位上升了0.06元，单位变动成本降低了0.06元，固定成本降低了60 000元，销售量增长了120 000件。

上述因素可以单一变动，也可以联合变动；本例中给出的目标利润是税前利润，若为税后利润，还应除以1－税率。

三、营业杠杆

当企业以其固定成本作为支点，使得销售收入的某一变化能引起息税前收益有更大程度的变化，那么我们就认为营业杠杆发生了作用。

营业杠杆可以通过营业杠杆率来衡量，其计算公式为：

$$营业杠杆率=\frac{息税前收益变化百分比}{销售收入变化百分比}$$

【例 9-3】如果某企业年销售收入为 1 000 000 元，其中可变成本为 600 000 元，当公司销售收入增加，若变动成本率仍维持在 60% 时，变动成本应增至 660 000 元，固定成本不变，仍维持在 200 000 元。则此时营业杠杆率为

$$营业杠杆率=\frac{(1\ 100\ 000-660\ 000-200\ 000)元\div 1\ 000\ 000元}{10\%}$$

$$=2.4$$

这就意味着，销售收入在 1 000 000 元的基数上，若每上升 1%，则息税前收益上升 2.4%；若每下降 1%，则息税前收益下降 2.4%。

营业杠杆率反映了企业的经营风险，如果企业自动化程度较高，属于技术密集型企业，那么它的固定成本也就高，这种企业就以较高的营业杠杆为特征，前面曾讲过，在相关范围内，产量增加，每单位产品固定成本下降，因此，当企业产品在都能销售的情况下，企业销售量越大，每单位产品固定成本就越低，而在售价保持不变的情况下，企业销售额增长就会大幅度提高息税前收益水平，但反过来也一样，由于企业受到宏观经济形势（如经济衰退、紧缩银根等）影响或受到竞争对手产品的冲击，销售受阻，单位产品所含固定成本上升，那么销售收入下降就会使息税前收益有更大程度地下降。如果是劳动密集型企业，资本有机构成低，营业杠杆比率就比较低，即销售收入变化引起的息税前收益波动幅度相对减小。

四、剩余收益

前面曾介绍了总资产收益率，即税后净利与资产总额的比值，并用它来衡量企业投资的效率，这一指标也用于企业总部来考察下属投资中心的效率，评价考核投资中心的另一指标则是剩余收益，它是指投资中心的经营利润扣减其经营资产按规定的最低利润率计算的投资报酬率后的余额。

将剩余收益作为衡量投资中心工作成果的尺度，投资中心会尽力提高剩余收益，而不是投资利润率，这样就可以鼓励投资中心的负责人乐于接受比较有利的投资，使投资中心目标与企业目标趋于一致，例如有两个部门的资产占用额均为 100 000 元，经营净利润也同为 20 000 元，则投资利润率为 20%。而公司规定的资产最低投资报酬只有 15%，此时，若有一项新产品可以有 18% 的报酬率，那么使用投资报酬率考核的分部会反对这项计划，因为它会降低现有投资报酬率，而以剩余收益考核的部门则乐于接受，因为这样做可进一步提高剩余收益。前者从其局部看可能是有利益，而从企业整体看，却损害了企业全局利益，因为它所规定的最低投资报酬率只有 15%，这是投资利润率运用不当可能导致的后果。

第十章

财务综合分析

"知己知彼，百战不殆"，只有充分了解企业的经营状况、财务状况，并与历史状况以及同行业其他企业进行比较分析，才能在竞争中立于不败之地。财务报表分析是了解企业财务状况和经营成果的最佳选择，它既是对已完成财务活动的总结，又是财务预测的前提，在企业财务管理的循环中起着承上启下的作用。

本章在前面各章内容的基础上，将企业的偿债能力、盈利能力、营运能力及发展能力等方面纳入有机整体，全方位地分析、评价企业的经营管理状况。

在市场经济不断完善的今天，企业的外部经营环境和内部经济活动日趋复杂，任何一项单独的财务指标分析，都无法全面评价企业的财务状况与经营业绩。财务综合分析不仅看某个财务报表的单项指标，更要将资产负债表、利润表、现金流量表和所有者权益变动表的指标相结合，采用定性分析与定量分析相结合、静态分析与动态分析相结合的方法进行整体的综合分析。

第一节　财务综合分析概述

一、财务综合分析的概念

财务综合分析是指以财务会计报告提供的财务信息为基本依据，设置全面、综合的指标体系，运用专门的分析方法和技术，将企业偿债能力分析、营运能力分析、盈利能力分析、现金流量分析、发展能力分析纳入到分析系统之中，对企业财务状况、经营能力、营运能力、偿债能力和盈利能力等方面进行全面解剖和分析，全方位揭示企业经营和财务状况变化的原因所在的分析过程。

二、财务综合分析的特点

财务综合分析必须建立在财务综合分析指标体系的基础上，用财务指标说明问题。财务综合分析指标体系应具有以下特点：

1. 全面涵盖企业资金流转各方面

设置的财务综合分析指标尽可能满足企业偿债能力、营运能力和盈利能力等各方面的考核分析要求。

2. 各项指标主辅功能匹配

从不同侧面、不同层次分析企业的运转情况，揭示企业财务状况、现金流量和经济效益。

3. 满足财务信息使用者的需求

设置的财务综合分析指标体系既要能满足企业内部管理者决策的需要，又要能满足外部财务信息使用者的需求，为他们进行投资决策提供依据。

三、财务综合分析的作用

1. 衡量企业财务安全状况

财务综合分析是了解企业状况和经营成果的最佳选择。通过财务分析可以掌握企业资产结构是否合理、短期偿债能力和长期偿债能力如何、企业的现金流量是否正常等企业财务环境，掌握企业财务安全状况。

2. 评价企业经营业绩

财务综合分析是评价企业经营业绩的主要工具。通过对财务报表资料的纵向和横向分析，既可以了解企业过去的经营状况和盈利能力，又能掌握同行业其他单位的利润率水平。正确评价企业的经营业绩以及在同行业中所处的地位，制定适宜本企业发展的工作目标和努力方向。

3. 预测企业未来的发展趋势

财务综合分析是对已完成的财务活动的总结，是企业财务管理循环中的中间环节，起着承上启下的作用；财务综合分析又是财务预测的前提，预测企业未来的发展趋势。

四、财务综合分析的内容

财务综合分析的内容是由财务分析的目标决定的。财务综合分析的内容主要包括：偿债能力分析、营运能力（资产管理）分析、盈利能力分析、成本费用分析、现金流量分析、市场表现分析（仅限于上市公司）、发展能力分析、投入资本保全分析等方面的内容。

五、财务综合分析的标准

财务综合分析的标准是财务综合分析过程中据以评价分析对象的基础。在进行财务综合分析时，可以根据实际情况采用不同的财务综合分析标准。

1. 财务综合分析标准的种类

根据企业管理的需要，可以将财务综合分析标准按不同的标准进行分类，主要有以下几种：

（1）按照财务综合分析标准制定的级别分为：国家制定标准、企业制定标准和社会公认标准。

（2）按照财务综合分析者的不同分为：内部分析者使用的标准和外部分析者使用的标准。

（3）按照财务综合分析的依据分为：经验标准、历史标准、行业标准和目标标准（预算标准）。

1）经验标准是指依据大量和长期的实践经验而形成的标准（适当）的财务比率值。例如，西方国家 20 世纪 70 年代的财务实践就形成了流动比率的经验标准为 2:1，速动比率的经验标准为 1:1 等。

经验标准的优点是相对稳定、客观；其不足是并非“广泛”适用（即受行业限制），并且随时间的推移而发生变化。事实上，所有的经验标准主要是对制造企业的平均状况而言的，并不适用于一切领域和一切情况。在具体应用经验标准来进行财务分析时，必须结合具体的财务信息。

需要注意的是，经验标准并非是财务比率的平均值。一般认为，只有那些既有上限又有下限的财务比率，才可能是适当的经验比率。而那些越大越好或越小越好的财务比率，如各种利润率指标，就不是适当的经验比率。

2）历史标准是指本企业过去某一时期（如上年或上年同期）该指标的实际值。它对于评价企业经营状况和财务状况的改善与否是非常重要的。

可以选择本企业的历史最好水平作为分析标准，也可以选择本企业在正常经营条件下的业绩水平作为分析标准，或者也可以取以往连续多年的平均水平作为分析标准。另外，在财务综合分析中，应经常进行纵向业绩比较。

历史标准的优点是比较可靠、客观，具有较强的可比性；其不足是往往比较保守，适用范围较窄（只能说明企业自身的发展变化，不能全面评价企业的财务竞争能力和健康状况），当企业主体发生重大变化（如企业合并）时，历史标准就会失去意义或不便直接使用，企业外部环境发生突变后，历史标准的作用会受到限制。

3）行业标准可以是行业的平均水平，也可以是同行业中某一比较先进企业的水平。

行业标准的优点是可以分析说明企业在行业中所处的地位和水平（竞争的需要），也可用于判断企业的发展趋势，如在经济萧条时期，企业的利润率从 12% 下降到 9%，而同期该企业所在行业的平均利润率由 12% 下降到 6%，那么，就可以认为该企业的盈利状况是相当好的；行业标准的不足表现为，同行业内的两个公司并不一定是可比的，因为企业多元化经营使同行业可能存在会计差异，或者同行业之间的规模差异等。

4）预算（目标）标准是指实行预算管理的企业所制定的预算指标。

预算标准的优点是符合企业发展战略及目标管理的要求，对于新建企业和垄断性企业尤为重要；预算标准的不足表现为外部分析通常无法利用，此外预算标准具有一定的主观性，未必可靠。

2. 财务综合分析标准的选择

财务综合分析标准的选择应根据分析的目的、对象的不同采用不同的财务综合分析标准。在进行预算执行情况分析时，应采用的分析标准是目标（预算）标准；在分析企业的发展趋势时，应采用历史标准；企业外部财务报表分析者进行分析时，常常采用行业标准或经验标准；在进行财务报表综合分析时，通常是几种标准并用。

六、财务综合分析的基本程序

（1）明确财务综合分析的目的，是进行财务综合分析的关键，也是财务综合分析的方向。

（2）确定财务综合分析范围，即对“谁”进行分析、分析什么。

（3）收集、整理和加工有关财务综合分析相关资料。

（4）选择适合的财务综合分析方法。

（5）编写财务综合分析报告，做出分析结论。

第二节　企业资金结构分析

企业财务状况分析的实质是对企业资金结构进行分析，亦即企业资产结构分析和负债结构分析。企业合理的资金结构，应该同时实现资产结构合理和负债结构合理，实现负债结构与资产结构的相互适应。在资金结构合理的情况下，企业的投资收益最高，企业价值最大，企业的资金来源稳定，偿债风险最小，企业的资金成本最低。决定企业合理的资金结构的因素很多，具体有：与行业有关的因素（如最低投资额、经济批量、技术装备、盈利能力、景气程度等）；与企业经营决策和管理有关的因素（如品种结构、质量和成本、销售费用、收入增长率）；与企业的市场环境有关的因素（包括银行利率、产品销售情况、生产竞争激烈程度、通货膨胀率、经济景气与否、汇率变化等）。企业资金结构分析包括资产结构分析、负债结构分析。

一、资产结构分析

所谓资产结构，是指某一类资产占全部资产的比重。资产结构分析主要是通过流动资产率、存货比率、长期投资率和在建工程率等指标进行分析。

1. 流动资产率

流动资产率是指流动资产占企业全部资产的比重，其计算公式为

$$流动资产率 = \frac{流动资产}{资产总额} \times 100\%$$

当流动资产率较高或比例上升时，表明企业应变能力增强、企业创造利润和发展的机会增加、资金周转潜力加大。在进行流动资产率分析时，注意企业是否超负荷运转，企业营业利润是否按同一比例增长。如果企业营业利润和流动资产率同时提高，说明企业正在发挥现有潜力，经营状况好转；反之，若企业营业利润并没有增长，则说明企业产品销售不畅，经营形势恶化。

当流动资产率较低或比例下降时，如果销售收入和利润都有所增加，则说明企业加快了资金周期运转，创造出更多利润；反之，利润并没有增长，说明企业原有生产结构或者经营不善，企业财务状况恶化，表明企业的生产下降，沉淀资产比例增加，企业转型趋于困难。需要注意的是，当企业以损失当前利益来寻求长远利益时，比如趋于增加在建工程或长期投资时，也有可能在短期内出现流动资产和利润同时下降的情况。

通常情况下，商业企业的流动资产往往大于非流动资产，而化工企业则可能相反。纺织、冶金行业的企业流动资产率在30%～60%，商业批发企业有时高达90%以上。

2. 存货比率

所谓存货比率，是指存货与流动资产总额或资产总额的比率，其计算公式为

$$存货比率=\frac{存货}{流动资产总额}\times 100\%（其分母也可用资产总额来代替）$$

当存货比率较高或上升时，表明企业产品销售不畅，流动资产变现能力有所下降，企业必须重视和加强存货管理。当存货比率较低或下降时，表明产品销售较好，原材料市场好转，流动资产变现能力提高。

3. 长期投资率

所谓长期投资率，是指长期投资占结构性资产的比率，其计算公式为

$$长期投资率=\frac{长期投资}{结构性资产}\times 100\%$$

其中，结构性资产是指除流动资产以外的资产。

当长期投资率提高时，表明企业内部发展受到限制，企业目前产业或产品利润率较低，需要寻求新的产业或产品；企业长期资金来源充足，需要积累起来供特定用途或今后充分利用；投资于企业内部的收益低，前景不乐观。

高长期投资率可能导致企业经营控制权削弱，企业的预期收益不确定性提高，企业自身实力下降或者产业趋于分散。

4. 在建工程率

所谓在建工程率，是指在建工程占结构性资产的比率，其计算公式为

$$在建工程率=\frac{在建工程}{结构性资产合计}\times 100\%$$

企业在建工程率是否增加，需要考虑长期资金来源、投资项目预期收益率、企业的经济环境或市场前景、企业是在扩大生产能力还是在调整产品结构等因素。

二、负债结构分析

所谓负债结构，是指某一类负债占全部负债的比重。负债结构分析主要是通过流动负债率、资产负债率、负债经营率、产权比率和积累比率等指标进行分析。

1. 流动负债率

所谓流动负债率，是指流动负债与负债及所有者权益总额之间的比率，其计算公式为

$$流动负债率=\frac{流动负债}{负债及所有者权益总额}\times 100\%$$

当流动负债率较高或升高时，表明企业的资金成本降低，偿债风险增大，企业盈利能力降低，或可能是由于企业业务量增大的结果。反之，当流动负债率较低或降低时，表明企业偿债能力减轻，企业结构稳定性提高，也可能是企业经营业务萎缩，也可能是企业获利能力提高，需要结和流动资产的增长情况和获利能力的变化情况做进一步分析。

如果流动负债率和流动资产率同时提高，则说明企业扩大了生产经营业务，是否增收，还要看利润的增长情况；如果流动负债率提高而流动资产率下降，同时实现了利润增加，说明企业的产品适销对路，企业经营形势良好；如果利润没有增加，说明企业经营形势恶化，企业将发生资金困难的情况；如果流动负债率和流动资产率同时下降，说明企业生产经营业务正在萎缩。

2. 资产负债率

资产负债率也叫债权人投资安全系数，是指负债总额与资产总额之间的比率。其计算公式为

$$资产负债率=\frac{负债总额}{资产总额}\times 100\%$$

一般情况下，企业的资产负债率应在60%左右。

当资产负债率较低或比例下降时，表明企业经济实力增强，潜力有待发挥，企业资金来源充足，获利能力是否增强要看企业自有资金利润率的变化情况。

如果企业自有资金利润率高于银行长期贷款利率，则表明企业产品的盈利能力较强。企业自有资金利润率提高，表明企业通过自我积累降低了资产负债率，提高了企业的盈利能力。反之，自有资金利润率有所下降，则表明企业资产负债率的降低并没有提高企业的经济效益，企业的负担没有减轻。

当资产负债率较高或比例上升时，表明企业的独立性降低，企业发展受外部筹集资金的制约增强，企业债务压力上升，结构稳定性降低，破产风险增加，企业总资产和经营规模扩大。资产负债率比例上升时，应注意对资金利润率的变化进行分析。

如果自有资金利润率升高，且大于银行长期借款利率，则说明负债经营策略正确，企业获取了财务杠杆利益，通过举债扩大了生产经营规模，新增生产能力所创造的利润在支付银行利息之后还能增加企业利润；反之，自有资金利润降低，说明负债经营不理想，企业新增的利润随新投入资产的增加反而有所降低。

此外，负债经营通常会增大企业的破产风险，但如果负债经营使企业收益能力增强，反过来会提高企业的偿债能力并降低破产风险。

3. 负债经营率

所谓负债经营率，是指非流动负债总额与所有者权益总额之间的比率。其计算公式为

$$负债经营率=\frac{非流动负债总额}{所有者权益总额}\times 100\%$$

负债经营率与银行长期贷款利率成反比，与企业盈利能力成正比。一般情况下，负债经营率在25%～35%较为合理。

当负债经营率较高或升高时，表明企业生产经营资金增多，企业资金来源增大，企业利用外部资金水平提高，自有资金潜力得到进一步发挥。同时也表明企业资金成本提高，非流动负债增大，利息支出提高，企业风险增大，如发生货款不及时收回、流动资金不足等情况，非流动负债就变成了企业的包袱。

当负债经营率较低或比率降低时，表明企业长期资金稳定性好，独立性强。

4. 产权比率

产权比率也叫资本负债率，是指负债总额与自有资金总额之间的比率。其计算公式为

$$产权比率=\frac{负债总额}{自有资金总额}\times 100\%$$

产权比率因行业或企业利润率的高低不同而差别较大。一般认为100%较合理，目前要求我国企业的产权比率在200%是比较合理的。产权比率高是高风险高报酬的财务结构，产权比率低是低风险低报酬的财务结构。

当产权比率较高或提高时，表明企业结构稳定性和资金来源独立性降低，债权人所得到的偿债保障下降，企业借款能力降低。反之，当产权比率较低或降低时，表明企业偿债能力强，破产风险小，股东及企业外的第三方对企业的信心提高，但企业不能充分地发挥负债的财务杠杆效应。需要注意的是，产权比率过低时，表明企业没有充分利用自有资金，企业借款能力和发展潜力还较大。

产权比率与资产负债率对评价偿债能力的作用基本相同，两者的主要区别是；资产负债率侧重于分析债务偿付安全性的物质保障程度，产权比率则侧重于揭示财务结构的稳健程度以及自有资金对偿债风险的承受能力。

5. 积累比率

所谓积累比率，是指留存收益与资本金总额之间的比率。其计算公式为

$$积累比率=\frac{留存收益}{资本金总额}\times 100\%$$

其中，留存收益是指法定公积金和盈余公积金与未分配利润的总和。

一般情况下，积累比率不低于50%，积累比率为100%较安全。积累比率通常随企业经营的年限而不断提高。

合理的资金结构必须是正常情况下的资金结构。所谓正常情况，是指企业应有盈利，并且自有资金利润率高于银行长期贷款利率。

如果流动负债小于30%，非流动负债与所有者权益之和大于70%，则表明企业资金结构稳定，独立性较强。如果流动负债位于30%～45%，非流动负债与所有者权益之和位于55%～70%，则说明企业资金结构位于正常的水平；如果流动负债大于45%，非流动负债与所有者权益之和小于55%，则表明生产者经营性负债水平比较高，日常生产经营活动风险较大。例如，海信电器2015年12月31日的流动负债比重为44%，非流动负债与所有者权益的比重之和等于56%，表明企业在当年的资金结构位于一个正常的水平。

第三节　盈亏平衡点分析

一、盈亏平衡点的概念

盈亏平衡点也叫盈亏分界或保本点，是指企业营业收入正好等于营业支出，收支相抵为零的那一点。

二、盈亏平衡点的计算公式

盈亏平衡点的计算公式为

$$\text{盈亏平衡点产量} = \frac{\text{计算期固定费用总额}}{\text{单位价格} - \text{单位可变费用}}$$

$$\text{盈亏平衡点销售额} = \frac{\text{固定费用总额} \times \text{总销售额}}{\text{总销售额} - \text{总可变费用}}$$

计算盈亏平衡点时采用哪个公式应视企业的具体情况而定。对于销售比较稳定的企业，计算盈亏平衡点产量时，以产量控制比较好；对于行业不景气时期的企业，以销售额控制较重要；对于产品盈利水平比较稳定，但市场变化无常的企业，应计算盈亏平衡日期或期限，以期限控制更有意义。

三、盈亏平衡点的其他应用

盈亏平衡点的其他应用还可用于以下方面：

（1）进行新产品保本或目标利润决策。

（2）在提高企业生产自动化水平时，分析用固定费用代替变动费用时所产生的影响。

（3）产品、原材料或一些重要物资价格变动对企业目标利润的影响。

（4）决定企业生产的某一产品或亏损产品是否应该停产。

（5）判断企业产品结构是否合理。

（6）判定营业安全水平和营业安全率。

（7）判定经营杠杆系数和经营风险的强弱。

第四节　企业营运能力分析

企业的经营活动实质上是对各项资产的运用，生产资料的营运能力实际上就是企业总资产及其各个组成要素的营运能力。企业营运能力分析实质上是对各项资产管理使用情况进行的分析。一般来说，资产周转速度越快，企业的资产管理水平越高，资金利用效率越高。企业营运能力分析主要包括：流动资产周转情况、固定资产周转情况和总资产周转情况三个方面的分析。

资产的周转速度，通常用周转率和周转期来表示。周转率是指企业在一定时期内资产的周转额与资产的平均余额的比率，它反映企业资产在一定时期的周转次数。周转期是指周转次数的倒数与计算期天数的乘积，反映资金周转一次所需要的天数。其计算公式为

$$周转率(周转次数)=\frac{周转额}{资产平均余额}$$

$$周转期(周转天数)=\frac{计算期天数}{周转次数}$$

$$=\frac{资产平均余额\times 计算期天数}{周转额}$$

一、流动资产周转情况分析

流动资产周转情况主要通过应收账款周转率、存货周转率和流动资产周转率等三个指标反映。

1. 应收账款周转率

应收账款周转率（周转次数）是指在一定时期内应收账款平均收回的次数，或应收账款周转一次所需要的天数，即一定时期内商品或产品营业收入净额与应收账款平均余额的比值。其计算公式为

$$应收账款周转率(周转次数)=\frac{营业收入净额}{应收账款平均余额}$$

公式中的应收账款包括资产负债表中“应收账款”和“应收票据”等全部赊销账款在内，且其金额应为扣除坏账后的净额。

应收账款周转率高，表明企业资产流动性强，收账迅速，账龄较短，可以减少收账费用和坏账损失。计算应收账款周转率时，由于分子是取自利润表的时期指标，而分母是取自资产负债表的时点指标，因此，为了保持口径一致，分母应该用平均数表示，其中

$$平均数=\frac{年初数+年末数}{2}$$

【例 10-1】 假设某公司 2015 年的营业收入为 21 200 万元，应收账款期初余额为 1 200 万元，期末余额为 1 300 万元，不存在应收票据等其他的赊销账款，则

$$应收账款周转率=21\ 200\ 万元\times\frac{2}{(1\ 300+1\ 200)\ 万元}=16.96\ 万元$$

$$应收账款周转天数=\frac{360\ 天}{16.96}=21.23\ 天$$

应收账款在流动资产中占有举足轻重的地位，应收账款是否能够及时收回，直接关系到企业垫付的资金能否及时收回。应收账款周转率反映了企业应收账款周转速度的快慢，流动资产变现速度的快慢，企业信用销售管理效率的高低和收账费用坏账损失情况，不仅反映出了企业的短期偿债能力，也反映出了企业信用政策制定的合理性，更反映出了企业管理应收账款的效率与水平。

评价应收账款周转率指标时，可以将企业前期、同行业平均水平或其他类似企业的指标作为对比对象。通过比较，掌握企业的管理应收账款的水平和企业信用政策，可评价客户的信用程度，调整企业的信用政策。

2. 存货周转率

存货周转率（周转次数）是指一定时期内企业营业成本与存货平均余额的比率，是衡量和评价企业购入存货、投入生产、销售收回等各环节管理效率的综合性指标。其计算公式为

$$存货周转率(周转次数)=\frac{营业成本}{存货平均余额}$$

$$存货平均余额=\frac{期初存货+期末存货}{2}$$

$$存货周转期(天数)=\frac{计算期天数}{存货周转次数}$$

$$=\frac{计算期天数\times存货平均余额}{营业成本}$$

【例 10-2】 假设某公司 2015 年的营业成本为 12 400 万元，存货期初余额为 4 000 万元，期末余额为 5 200 万元，则

$$存货周转率=12\ 400\ 万元\times\frac{2}{(4\ 000+5\ 200)万元}=2.70$$

$$存货周转天数=\frac{360\ 天}{2.70}\approx133.33\ 天$$

由于存货在流动资产中所占比重较大，存货的流动性直接影响企业的流动比率和总资产的营运效率。存货周转速度的快慢，对企业的偿债能力及其获利能力产生决定性的影响。一般来讲，存货周转率越高越好。存货周转率越高，表明存货变现的速度越快，周转额越大，资金占用水平越低。因此，对存货的分析必须特别重视。通过对存货周转率进行分析，有利于找出存货管理中存在的问题，降低资金占用水平，增强企业的短期偿债能力及获利能力。

3. 流动资产周转率

流动资产周转率是反映企业流动资产周转速度的指标，反映一定时期营业收入净额与企业流动资产平均余额之间的比率。其计算公式为

$$流动资产周转率(周转次数)=\frac{营业收入净额}{流动资产平均余额}$$

$$流动资产周转期(周转天数)=\frac{计算期天数}{流动资产周转率}$$

$$=\frac{计算期天数\times 流动资产平均余额}{营业收入净额}$$

其中，

$$流动资产平均余额=\frac{期初流动资产+期末流动资产}{2}$$

流动资产在一定时期内周转次数越多，表明以相同的流动资产完成的周转额越多，流动资产利用效果越高。流动资产周转天数越少，表明流动资产在生产销售各阶段所占用的时间越短，流动资产相对节约，企业盈利能力增强。

二、固定资产周转情况分析

固定资产周转情况分析是通过固定资产周转率分析进行的。固定资产周转率是指企业在一定时期营业收入净额与固定资产平均净值的比率，它是衡量固定资产利用效率的指标。其计算公式为

$$固定资产周转率(周转次数)=\frac{营业收入净额}{固定资产平均净值}$$

$$固定资产周转期(周转天数)=\frac{计算期天数}{固定资产周转率}$$

$$=\frac{计算期天数\times 固定资产平均净值}{营业收入净额}$$

其中，

$$固定资产平均净值=\frac{期初固定资产净值+期末固定资产净值)}{2}$$

固定资产周转率高，说明企业固定资产利用效率高；反之，如果固定资产周转率低，则表明固定资产利用效率低，企业的营运能力不强。

三、总资产周转情况分析

总资产周转情况分析是通过总资产周转率分析进行的。总资产周转率是企业营业收入净额与企业资产平均总额的比率。其计算公式为

$$总资产周转率=\frac{营业收入净额}{资产平均总额}$$

如果企业各期的资产总额比较稳定，波动不大，则

$$资产平均总额 = \frac{期初资产总额 + 期末资产总额}{2}$$

如果资金占用的波动性较大，则企业应采用更详细的资料进行计算，如按照各月份的资金占用额计算，则

$$月平均资产总额 = （月初资产总额 + 月末资产总额） \div 2$$

$$季平均占用额 = (1 \div 2 季度初 + 第一月末 + 第二月末 + 1 \div 2 季度末) \div 3$$

年平均占用额 = (1 ÷ 2 年年初 + 第一季度末 + 第二季度末 + 第三季度末 + 1 ÷ 2 年年末) ÷ 4

需要注意的是，计算总资产周转率时，分子分母在时间上应保持一致。

总资产周转率是衡量企业全部资产使用效率的指标，如果该比率较低，说明企业全部资产营运效率较低，企业应根据各类资产具体情况，有针对性地提高各部分资产周转速度，提高企业的运营效率；如果该比率高，说明资金周转快，资产运营效率高。

第五节　企业发展能力分析

发展是企业的生存之本，也是企业的获利之源。企业只有扩大生产经营规模，壮大资本实力，提高盈利能力，才能在竞争中胜出。因此，企业的资本实力和潜在的获利能力，是衡量和评价企业持续稳定发展的实质内容。其评价指标包括销售增长能力分析、资产增长能力分析和资本扩张能力分析三方面。

一、销售增长能力分析

销售（营业）收入是企业获利的源泉，是企业生存和发展的基础。评价企业发展状况和发展能力主要是运用销售（营业）增长率和三年销售（营业）平均增长率这两个指标。

1. 销售（营业）增长率

销售（营业）增长率是指企业本年销售（营业）收入增长额与上年销售（营业）收入总额的比率，表明短期内销售（营业）收入的增减变动情况。其计算公式为

$$销售(营业)增长率 = \frac{本年销售(营业)收入增长额}{上年销售(营业)收入总额}$$

其中，本年销售（营业）收入增长额是指本年销售（营业）收入总额减去上年销售（营业）收入总额的数值。

销售（营业）增长率若大于零，则表示企业本年主营业务收入有所增长，指标值越高表明增长速度越快，企业市场前景越好。

2. 三年销售（营业）平均增长率

一般认为，该指标越高，表明企业主营业务持续增长势头越好，市场扩张能力越强。

二、资产增长能力分析

资产是企业生产经营的物质条件，是企业获取收入和利润的基础，也是企业偿还债务的保障。资产的不断增长表明企业处于良好的发展状况。评价企业资产增长状况的指标主要有：总资产增长率和三年平均总资产增长率。

1. 总资产增长率

总资产增长率是指企业本年总资产增长额同年初资产总额的比率。其计算公式为

$$\text{总资产增长率}=\frac{\text{本年总资产增长额}}{\text{年初资产总额}}\times 100\%$$

其中，总资产增长额 = 资产总额年末数 - 资产总额年初数

该指标从资产总量扩张方面衡量企业的发展能力，大于零，说明企业本年度资产增加了，经营规模扩大了。该指标越大，企业资产经营规模扩张的速度越快，获得规模效益的能力越强。但采用该指标分析时应注意资产规模扩张质与量的关系，以及企业后续发展的能力等，避免盲目扩张。

2. 三年平均总资产增长率

资产增长率受资产短期波动因素的影响，也可以通过计算连续三年的平均资产增长率，反映企业较长时期内资产增长情况，避免因偶然因素的影响造成资产异常变动。

三、资本扩张能力分析

1. 资本积累率

资本积累率是指本年所有者权益增加额同年初所有者权益余额的比率，是企业当年所有者权益增长率。其计算公式为

$$\text{资本积累率}=\frac{\text{本年所有者权益增加额}}{\text{年初所有者权益余额}}\times 100\%$$

资本积累率若大于零，则指标值越高，表明企业的资本积累越多，应付风险、持续发展的能力越强。

2. 三年资本平均增长率

三年资本平均增长率表明企业资本连续三年的积累情况，体现企业发展水平和发展趋势。

一般认为，该指标越高，表明企业所有者权益得到保障的程度越大，应对风险和持续发展的能力越强。

第六节 杜邦财务分析体系

杜邦财务分析体系法是指利用财务指标间的内在联系，以所有者权益报酬率为核心指标，从影响净资产收益率的因素着手，将偿债能力、资产营运能力、盈利能力有机地结合起来，层层分解，逐步深入，构建起一个企业业绩考核和评价的指标体系的方法。由于这种分析方法首先由美国杜邦公司的经理创立并在杜邦公司成功运用，故称之为杜邦财务分析体系法，简称杜邦分析体系。

一、杜邦财务分析体系的基本结构

杜邦财务分析体系的基本结构如图 10-1 所示。

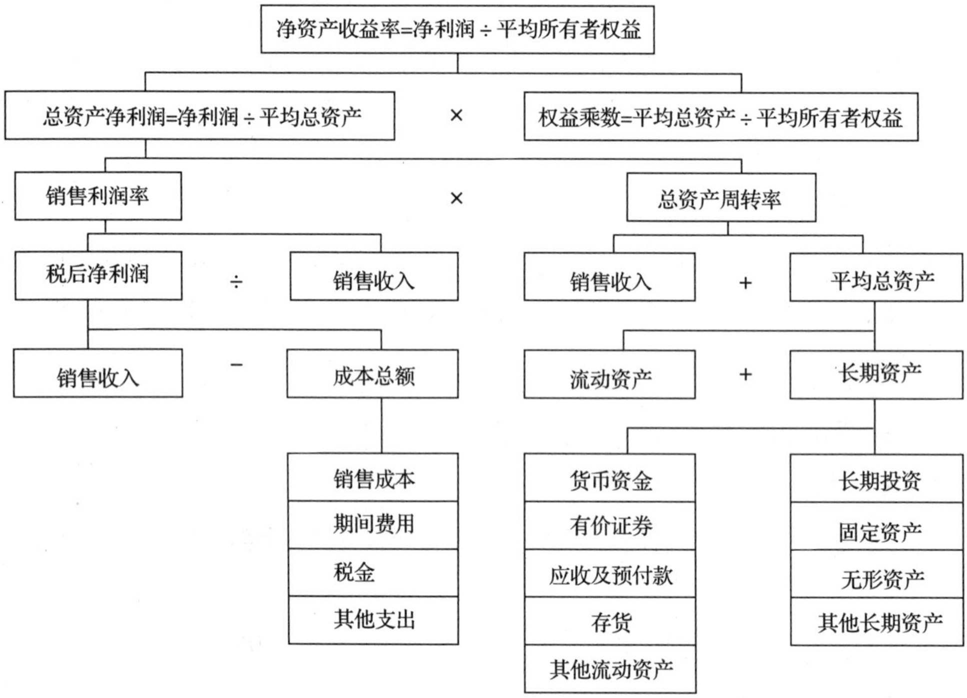

图 10-1 杜邦财务分析体系的基本结构

二、杜邦财务分析体系指标分解

从图 10-1 中可以看出，杜邦财务分析体系将核心指标净资产收益率层层分解，将资产负债表、利润表、现金流量表和所有者权益变动表联系起来进行整体的综合分析，全面揭示所有者投入资本的获利能力，企业筹资、投资、资产运营等活动的效率，指标变动的原因和变动趋势，提高财务分析指标的效用。

1. 杜邦财务分析体系指标的核心公式

杜邦财务分析体系指标的核心公式为

$$净资产收益率=营业净利率\times总资产周转率\times权益乘数$$

其中

$$营业净利率=\frac{净利润}{营业收入}$$

$$总资产周转率=\frac{营业收入}{平均资产总额}$$

$$权益乘数=\frac{平均资产总额}{平均所有者权益总额}$$

$$=\frac{1}{1-资产负债率}$$

$$=1+产权比率$$

从权益乘数的计算公式可以看出，资产负债率越高，权益乘数越高，即资产负债率与权益乘数呈同方向变动。

2. 杜邦财务分析体系指标之间的关系

（1）资产净利率与权益乘数是由净资产收益率分解的两个指标。资产净利率是净利润与资产平均余额之比，资产净利率的高低取决于企业营业利润和资产的运营状况；权益乘数是平均资产与平均权益之比，等于1－资产负债率的倒数，反映所有者权益与总资产的关系。权益乘数越大，企业负债程度越高，越能给企业带来较大的财务杠杆利益，但同时也带来了较大的偿债风险。因此，企业既要合理使用全部资产，又要妥善安排资本结构。

（2）将资产净利率进一步分解为营业净利率、总资产周转率两个指标，营业净利率反映了企业净利润与营业收入的关系，表明提高营业净利率是提高企业盈利的关键。提高营业净利率主要有两个途径：一是扩大营业收入，二是降低成本费用。总资产周转率是营业收入与资产平均总额之比，揭示了企业资产总额实现营业收入的综合能力。企业应当联系营业收入分析企业资产的使用是否合理，资产总额中流动资产和非流动资产的结构安排是否适当。还可通过流动资产周转率、存货周转率、应收账款周转率等有关资产使用效率的分析，以判明影响资金周转的主要问题所在。

【例10-3】 已知某公司2015年财务报表的有关资料如表10-1所示。

表10-1 某公司2015年财务报表的有关资料

单位：万元

资产负债表项目：	年初数	年末数
资产	9 000	12 000
负债	5 000	7 200
所有者权益	4 000	4 800

（续）

利润表项目：	上年数	本年数
营业收入	（略）	22 000
净利润	（略）	600

要求：

（1）计算杜邦财务分析体系中的净资产收益率、总资产净利率、营业净利率、总资产周转率、权益乘数等指标（涉及资产负债表项目数据的，均按平均数计算，保留小数点后4位）。

（2）用文字列出净资产收益率与上述其他各项指标之间的关系式，并用本题数据加以验证。

解：

（1）各项指标计算如下：

$$净资产收益率=600\ 万元\times\frac{2}{(4\ 000+4\ 800)万元}\times100\%\approx13.6\ 364\%$$

$$总资产净利率=600\ 万元\times\frac{2}{(9\ 000+12\ 000)万元}\times100\%\approx5.7\ 143\%$$

$$营业净利率=\frac{600\ 万元}{22\ 000\ 万元}\times100\%\approx2.7\ 273\%$$

$$总资产周转率=22\ 000\ 万元\times\frac{2}{(9\ 000+12\ 000)万元}\approx2.0\ 952$$

$$权益乘数=\frac{(9\ 000+12\ 000)万元}{2}\times\frac{2}{(4\ 000+4\ 800)万元}\approx2.3\ 864$$

（2）净资产收益率与上述其他各项指标之间的关系式为：

净资产收益率 = 营业净利率 × 总资产周转率 × 权益乘数

$=2.7\ 273\%\times2.0\ 952\times2.3\ 864\approx13.6\ 364\%$

三、企业财务状况的评价指标体系

我国评价企业财务状况的指标体系包括以下11个指标：

（1）销售利润率，反映企业销售收入的获利水平。其计算公式为

$$销售利润率=\frac{利润总额}{产品销售净收入}\times100\%$$

其中，产品销售净收入是指扣除销售折让、销售折扣和销售退回之后的销售净额。

（2）总资产报酬率，用于衡量企业运用全部资产而获利的能力。其计算公式为

$$总资产报酬率=\frac{利润总额+利息支出}{平均资产总额}\times100\%$$

（3）资本收益率，是指企业运用投资者投入资本而获得收益的能力。其计算公式为

$$资本收益率=\frac{净利润}{实收资本}\times100\%$$

（4）资本保值增值率，主要反映投资者投入企业的资本完整性和保全性。其计算公式为

$$资本保值增值率=\frac{期末所有者权益总额}{期初所有者权益总额}\times100\%$$

资本保值增值率等于100%时，为资本保值；资本保值增值率大于100%时，为资本增值。

（5）资产负债率，用于衡量企业负债水平高低的情况。其计算公式为

$$资产负债率=\frac{负债总额}{资产总额}\times100\%$$

（6）流动比率，衡量企业在某一时点偿付即将到期债务的能力，又称短期偿债能力比率。其计算公式为

$$流动比率=\frac{流动资产}{流动负债}\times100\%$$

（7）速动比率，是指速动资产与流动负债的比率，它是衡量企业在某一时点运用随时可变现资产偿付到期债务的能力。速动比率是对流动比率的补充。其计算公式为

$$速动比率=\frac{速动资产}{流动负债}\times100\%$$

（8）应收账款周转率，也称收账比率，用于衡量企业应收账款周转的快慢。其计算公式为

$$应收账款周转率=\frac{赊销净额}{平均应收账款余额}\times100\%$$

$$赊销净额=销售收入-现销收入-销售退回、折让、折扣$$

由于企业赊销资料作为商业机密不对外公布，所以，应收账款周转率一般用赊销和现销总额，即营业净收入。

（9）存货周转率，用于衡量企业在一定时期内存货资产的周转次数反映企业购、产、销平衡的效率的一种尺度。其计算公式为

$$存货周转率=\frac{营业成本}{平均存货成本}\times100\%$$

（10）社会贡献率，是衡量企业运用全部资产为国家或社会创造或支付价值的能力。其计算公式为

$$社会贡献率=\frac{企业社会贡献总额}{平均资产总额}\times100\%$$

（11）社会积累率，衡量企业社会贡献总额中有多少用于上交国家财政。其计算公式为

$$社会积累率=\frac{上交国家财政总额}{企业社会贡献总额}\times100\%$$

附　　录

附录 A

复利终值系数表（1 元的终值）

期数	1%	2%	3%	4%	5%	6%	7%	8%	9%	10%
1	1.010 0	1.020 0	1.030 0	1.040 0	1.050 0	1.060 0	1.070 0	1.080 0	1.090 0	1.100 0
2	1.020 1	1.040 4	1.060 9	1.081 6	1.102 5	1.123 6	1.144 9	1.166 4	1.188 1	1.210 0
3	1.030 3	1.061 2	1.092 7	1.124 9	1.157 6	1.191 0	1.225 0	1.259 7	1.295 0	1.331 0
4	1.040 6	1.082 4	1.125 5	1.169 9	1.215 5	1.262 5	1.310 8	1.360 5	1.411 6	1.464 1
5	1.051 0	1.104 1	1.159 3	1.216 7	1.276 3	1.338 2	1.402 6	1.469 3	1.538 6	1.610 5
6	1.061 5	1.126 2	1.194 1	1.265 3	1.340 1	1.418 5	1.500 7	1.586 9	1.677 1	1.771 6
7	1.072 1	1.148 7	1.229 9	1.315 9	1.407 1	1.503 6	1.605 8	1.713 8	1.828 0	1.948 7
8	1.082 9	1.171 7	1.266 8	1.368 6	1.477 5	1.593 8	1.718 2	1.850 9	1.992 6	2.143 6
9	1.093 7	1.195 1	1.304 8	1.423 3	1.551 3	1.689 5	1.838 5	1.999 0	2.171 9	2.357 9
10	1.104 6	1.219 0	1.343 9	1.480 2	1.628 9	1.790 8	1.967 2	2.158 9	2.367 4	2.593 7
11	1.115 7	1.243 4	1.384 2	1.539 5	1.710 3	1.898 3	2.104 9	2.331 6	2.580 4	2.853 1
12	1.126 8	1.268 2	1.425 8	1.601 0	1.795 9	2.012 2	2.252 2	2.518 2	2.812 7	3.138 4
13	1.138 1	1.293 6	1.468 5	1.665 1	1.885 6	2.132 9	2.409 8	2.719 6	3.065 8	3.452 3
14	1.149 5	1.319 5	1.512 6	1.731 7	1.979 9	2.260 9	2.578 5	2.937 2	3.341 7	3.797 5
15	1.161 0	1.345 9	1.558 0	1.800 9	2.078 9	2.396 6	2.759 0	3.172 2	3.642 5	4.177 2
16	1.172 6	1.372 8	1.604 7	1.873 0	2.182 9	2.540 4	2.952 2	3.425 9	3.970 3	4.595 0
17	1.184 3	1.400 2	1.652 8	1.947 9	2.292 0	2.692 8	3.158 8	3.700 0	4.327 6	5.054 5
18	1.196 1	1.428 2	1.702 4	2.025 8	2.406 6	2.854 3	3.379 9	3.996 0	4.717 1	5.559 9
19	1.208 1	1.456 8	1.753 5	2.106 8	2.527 0	3.025 6	3.616 5	4.315 7	5.141 7	6.115 9
20	1.220 0	1.485 9	1.806 1	2.191 1	2.653 3	3.207 1	3.869 7	4.661 0	5.604 4	6.727 5
21	1.232 4	1.515 7	1.860 3	2.278 8	2.786 0	3.399 6	4.140 6	5.033 8	6.108 8	7.400 2
22	1.244 7	1.546 0	1.916 1	2.369 9	2.925 3	3.603 5	4.430 4	5.436 5	6.658 6	8.140 3
23	1.257 2	1.576 9	1.973 6	2.464 7	3.071 5	3.819 7	4.740 5	5.871 5	7.257 9	8.954 3
24	1.269 7	1.608 4	2.032 8	2.563 3	3.225 1	4.048 9	5.072 4	6.341 2	7.911 1	9.849 7
25	1.282 4	1.640 6	2.093 8	2.665 8	3.386 4	4.291 9	5.427 4	6.848 5	8.623 1	10.834 7
26	1.295 3	1.673 4	2.156 6	2.772 5	3.555 7	4.549 4	5.807 4	7.396 4	9.399 2	11.918 2
27	1.308 2	1.706 9	2.221 3	2.883 4	3.733 5	4.822 3	6.213 9	7.988 1	10.245 1	13.110
28	1.321 3	1.741 0	2.287 9	2.998 7	3.920 1	5.111 7	6.648 8	8.627 1	11.167 1	14.421
29	1.334 5	1.775 8	2.356 6	3.118 7	4.116 1	5.418 4	7.114 3	9.317 3	12.172 2	15.863 1
30	1.347 8	1.811 4	2.427 3	3.243 4	4.321 9	5.7435	7.612 3	10.062 7	13.267 7	17.449 4
35	1.488 9	2.208 0	3.026 0	4.801 0	7.040 0	10.268	14.974	21.725	31.408	45.259
40	1.644 6	2.691 6	4.383 9	7.106 7	11.467	18.420	29.457	46.902	74.358	117.39
45	1.816 7	3.281 0	5.891 6	10.520 0	18.679	32.988	57.946	101.26	176.03	304.48
50	1.010 0	1.020 0	1.040 0	1.040 0	1.050 0	1.060 0	1.070 0	1.080 0	1.090 0	1.100 0
55	1.020 1	1.040 4	1.060 9	1.081 6	1.102 5	1.243 6	1.144 9	1.166.4	1.188 1	1.210 0

（续）

期数	12%	14%	15%	16%	18%	20%	24%	28%	32%	36%
1	1.120 0	1.140 0	1.150 0	1.160 0	1.180 0	1.200 0	1.240 0	1.280 0	1.320 0	1.360 0
2	1.254 4	1.299 6	1.322 5	1.345 6	1.392 4	1.440 0	1.537 6	1.638 4	1.742 4	1.849 6
3	1.404 9	1.481 5	1.520 9	1.560 9	1.643 0	1.728 0	1.906 6	2.097 2	2.300 0	2.515 5
4	1.573 5	1.689 0	1.749 0	1.810 6	1.938 8	2.073 6	2.364 2	2.684 4	3.036 0	3.421 0
5	1.762 3	1.925 4	2.011 4	2.100 3	2.287 8	2.488 3	2.931 6	3.436 0	4.008 0	4.652 6
6	1.973 8	2.195 0	2.313 1	2.436 4	2.699 6	2.986 0	3.632 5	4.398 0	5.289 9	6.327 5
7	2.210 7	2.502 3	2.660 0	2.826 2	3.185 5	3.583 2	4.507 7	5.629 5	6.982 6	8.605 4
8	2.476 0	2.852 6	3.059 0	3.278 4	3.758 9	4.299 8	5.589 5	7.205 8	9.217 0	11.703
9	2.773 1	3.251 9	3.517 9	3.803 0	4.435 5	5.159 8	6.931 0	9.223 4	12.166	15.917
10	3.105 8	3.707 2	4.045 6	4.411 4	5.233 8	6.191 7	8.594 4	11.806	16.060	21.647
11	3.478 6	4.226 2	4.652 4	5.117 3	6.175 9	7.430 1	10.657 1	15.112	21.119	29.439
12	3.896 0	4.817 9	5.350 3	5.936 0	7.287 6	8.916	13.215	19.343	27.983	40.037
13	4.363 5	5.492 4	6.152 8	6.885 8	8.599 4	10.699	16.386	24.759	36.937	54.451
14	4.887 1	6.261 3	7.075 7	7.987 5	10.147 2	12.839	20.319	31.691	48.757	74.053
15	5.473 6	7.137 9	8.137 1	9.265 5	11.974	15.407	25.196	40.565	64.359	100.71
16	6.130 4	8.137 2	9.357 6	10.748	14.129	18.488	31.243	51.923	84.954	136.97
17	6.866 0	9.276 5	10.761	12.468	16.672	22.186	38.741	66.461	112.14	186.28
18	7.690 0	10.575	12.375	14.463	19.673	26.623	48.039	85.071	148.02	253.34
19	8.612 8	12.056	14.232	16.777	23.214	31.948	59.568	108.89	195.39	344.54
20	9.646 3	13.743	16.367	19.461	27.393	38.338	74.864	139.38	257.92	468.57
21	10.804	15.668	18.822	22.574	32.324	46.005	91.592	178.41	340.45	637.26
22	12.100	17.861	21.645	26.186	38.142	55.206	113.57	228.36	449.39	866.67
23	13.552	20.362	24.891	30.376	45.008	66.247	140.83	292.30	593.20	1 178.7
24	15.179	23.212	28.625	35.236	53.109	79.497	174.63	374.14	783.02	1 603.0
25	17.000	26.462	32.919	40.874	62.669	95.396	216.54	478.90	1 033.6	2 180.1
26	19.040	30.167	37.857	47.414	73.949	114.48	268.51	613.00	1 364.3	2 964.9
27	21.325	34.390	43.535	55.000	87.260	137.37	332.95	784.64	1 800.9	4 032.3
28	23.884	39.204	50.066	63.800	102.97	164.84	412.86	1004.3	2 377.2	5 483.9
29	26.750	44.693	57.575	74.009	121.50	197.81	511.95	1 285.6	3 137.9	7 458.1
30	29.960	50.950	66.212	85.850	143.37	237.38	634.82	1 645.5	4 142.1	10 143
35	903.05	188.83	267.86	378.72	750.38	1 469.8	5 455.9	1 9427	6 6521	*
40	289.00	700.23	1 083.7	1 670.7	3 927.4	9100.4	46 890	*	*	*
45	897.60	2 595.9	4 384.0	7 370.2	20 555	56 348	*	*	*	*
50	1.120 0	1.140 0	1.150 0	1.160 0	1.180 0	1.200 0	1.240 0	1.280 0	1.320 0	*
55	1.254 4	1.299 6	1.322 5	1.345 6	1.392.4	1.440 0	1.537 6	1.638 4	1.742 4	1.849 6

注：* > 99 999

附录 B

复利现值系数表（1 元的现值）

期数	1%	2%	3%	4%	5%	6%	7%	8%	9%	10%
1	0. 990 1	0. 980 4	0. 970 9	0. 961 5	0. 952 4	0. 943 4	0. 934 6	0. 925 9	0. 917 4	0. 909 1
2	0. 980 3	0. 971 2	0. 942 6	0. 924 6	0. 907 0	0. 890 0	0. 873 4	0. 857 3	0. 841 7	0. 826 4
3	0. 970 6	0. 942 3	0. 915 1	0. 889 0	0. 863 8	0. 839 6	0. 816 3	0. 793 8	0. 722 2	0. 751 3
4	0. 961 0	0. 923 8	0. 888 5	0. 854 8	0. 822 7	0. 792 1	0. 762 9	0. 735 0	0. 708 4	0. 683 0
5	0. 951 5	0. 905 7	0. 862 6	0. 821 9	0. 783 5	0. 747 3	0. 713 0	0. 680 6	0. 649 9	0. 620 9
6	0. 942 0	0. 888 0	0. 837 5	0. 790 3	0. 746 2	0. 705 0	0. 666 3	0. 630 2	0. 596 3	0. 564 5
7	0. 932 7	0. 860 6	0. 813 1	0. 759 9	0. 710 7	0. 665 1	0. 622 7	0. 583 5	0. 547 0	0. 513 2
8	0. 923 5	0. 853 5	0. 789 4	0. 730 7	0. 676 8	0. 627 4	0. 582 0	0. 540 3	0. 501 9	0. 466 5
9	0. 914 3	0. 836 8	0. 766 4	0. 702 6	0. 644 6	0. 591 9	0. 543 9	0. 500 2	0. 460 4	0. 424 1
10	0. 905 3	0. 820 3	0. 744 1	0. 675 6	0. 613 9	0. 558 4	0. 508 3	0. 463 2	0. 422 4	0. 385 5
11	0. 896 3	0. 804 3	0. 722 4	0. 649 6	0. 584 7	0. 526 8	0. 475 1	0. 428 9	0. 387 5	0. 350 5
12	0. 887 4	0. 788 5	0. 701 4	0. 624 6	0. 556 8	0. 497 0	0. 444 0	0. 397 1	0. 355 5	0. 318 6
13	0. 878 7	0. 773 0	0. 68 0	0. 600 6	0. 530 3	0. 468 8	0. 415 0	0. 367 7	0. 326 2	0. 289 7
14	0. 870 0	0. 757 9	0. 661 0	0. 577 5	0. 505 1	0. 442 3	0. 387 8	0. 340 5	0. 299 2	0. 263 3
15	0. 861 3	0. 743 0	0. 641 9	0. 555 3	0. 481 0	0. 417 3	0. 362 4	0. 315 2	0. 274 5	0. 239 4
16	0. 852 8	0. 728 4	0. 623 2	0. 533 9	0. 458 1	0. 393 6	0. 338 7	0. 291 9	0. 251 9	0. 217 6
17	0. 844 4	0. 714 2	0. 605 0	0. 513 4	0. 436 3	0. 371 4	0. 316 6	0. 270 3	0231 1	0. 197 8
18	0. 836 0	0. 700 2	0. 587 4	0. 493 6	0. 415 5	0. 350 3	0. 295 9	0. 250 2	0. 212 0	0. 179 9
19	0. 827 7	0. 686 4	0. 570 3	0. 474 6	0. 395 7	0. 330 5	0. 276 5	0. 231 7	0. 194 5	0. 163 5
20	0. 819 5	0. 673 0	0. 553 7	0. 456 4	0. 376 9	0. 311 8	0. 258 4	0. 214 5	0. 178 4	0. 148 6
21	0. 811 4	0. 659 8	0. 537 5	0. 438 8	0. 358 9	0. 294 2	0. 241 5	0. 198 7	0. 163 7	0. 135 1
22	0. 803 4	0. 646 8	0. 521 9	0. 422 0	0. 341 8	0. 277 5	0. 225 7	0. 183 9	0. 150 2	0. 122 8
23	0. 795 4	0. 634 2	0. 506 7	0. 405 7	0. 325 6	0. 261 8	0. 210 9	0. 170 3	0. 137 8	0. 111 7
24	0. 787 6	0. 621 7	0. 491 9	0. 390 1	0. 310 1	0. 247 0	0. 197 1	0. 157 7	0. 126 4	0. 101 5
25	0. 7798	0. 609 5	0. 477 6	0. 375 1	0. 295 3	0. 233 0	0. 184 2	0. 146 0	0. 166 0	0. 092 3
26	0. 772 0	0. 597 6	0. 463 7	0. 360 4	0. 281 2	0. 219 8	0. 172 2	0. 135 2	0. 106 4	0. 083 9
27	0. 764 4	0. 585 9	0. 450 2	0. 346 8	0. 267 8	0. 207 4	0. 160 9	0. 125 2	0. 097 6	0. 076 3
28	0. 756 8	0. 574 4	0. 437 1	0. 333 5	0. 255 1	0. 195 6	0. 150 4	0. 115 9	0. 089 5	0. 069 3
29	0. 749 3	0. 563 1	0. 424 3	0. 320 7	0. 242 9	0. 184 6	0. 140 6	0. 107 3	0. 082 2	0. 063 0
30	0. 741 9	0. 552 1	0. 412 0	0. 308 3	0. 231 4	0. 174 1	0. 131 4	0. 099 4	0. 075 4	0. 057 3
35	0. 705 9	0. 500 0	0. 355 4	0. 253 4	0. 181 3	0. 130 1	0. 093 7	0. 067 6	0. 049 0	0. 035 6
40	0. 671 7	0. 452 9	0. 306 6	0. 208 3	0. 142 0	0. 097 2	0. 066 8	0. 046 0	0. 031 8	0. 022 1
45	0. 639 1	0. 410 2	0. 264 4	0. 171 2	0. 111 3	0. 072 7	0. 047 6	0. 031 3	0. 020 7	0. 013 7
50	0. 608 0	0. 371 5	0. 288 1	0. 140 7	0. 087 2	0. 054 3	0. 033 9	0. 021 3	0. 013 4	0. 008 5
55	0. 578 5	0. 336 5	0. 196 8	0. 115 7	0. 068 3	0. 040 6	0. 024 2	0. 014 5	0. 008 7	0. 005 3

（续）

期数	12%	14%	15%	16%	18%	20%	24%	28%	32%	36%
1	0. 892 9	0. 877 2	0. 869 6	0. 862 1	0. 847 5	0. 833 3	0. 806 5	0. 781 3	0. 757 6	0. 735 3
2	0. 797 2	0. 769 5	0. 756 1	0. 743 2	0. 718 2	0. 694 4	0. 650 4	0. 610 4	0. 573 9	0. 540 7
3	0. 711 8	0. 675 0	0. 657 5	0. 640 7	0. 608 6	0. 578 7	0. 524 5	0. 476 8	0. 434 8	0. 397 5
4	0. 635 5	0. 592 1	0. 571 8	0. 552 3	0. 515 8	0. 482 3	0. 423 0	0. 372 5	0. 329 4	0. 292 3
5	0. 567 4	0. 519 4	0. 497 2	0. 476 2	0. 437 1	0. 401 9	0. 341 1	0. 291 0	0. 249 5	0. 214 9
6	0. 506 6	0. 455 6	0. 432 3	0. 410 4	0. 370 4	0. 334 9	0. 275 1	0. 227 4	0. 189 0	0. 158 0
7	0. 452 3	0. 399 6	0. 375 9	0. 353 8	0. 313 9	0. 279 1	0. 221 8	0. 177 6	0. 143 2	0. 116 2
8	0. 403 9	0. 350 6	0. 326 9	0. 305 0	0. 266 0	0. 232 6	0. 178 9	0. 138 8	0. 108 5	0. 085 4
9	0. 360 6	0. 307 5	0. 284 3	0. 262 0	0. 225 5	0. 193 8	0. 144 3	0. 108 4	0. 082 2	0. 062 8
10	0. 322 0	0. 269 7	0. 247 2	0. 226 7	0. 191 1	0. 161 5	0. 116 4	0. 084 7	0. 062 3	0. 046 2
11	0. 287 5	0. 236 6	0. 214 9	0. 195 4	0. 161 9	0. 134 6	0. 093 8	0. 066 2	0. 047 2	0. 034 0
12	0. 256 7	0. 207 6	0. 186 9	0. 168 5	0. 137 3	0. 112 2	0. 075 7	0. 051 7	0. 035 7	0. 025 0
13	0. 229 2	0. 182 1	0. 162 5	0. 145 2	0. 116 3	0. 093 5	0. 061 0	0. 040 4	0. 027 1	0. 018 4
14	0. 204 6	0. 159 7	0. 141 3	0. 125 2	0. 098 5	0. 077 9	0. 049 2	0. 031 6	0. 020 5	0. 013 5
15	0. 182 7	0. 140 1	0. 122 9	0. 107 9	0. 083 5	0. 064 9	0. 039 7	0. 024 7	0. 015 5	0. 009 9
16	0. 163 1	0. 122 9	0. 106 9	0. 098 0	0. 070 9	0. 054 1	0. 032 0	0. 019 3	0. 011 8	0. 007 3
17	0. 145 6	0. 107 8	0. 092 9	0. 080 2	0. 060 0	0. 045 1	0. 025 9	0. 015 0	0. 008 9	0. 005 4
18	0. 130 0	0. 094 6	0. 080 8	0. 069 1	0. 050 8	0. 037 6	0. 020 8	0. 011 8	0. 006 8	0. 003 9
19	0. 116 1	0. 082 9	0. 070 3	0. 059 6	0. 043 1	0. 031 3	0. 016 8	0. 009 2	0. 005 1	0. 002 9
20	0. 103 7	0. 072 8	0. 061 1	0. 051 4	0. 036 5	0. 026 1	0. 013 5	0. 007 2	0. 003 9	0. 002 1
21	0. 092 6	0. 063 8	0. 053 1	0. 044 3	0. 030 9	0. 021 7	0. 010 9	0. 005 6	0. 002 9	0. 001 6
22	0. 082 6	0. 056 0	0. 046 2	0. 038 2	0. 026 2	0. 018 1	0. 008 8	0. 004 4	0. 002 2	0. 001 2
23	0. 073 8	0. 049 1	0. 040 2	0. 032 9	0. 022 2	0. 015 1	0. 007 1	0. 003 4	0. 001 7	0. 000 8
24	0. 065 9	0. 043 1	0. 034 9	0. 028 4	0. 018 8	0. 012 6	0. 005 7	0. 002 7	0. 001 3	0. 000 6
25	0. 058 8	0. 037 8	0. 030 4	0. 024 5	0. 016 0	0. 010 5	0. 004 6	0. 002 1	0. 001 0	0. 000 5
26	0. 052 5	0. 033 1	0. 026 4	0. 021 1	0. 013 5	0. 008 7	0. 003 7	0. 001 6	0. 000 7	0. 000 3
27	0. 046 9	0. 029 1	0. 023 0	0. 018 2	0. 011 5	0. 007 3	0. 003	0。 001 3	0. 000 6	0. 000 2
28	0. 041 9	0. 025 5	0. 020 0	0. 015 7	0. 009 7	0. 006 1	0. 002 4	0. 001 0	0. 000 4	0. 000 1
29	0. 037 4	0. 024 4	0. 017 4	0. 013 5	0. 008 2	0. 005 1	0. 002 0	0. 000 8	0. 000 3	0. 000 1
30	0. 033 4	0. 019 6	0. 015 1	0. 011 6	0. 007 0	0. 004 2	0. 001 6	0. 000 6	0. 000 2	
35	0. 018 9	0. 010 2	0. 007 5	0. 005 5	0. 003 0	0. 001 7	0. 000 5	0. 000 2	0. 000 1	
40	0. 010 7	0. 005 3	0. 003 7	0. 002 6	0. 001 3	0. 000 7	0. 000 2	0. 000 1	*	*
45	0. 006 1	0. 002 7	0. 001 9	0. 001 3	0. 000 6	0. 000 3	0. 000 1	*	*	*
50	0. 003 6	0. 001 4	0. 000 9	0. 000 6	0. 000 3	0. 000 1	*	*	*	*
55	0. 002 0	0. 000 7	0. 000 5	0. 000 3	0. 000 1	*	*	*	*	*

注：* <0. 0001

附录 C

年金终值系数表（1 元年金的终值）

期数	1%	2%	3%	4%	5%	6%	7%	8%	9%	10%
1	1.000 0	1.000 0	1.000 0	1.000 0	1.000 0	1.000 0	1.000 0	1.000 0	1.000 0	1.000 0
2	2.010 0	2.020 0	2.030 0	2.040 0	2.050 0	2.060 0	2.070 0	2.080 0	2.090 0	2.100 0
3	3.030 1	3.060 4	3.090 9	3.121 6	3.153 5	3.183 6	3.214 9	3.246 4	3.278 1	3.310 0
4	4.060 4	4.121 6	4.183 6	4.246 5	4.310 1	4.374 6	4.439 9	4.506 1	4.573 1	4.641 0
5	5.101 0	5.204 0	5.309 1	5.416 3	5.525 6	5.637 1	5.750 7	5.866 6	5.984 7	6.105 1
6	6.152 0	6.308 1	6.468 4	6.633 0	6.801 9	6.975 3	7.153 3	7.335 9	7.523 3	7.715 6
7	7.213 5	7.434 3	7.662 5	7.898 3	8.142 0	8.394 8	8.654 0	8.922 8	9.200 4	9.487 2
8	8.285 7	8.583 0	8.892 3	9.214 2	9.549 1	9.879 5	10.260	10.637	11.028	11.436
9	9.368 5	9.754 6	10.159	10.583	11.027	11.491	11.978	12.488	13.021	13.579
10	10.462	10.950	11.464	12.006	12.578	13.181	13.816	14.487	15.913	15.937
11	11.567	12.169	12.808	13.486	14.207	14.972	15.784	16.645	17.560	18.531
12	12.683	13.412	14.192	15.026	16.917	16.870	17.888	18.977	20.141	21.384
13	13.809	14.680	15.618	16.627	17.713	18.882	20.141	21.495	22.953	24.523
14	14.947	15.974	17.086	18.292	19.599	21.015	22.550	24.214	26.019	27.975
15	16.097	17.293	18.599	20.024	21.579	23.276	25.129	27.152	29.361	31.772
16	17.258	18.639	20.157	21.825	23.657	25.673	27.888	30.324	33.003	35.950
17	18.430	20.012	21.762	23.698	25.84	28.213	30.840	33.750	36.974	40.545
18	19.615	21.412	23.414	25.645	28.132	30.906	33.999	37.450	41.301	45.599
19	20.811	22.841	25.117	27.671	30.539	33.760	37.379	41.446	46.018	51.159
20	22.019	24.297	26.870	29.778	33.066	36.786	40.995	45.762	51.160	57.275
21	23.239	25.783	28.676	31.969	35.719	39.993	44.865	50.423	56.765	64.002
22	24.472	27.299	30.537	34.249	38.505	43.392	49.006	55.457	62.875	71.403
23	25.716	28.845	32.453	36.618	41.430	46.996	53.436	60.883	69.532	79.543
24	26.973	30.422	34.426	39.083	44.502	50.816	58.177	66.765	76.790	88.497
25	28.243	32.03	36.459	41.646	47.727	54.863	63.294	73.106	84.701	98.347
26	29.526	33.671	38.553	44.312	51.113	59.156	68.676	79.954	93.324	109.18
27	30.821	35.344	40.710	47.084	54.669	63.706	74.484	87.351	102.72	121.10
28	31.129	37.051	42.931	49.968	58.403	68.528	80.698	95.339	112.97	134.21
29	33.450	38.792	45.219	52.966	62.323	73.640	87.347	103.97	124.14	148.63
30	34.785	40.568	47.575	56.085	66.439	79.058	94.461	113.28	136.31	164.49
40	48.886	60.402	75.401	95.026	120.80	154.76	199.64	259.06	337.89	442.59
50	64.463	84.579	112.80	152.67	209.35	290.34	406.53	573.77	815.08	1163.9
60	81.670	114.05	163.05	237.99	353.58	533.13	813.52	1 253.2	1 944.8	3 034.8

（续）

期数	12%	14%	15%	16%	18%	20%	24%	28%	32%	36%
1	1.000 0	1.000 0	1.000 0	1.000 0	1.000 0	1.000 0	1.000 0	1.000 0	1.000 0	1.000 0
2	2.120 0	2.140 0	2.150 0	2.160 0	2.180 0	2.200 0	2.240 0	2.280 0	2.320 0	2.360 0
3	3.374 4	3.439 6	3.472 5	3.505 6	3.572 4	3.640 0	3.777 6	3.918 4	3.062 4	3.6
4	4.779 3	4.921 1	4.993 4	5.066 5	5.215 4	5.368 0	5.684 2	6.015 6	6.362 4	6.725 1
5	6.352 8	6.610 1	6.742 4	6.877 1	7.154 2	7.4426	8.048 4	8.699 3	9.398 3	10.146
6	8.115 2	8.535 5	8.753 7	8.977 5	9.442 0	9.929 9	10.980	12.136	13.406	14.799
7	10.089	10.730	11.067	11.414	12.142	12.916	14.615	16.534	18.696	21.126
8	12.300	13.233	13.727	14.240	15.327	16.499	19.123	22.163	25.678	29.732
9	14.776	16.085	16.786	17.519	19.086	20.799	24.712	29.369	34.895	41.435
10	17.549	19.337	20.304	21.321	23.521	25.959	31.643	38.593	47.062	57.352
11	20.655	23.045	24.349	25.733	28.755	32.150	40.238	50.398	63.122	78.988
12	24.133	27.271	29.002	30.850	34.931	39.581	50.895	65.510	84.32	108.44
13	28.029	32.089	34.352	36.786	42.219	48.497	64.110	84.853	112.30	148.47
14	32.393	37.581	40.505	43.672	50.818	54.196	80.496	109.61	149.24	202.93
15	37.280	43.842	47.580	51.660	60.965	72.035	100.82	141.3	198.00	276.98
16	42.753	50.980	55.717	60.925	72.939	87.442	126.01	181.87	262.36	377.69
17	48.884	59.118	65.075	71.673	87.068	105.93	157.25	233.79	347.31	514.66
18	55.750	68.394	75.836	84.141	103.74	128.12	195.99	300.25	459.45	770.94
19	63.440	79.969	88.212	98.603	123.41	154.74	244.03	385.32	607.47	954.28
20	72.052	91.025	120.44	115.38	146.63	186.69	303.60	494.21	802.86	1 298.8
21	81.699	104.77	118.81	134.84	174.02	225.03	377.46	633.59	1 060.8	1 767.4
22	92.503	120.44	137.63	157.41	206.34	271.03	469.06	812.00	1 401.2	2 404.7
23	104.60	138.30	159.28	183.60	244.49	326.24	582.63	1040.4	1 850.6	3 271.3
24	118.16	185.66	184.17	213.98	289.49	392.48	723.46	1332.7	2 443.8	4 450.0
25	133.33	181.87	212.79	249.21	342.60	471.98	898.09	1706.8	3 226.8	6 053.0
26	150.33	208.33	245.71	290.09	405.27	567.38	1 114.6	2 185.7	4 260.4	8 231.1
27	169.37	238.50	283.57	337.50	479.22	681.85	1 383.1	2 798.7	5 624.8	11 198.0
28	190.70	272.89	327.10	392.50	566.48	819.22	1 716.1	3 583.3	7 425.7	15 230.3
29	214.58	312.09	377.17	456.30	669.45	984.07	2 129.0	4 587.7	9 802.9	20 714.2
30	241.33	356.79	434.75	530.31	790.95	1 181.9	2 640.9	5 873.2	12 941	28 172.3
40	767.09	1 342.0	1 779.1	2 360.8	4 163.2	7 343.9	27 290	69 377	*	*
50	2400.0	4 994.5	7 217.7	10 436	21 813	45 497	*	*	*	*
60	7 471.6	18 535	29 220	46 058	*	*	*	*	*	*

注：* >99 999

附录 D

年金现值系数表（1元年金的现值）

期数	1%	2%	3%	4%	5%	6%	7%	8%	9%
1	0. 990 1	0. 980 4	0. 970 9	0. 961 5	0. 952 4	0. 9434	0. 934 6	0. 925 9	0. 917 4
2	1. 970 4	1. 941 6	1. 913 5	1. 886 1	1. 859 4	1. 833 4	1. 808 0	1. 783 3	1. 759 1
3	2. 941 0	2. 883 9	2. 828 6	2. 775 1	2. 723 2	2. 673 0	2. 624 3	2. 577 1	2. 531 3
4	3. 900 0	3. 807 7	3. 717 1	3. 629 9	3. 545 0	3. 465 1	3. 387 2	3. 312 1	3. 239 7
5	4. 853 4	4. 713 5	4. 579 7	4. 451 8	4. 329 5	4. 212 4	4. 100 2	3. 992 7	3. 889 7
6	5. 795 5	5. 601 4	5. 417 2	5. 242 1	5. 075 7	4. 917 3	4. 766 5	4. 622 9	4. 485 9
7	6. 728 2	6. 472 0	6. 230 3	6. 002 1	5. 786 4	5. 582 4	5. 389 3	5. 206 4	5. 033 0
8	7. 651 7	7. 325 5	7. 019 7	6. 732 7	6. 463 2	6. 209 8	5. 971 3	5. 746 6	5. 534 8
9	8. 566 0	8. 162 2	7. 786 1	7. 435 3	7. 107 8	6. 801 7	6. 515 2	6. 246 9	5. 995 2
10	9. 471 3	8. 982 6	8. 530 2	8. 110 9	7. 721 7	7. 360 1	7. 023 6	6. 710 1	6. 417 0
11	10. 367	9. 786 8	9. 252 6	8. 760 5	8. 306 4	7. 886 9	7. 498 7	7. 139 0	6. 805 2
12	11. 255	10. 575	9. 954 0	9. 385 1	8. 863 3	8. 383 8	7. 942 7	7. 536 1	7. 160 7
13	12. 133	11. 348	10. 635	9. 985 6	9. 393 6	8. 852 7	8. 357 7	7. 903 8	7. 486 9
14	13. 003	12. 106	11. 296	10. 563	9. 898 6	9. 295 0	8. 745 5	8. 244 2	7. 786 2
15	13. 865	12. 849	11. 937	11. 118	10. 379	9. 712 2	9. 107 9	8. 559 5	8. 060 7
16	14. 717	13. 577	12. 561	11. 652	10. 837	10. 105	9. 446 6	8. 851 4	8. 312 6
17	15. 562	14. 291	13. 166	12. 165	11. 274	10. 477	9. 763 2	9. 121 6	8. 543 6
18	16. 398	14. 992	13. 753	12. 659 6	11. 689	10. 827	10. 059	9. 371 9	8. 755 6
19	17. 226	15. 678	14. 323	13. 133 9	12. 085	11. 158	10. 355	9. 603 6	8. 960 1
20	18. 045	16. 351	14. 877	13. 590	12. 462	11. 469	10. 594	9. 818 1	9. 128 5
21	18. 857	17. 011	15. 415	14. 029	12. 821	11. 764	10. . 061	10. 061	9. 292 2
22	19. 660	17. 658	15. 936	14. 451	13. 163	12. 041	11. 272	10. 200	9. 442 6
23	20. 455	18. 292	16. 443	14. 856	13. 488	12. 303	11. 469	10. 371	9. 580 2
24	21. 243	18. 913	16. 935	15. 247	13. 798	12. 550	11. 653	10. 528	9. 706 6
25	22. 023	19. 523	17. 413	15. 622	14. 093	12. 783	11. 825	10. 674	9. 822 6
26	22. 795	20. 121	17. 876	15. 982	14. 375	13. 003	11. 986	10. 810	9. 929 0
27	23. 559	20. 705	18. 327	16. 329	14. 643	13. 210	12. 137	10. 935	10. 026
28	24. 316	21. 281	18. 764	16. 663	14. 898	13. 406	12. 277	11. 051	10. 116
29	25. 065	21. 844	19. 188	16. 983	15. 141	13. 590	12. 409	11. 158	10. 198
30	25. 807	22. 396	19. 600	17. 292	15. 372	13. 764	12. 947	11. 257	10. 273
35	29. 408	24. 998	21. 487	18. 664	16. 374	14. 498	12. 947	11. 654	10. 566
40	32. 834	27. 355	23. 114	19. 792	17. 159	15. 046	13. 331	11. 924	10. 757
45	36. 094	29. 490	24. 518	20. 720	17. 774	15. 455	13. 605	12. 108	10. 881
50	39. 196	31. 423	25. 729	21. 482	18. 255	15. 761	13. 800	12. 233	10. 961
55	42. 147	33. 174	26. 774	22. 108	18. 633	15. 990	13. 939	12. 318	11. 014

（续）

期数	10%	12%	14%	15%	16%	18%	20%	24%	28%	32%
1	0.909 1	0.892 9	0.877 2	0.869 6	0.862 1	0.847 5	0.833 3	0.806 5	0.781 3	0.757 6
2	1.735 5	1.690 1	1.646 7	1.625 7	1.605 2	1.565 6	1.527 8	1.456 8	1.391 6	1.331 5
3	2.486 9	2.401 8	2.321 6	2.283 2	2.245 9	2.174 3	2.106 5	1.981 3	1.868 4	1.766 3
4	3.169 9	3.037 3	2.913 7	2.855 0	2.798 2	2.690 1	2.588 7	2.404 3	2.241 0	2.095 7
5	3.790 8	3.604 8	3.433 1	3.352 2	3.274 3	3.127 2	2.990 6	2.745 4	2.532 0	2.345 2
6	4.355 3	4.111 4	3.888 7	3.784 5	3.684 7	3.497 6	3.325 5	3.020 5	2.759 4	2.534 2
7	4.868 4	4.563 8	4.288 2	4.160 4	4.038 6	3.811 5	3.604 6	3.242 3	2.937 0	2.667 5
8	5.334 9	4.967 6	4.638 9	4.487 3	4.343 6	4.077 6	3.837 2	3.421 2	3.075 8	2.786 0
9	5.759 0	5.328 2	4.946 4	4.771 6	4.606 5	4.303 0	4.031 0	3.565 5	3.184 2	2.868 1
10	6.144 6	5.650 2	5.216 1	5.018 8	4.833 2	4.494 1	4.192 5	3.681 9	3.268 9	2.930 4
11	6.495 1	5.937 7	5.452 7	5.233 7	5.028 4	4.656 0	4.327 1	3.775 7	3.335 1	2.977 6
12	6.813 7	6.194 4	5.660 3	5.420 6	5.197 1	4.793 2	4.439 2	3.851 4	3.386 8	3.013 3
13	7.103 4	6.423 5	5.842 4	5.583 1	5.342 3	4.909 5	4.532 7	3.912 4	3.427 2	3.040 4
14	7.366 7	6.628 2	6.002 1	5.725 5	5.467 5	5.008 1	4.610 6	3.961 6	3.458 7	3.060 9
15	7.606 1	6.810 9	6.142 2	5.847 4	5.575 5	5.091 6	4.675 5	4.001 3	3.483 4	3.076 4
16	7.823 7	6.974 0	6.265 1	5.954 2	5.668 5	5.162 4	4.729 6	4.033 3	3.502 6	3.088 2
17	8.021 6	7.119 6	6.372 9	6.047 2	5.748 7	5.222 3	4.774 6	4.059 1	3.517 7	3.097 1
18	8.201 4	7.249 7	6.467 4	6.128 0	5.817 8	5.273 2	4.812 2	4.079 9	3.529 4	3.103 9
19	8.364 9	7.365 8	6.550 4	6.198 2	5.877 5	5.316 2	4.843 5	4.096 7	3.538 6	3.109 0
20	8.513 6	7.469 4	6.623 1	6.259 3	5.928 8	5.352 7	4.869 6	4.110 3	3.545 8	3.112 9
21	8.648 7	7.562 0	6.687 0	6.312 5	5.973 1	5.383 7	4.891 3	4.121 2	3.551 4	3.115 8
22	8.771 5	7.644 6	6.742 9	6.358 7	6.011 3	5.409 9	4.909 4	4.130 0	3.555 8	3.118 0
23	8.883 2	7.718 4	6.792 1	6.398 8	6.044 2	5.432 1	4.924 5	4.137 1	3.559 2	3.199 7
24	8.984 7	7.784 3	6.835 1	6.433 8	6.072 6	5.450 9	4.937 1	4.142 8	3.561 9	3.121 0
25	9.077 0	7.843 1	6.872 9	6.464 1	6.097 1	5.466 9	4.947 6	4.147 4	3.564 0	3.122 0
26	9.160 9	7.895 7	6.906 1	6.490 6	6.118 2	5.480 4	4.956 3	4.151 1	3.565 6	3.122 7
27	9.237 2	7.942 6	6.935 2	6.513 5	6.136 4	5.491 9	4.963 6	4.154 2	3.566 9	3.123 3
28	9.306 6	7.984 4	6.9607	6.533 5	6.152 0	5.501 6	4.969 7	4.156 6	3.567 9	3.123 7
29	9.369 6	8.021 8	6.983 0	6.550 9	6.165 6	5.509 8	4.974 7	4.158 5	3.568 7	3.124 0
30	9.426 9	8.055 2	7.002 7	6.566 0	6.177 2	5.516 8	4.978 9	4.160 1	3.569 3	3.124 2
35	9.644 2	8.175 5	7.070 0	6.616 6	6.215 3	5.538 6	4.991 5	4.164 4	3.570 8	3.124 8
40	9.799 1	8.243 8	7.105 0	6.641 8	6.233 5	5.548 2	4.165 9	4.165 9	3.571 2	3.125 0
45	9.862 8	8.282 5	7.123 2	6.654 3	6.242 1	5.552 3	4.998 6	4.166 4	3.571 4	3.125 0
50	9.914 8	8.304 5	7.132 7	6.660 5	6.246 3	5.554 1	4.999 5	4.166 6	3.571 4	3.125 0
55	9.947 1	8.317 0	7.137 6	6.663 6	6.248 2	5.554 9	4.999 8	4.166 6	3.571 4	3.125 0

参考文献

［1］魏永宏. 财务报表附注在财务分析中的作用［J］. 合作经济与科技，2015（2）.

［2］赵瑜纲，等. 财务报表分析［M］. 北京：经济日报出版社，1997.

［3］张先治，陈友邦. 财务分析［M］. 大连：东北财经大学出版社，2014.

［4］荆新，刘兴云. 财务分析学［M］. 北京：经济科学出版社，2010.

［5］陆正飞. 财务报表分析［M］. 北京：中信出版社，2006.

［6］王化成. 财务报表分析［M］. 北京：北京大学出版社，2007.

［7］斯蒂芬 H. 佩因曼. 财务报表分析与证券定价［M］. 刘力，陆正飞，译. 北京：北京大学出版社，2013.

［8］鲁爱民. 财务分析［M］. 北京：机械工业出版社，2015.

［9］张新民，钱爱民. 财务报表分析［M］. 北京：中国人民大学出版社，2008.

［10］陆正飞. 财务报告与分析［M］. 北京：北京大学出版社，2014.

［11］吴世农，吴育辉. 财务分析与决策［M］. 北京：北京大学出版社，2013.

［12］胡玉明. 财务报表分析［M］. 大连：东北财经大学出版社，2012.